LIBERDADE DE PESQUISA CIENTÍFICA E INOVAÇÃO NA SOCIEDADE DO CONHECIMENTO

um estudo da possível aplicação da teoria do *academic capitalism* no Brasil

Manuela Ithamar Lima

LIBERDADE DE PESQUISA CIENTÍFICA E INOVAÇÃO NA SOCIEDADE DO CONHECIMENTO

um estudo da possível aplicação da teoria do *academic capitalism* no Brasil

2020

EDITORA JusPODIVM
www.editorajuspodivm.com.br

EDITORA *Jus*PODIVM
www.editorajuspodivm.com.br

Rua Território Rio Branco, 87 – Pituba – CEP: 41830-530 – Salvador – Bahia
Tel: (71) 3045.9051
• Contato: https://www.editorajuspodivm.com.br/sac

Capa: Ana Caquetti

L732l Lima, Manuela Ithamar.
Liberdade de pesquisa científica e inovação na sociedade do conhecimento: um estudo da possível aplicação da teoria do *academic capitalism* no Brasil – Salvador: Editora JusPodivm, 2020.
256 p.

Inclui bibliografia
ISBN 978-85-442-3136-4

1. Direitos Fundamentais. 2. Liberdade de pesquisa científica. 3. Inovação. 4. Sociedade do conhecimento. I. Lima, Manuela Ithamar. II. Título.

CDD 341.27

Dedico este trabalho para quatro pessoas, sem as quais ele não teria sido possível: à minha mãe, Renata Ithamar; ao irmão de alma, Carlos Hélder Mendes, e às minhas principais incentivadoras, Amanda Thomé e Andressa de Bittencourt.

AGRADECIMENTOS

Esta obra é fruto do trabalho desempenhado por mim ao longo de dois anos de Mestrado; dois anos de desafios na minha vida pessoal e profissional. Poderia, é certo, reescrever meus agradecimentos para fins desta obra, mas optei por deixá-los escritos na sua forma originária, por ter a certeza de que eles representam o quão este trabalho significa para mim e o quanto de mim tem nele. Então vamos lá.

Os meus agradecimentos começam a ser escritos em uma tarde de segunda-feira, em uma folha pautada, para serem passados para o computador – que quebrou –, ao som de Jorge Aragão – que foi a trilha de muitos dos meus dias em Porto –, completamente diferente da forma que eu idealizei escrevê-los, mas, talvez, devesse ser assim, porque a PUCRS e Porto despertaram e ainda despertam em mim os sentimentos e as sensações mais gostosas, duras, desafiadoras e, com certeza, mais inusitadas que eu tive até hoje. E por esse conjunto complexo de sentimentos e sensações vivenciadas e as quais foram fundamentais para o deslinde deste trabalho, eu devo agradecer várias pessoas.

Antes, é claro, agradeço primeiramente a Deus, a quem me deu o dom da vida e a força e a coragem para iniciar e finalizar este ciclo. Agradeço, também, à Coordenação de Aperfeiçoamento de Pessoal de Nível Superior (CAPES) e ao Programa de Pós-graduação em Direito da Pontifícia Universidade Católica do Rio Grande do Sul (PUCRS), pela confiança em meu trabalho e pela oferta da bolsa de estudos, a qual subsidiou a execução desta pesquisa.

Passo então ao agradecimento do conjunto de pessoas sem, de modo algum, estabelecer uma ordem preferencial, pois cada um sabe a importância para o início e o fim desta fase tão especial da minha vida.

Agradeço, assim, à minha família, que sempre me apoiou na execução e busca dos meus sonhos e projetos, sendo o Mestrado um deles. Expressamente, não poderia deixar de mencionar a minha mãe, Renata Ithamar; meu pai, Henrique Lima; meu padrinho, Glaydson Lima; minha quase madrinha, Mônica de Magalhães; a minha avó, Rosário Lima; e minhas tias, Tania Lima, Nilma Lima e Vaneska Ithamar, os quais acompanharam mais intensamente o processo de perto.

Agradeço, ainda, ao amigo fiel, Carlos Hélder Mendes, que, por vezes, foi pai, conselheiro, amigo e, sempre, minha base. Fomos e somos, sem nenhuma dúvida, família. Obrigada, não apenas por ter sido mais família do que nunca, mas por tão generosamente ter me dado mais uma família, a quem eu agradeço, em nome de Marialda Mendes, sua mãe, e novos amigos, a quem agradeço, em nome de Luan Feres. Te amo, como se parte de mim fosse; quero "lhe dizer que a nossa união foi linda" e que "pra onde você for / lá pra mim já é / irei se você quiser".

Meu muito obrigado para aquela a quem tenho enorme admiração, que me faz querer ser mais humana a cada dia, que tem uma força linda, que sabe cada curva minha, as boas e as ruins, apenas no olhar. A que é poesia em forma de ser humano e generosidade em forma de amiga. Aquela que quando precisei ser força, ela que foi a minha força, Maíra Castro. Posso dizer que "entre as coisas mais lindas que eu conheci, só reconheci suas cores belas quando eu te vi". Meu eterno e verdadeiro amor sempre por você. Agradeço do mesmo modo a Ítalo Rabelo e a Maricy Fideles pela amizade e pelos momentos partilhados.

Meus agradecimentos também são direcionados para aquela que desde 2013, da primeira vez que estive na PUCRS, foi e é a minha inspiração e maior incentivadora acadêmica, Amanda Thomé. Você acreditou em mim em 2013 e em 2017, e essa confiança e credibilidade foram e são uma das grandes forças da minha vida. Amanda, obrigada por sempre ter me ensinado a suportar muito e a sempre me instigar a suportar mais, mas, mais do que isso, a não ter desistido de mim quando, na minha pequenez e no meu processo de maturidade, eu não suportei. Obrigada pelo amor e afeto gratuito e por, apesar deles, ou talvez em nome deles, ter sido dura e séria na correção deste trabalho. Eu te amo.

Por meio da Amanda, conheci verdadeiros anjos em forma de amigos, a quem também não poderia deixar de agradecer, em especial as gargalhadas e ao amor recebido do Daniel Rodriguez; as comidas e generosidade infinita recebidas da Carla Justino; a amizade e confiança recebidas da Elizabeth Leal, o grande incentivo e afago de Sebastião Costa e a amizade e apoio da Ana Oliveira Gonçalves.

Agradeço a José Guimarães Mendes Neto. Entre idas e vindas, decidimos permanecer ao lado um do outro, ontem, hoje e sempre. Meu amigo... "a gente se fala no olhar / é água de chuva no mar / caminha pro mesmo lugar / sem pressa, sem medo de errar. / É tão bonito, é tão bonito o nosso amor. / A gente tem tanto querer, faz até a terra tremer.". Obrigada por ser e permanecer ao meu lado. Seguimos juntos e seguimos fortes.

Por falar em ser e permanecer, agradeço aqueles que, apesar da distância, me confirmaram o que eu já sabia; amor nunca foi sinônimo de estar perto. Meus grandes amigos de São Luís, obrigada pela amizade sincera e todo carinho que recebi nessa jornada. Dentre eles, não poderia deixar de citar explicitamente: Jéssica Araújo, Amanda Marques, Graziele Montenegro, Laise Lima, Amanda Balby, Layssa Ferreira, Nicole Alcântara, Igor Rodrigues, Milton Campelo Jr., Ricardo Pestana, Caroline Carvalho, Leonardo Everton, Rodrigo Oliveira, Thalita Oliveira, Muniz Neto, Nilvanete Lima, Gabriel Cruz, Renara Melo, Tázia Castro, Alana Américo, Renata Bessa, Vanderley Ramos e Miguel Ribeiro.

Agradeço aqueles que me acolheram tão bem e foram minha família nesses 2 anos de jornada. Não ganhei amigos, ganhei uma família, a qual rompeu barreiras do PPGD, chegando até o PPGCCRIM. Obrigada por todo amor, carinho e afago, que sem nenhuma dúvida diminuíram a saudade de casa, porque vocês cumpriram o papel de ser casa e hoje são parte de mim. Dentre tantos, agradeço em especial: Eduardo Xavier, Eduardo Piantá, Sérgio Gillet, Marina Damasceno, Carolina Alexandrino, Melina Endres, Laura Figueiredo, Juliana Homrich, João Nüske, Andressa de Bittencourt, Gabriela Amato, Augusto Leal, Ísis Boll, Daniela Eilberg, Laura Gigante, Luiza Dutra, Marcos Melo, Tiago Bunning, Manoel Alves, Gabriel Barletta, Fernando Vechi e Felipe da Veiga Dias.

Meu profundo agradecimento ao Augusto Jobim do Amaral e à Fernanda Martins, por terem me desconstruído completamente, terem me adotado com tanto amor e afago e me mostrado o quanto ainda tenho que aprender nesta vida. Vocês são fonte de inspiração. Amo vocês.

A PUCRS foi literalmente a minha casa durante 2 anos e nessa caminhada ganhei ao meu entorno amigos que por vezes cumpriram a função de mãe, pai, irmão etc. Para além dos já citados, não poderia deixar de registrar meu agradecimento especial àqueles que sempre me acompanharam de pertinho nos meus dias de PPGD; dentre eles: Patrícia Souza, Caren Klinger, Márcia Lopes e Uillian Vargas.

Ressalto também o apoio incondicionado do meu orientador, Ingo Wolfgang Sarlet, e do meu coorientador, Carlos Alberto Molinaro, que compraram o tema deste trabalho, me garantiram largamente o meu direito de liberdade de pesquisa científica e acompanharam cada pedaço de construção desta pesquisa. A vocês, minha eterna gratidão pelos conhecimentos passados, pela amizade e pela confiança em mim depositada. Se a admiração por vocês já existia, hoje, ela, sem nenhuma dúvida, é ainda maior.

Ainda destaco a confiança, aprendizado e apoio que eu recebi dos meus professores do PPGD, com os quais tive a honra de partilhar momentos e conhecimentos incríveis, de forma mais singular. Agradeço aos professores Adalberto Paqualotto e Denise Fincato. Igualmente não poderia deixar de mencionar a amizade, as contribuições em banca e anteriormente a ela, das professoras Gabrielle Bezerra Sales e Selma Petterle.

Destaco que o mestrado foi um sonho não apenas de dois anos, mas desde a graduação, e, em razão disso, não poderia deixar de agradecer a uma pessoa que foi meu companheiro de vida durante 6 anos e hoje é um grande amigo, e que sempre esteve do meu lado, me apoiando em todos os meus sonhos, incluindo neste; por isso, apesar dos desencontros, muito obrigada, Jorge Henrique Oliveira.

Entre encontros e desencontros, meu agradecimento a um dos encontros mais especiais e profundos que ocorreu nesses dois anos. Obrigada pelas conversas, pelo sonho de romper com esse mundo capitalista (risos), com as trocas de conhecimentos e afago. Nos desencontramos, mas nosso encontro foi lindo. Obrigada, Tiago Guimarães.

Agradeço, por fim, a todos os meus professores – mestres, que sempre me despertaram o amor pela docência, e que sempre me ensinaram que em um ambiente de aprendizado a liberdade de ensinar, pesquisar e aprender são fundamentais.

Enfim, obrigada a todxs.

APRESENTAÇÃO

"Todo homem" - escreve *Guimarães* - " deve "estar sempre rodeado do que é seu - pessôas e coisas".[1] Havendo nesse pequeníssimo trecho uma festa aos afetos, é deles - de *Rosa* e dos meus afetos - que me sirvo para recontar **Manuela**.

Para isso, faço, desde logo, uma advertência e um pedido!

A primeira é a de que há, aqui, toda a sorte de distorções e exageros dos quais padece o texto que sob o pretexto de dizer algo de alguém, diz do seu próprio autor - as razões disso ficarão evidentes a seguir.

O segundo - o pedido, caros leitores! - é de que perdoem as gramas de mentiras que inseri deliberadamente. É que "em vidas que andam juntas [...] aprendendo a mentir, te mentir",[2] canta *Chico*. E comigo (ou conosco) não poderia seria diferente!

Por volta de dois mil e onze, conheci Manuela em um momento que, tão comum como frequentemente omitido, acomete boa parte dos alunos de Direito, pelo menos daqueles que julgo serem os mais interessantes, quer dizer, os que não escolheram o curso por uma espécie de sonho "de uma vida inteira" (?) de desempenhar carreiras jurídicas, e que, ao contrário, o fizeram por quaisquer razões, todas elas muito pouco convincentes para os outros e para si, normalmente organizadas em narrativas aparentemente tão seguras como só se pode formular quando somos muito jovens. Os anos de docência me mostraram que não há uma delas que resista, por longo tempo, à engenharia de ar de um ensino jurídico que reduz, com seu precário fluxo de ventilação, os ousadamente perdidos em seus propósitos à claustrofobia do manuais - essa relíquia moderna, essa narrativa coerente de coisa alguma! E foi então que, "sem saber [d]os desejos aonde é que iam dar", perguntou-me se "aquele projeto ainda estava no ar".[3] O projeto a que se referia era o de começar suas primeiras atividades de iniciação científica na UNDB,

1. ROSA, Guimarães. *Noites do sertão* – Corpo de Baile. 11. ed. Rio de Janeiro: Nova Fronteira, 2016. p. 158.
2. BUARQUE, Chico. *Mil perdões*. Chico Buarque. Rio de Janeiro: Polygram, 1983.
3. VELOSO, Caetano. *Eclipse oculto*. Caetano Veloso. Rio de Janeiro: Fontana/Philips, 1985.

instituição de ensino em que cursou sua graduação em Direito, em São Luís/MA, e na qual exerço minhas atividades docentes. Desde aí veio o eclipse – não o de *Caetano*, é claro –, o nosso eclipse!

Estudou Direito Constitucional da forma mais enérgica que pôde durante seus cinco anos de Graduação, e o fez tanto por afinidade teórica como por um silente ímpeto de salvação! Àquela altura, tendo percebido que seu "estar ali" não poderia se resumir a um motivo *a priori*, e que as razões para algo, em todo caso, seriam sempre reformuladas no caminho, levou ao pé da letra a bula que recomendava dar tudo de si ao que mais lhe desse prazer. Elegeu a pesquisa como motivo, e jardinou, por todas as vias e com a dose de dor exigida, a história que, anos depois, em sua defesa de Dissertação de Mestrado, na PUCRS, em Porto Alegre, eu vi ser merecidamente elogiada por uma banca tão qualificada quanto exigente.

Era 28 de fevereiro de 2019, e eu me senti, como poucas vezes, absolutamente despreparada. Faltava qualquer coisa a mais que um sorriso para lhe dizer que "sim, acertamos!" – ela, pelas razões óbvias de ordem técnica; eu, pelo exclusivo mérito de ter acreditado, lá atrás, que era possível. Em estado cru, estava ali o afeto mais genuíno que se pode experimentar de uma relação entre aluno e professor. Aquele que só nasce quando nós, professores, temos a hombridade de reconhecer em nossos alunos o que não somos (quiçá não sejamos nunca!), e damos isso como uma incrível oportunidade de aprender pelo punho de quem ainda escreve a lápis, quando já escrevemos à caneta. Aprendi com Manuela e com os resultados dos seus estudos, que se apresentam neste livro, a recolocar o olhar sobre as questões de maior relevância relativas à liberdade acadêmica, à liberdade científica e à liberdade de pesquisar, num contexto em que a movimentação da engrenagem da produção do conhecimento depende do óleo do Mercado, e agora, mais que nunca, da boa vontade de um Estado habilidoso em estilhaçar as nossas liberdades.

(Aprendi também que apresentá-la é apresentar o meu afeto. E que, se há alguma mentira neste texto, é a de que, porventura, ela precisaria de minha confiança para chegar ao mesmíssimo brilhante resultado que ocupa as páginas seguintes).

Com o desejo de boa leitura ao leitor!

São Luís, 22 de setembro de 2019.

Amanda C. Thomé Travincas

Pós-Doutora em Direito (PUCRS/RS).

Professora de Direito Constitucional (UNDB/MA).

PREFÁCIO

Em debates sobre ciência, comum é a prática do apelo à liberdade da pesquisa científica. Uma justificativa a favor dessa liberdade raramente é oferecida.

Dois argumentos principais são arquitetados que prometem apoiar um designado princípio de liberdade científica: um argumento epistemológico e um argumento político.

De acordo com o argumento epistemológico, é necessária a liberdade de pesquisa para organizar o esforço cognitivo coletivo que chamamos de ciência e sua carga de eficiência e eficácia.

Segundo o argumento político, o conhecimento científico precisa ser gerado desde estilos independentes das principais forças políticas, devido ao importante papel que desempenha para os cidadãos e sua capacidade de formar preferências políticas bem informadas.

Ambos os argumentos devem ser examinados criticamente, a fim de identificar seus pontos fortes e suas limitações. O argumento que a liberdade científica estabelecida por ambos repousa em uma série de pré-condições críticas e que a força dos argumentos deve ser ponderada contra interesses e valores sociais concorrentes em cada caso de sua aplicação. O apelo a um princípio de liberdade científica nunca deve, portanto, marcar o fim, mas o início de um debate público sobre os fins e os meios da ciência.

O trabalho que ora apresentamos marca bem um início de um debate que deve ocupar – de modo permanente – as atenções daqueles que cotidianamente operam o conhecimento, seja na academia, seja no âmbito corporativo ou até mesmo na prática do magistério em qualquer nível, bem como o cidadão preocupado com as políticas de educação e cultura. Sua autora, a Mestre em Direito **Manoela Ithamar Lima**, que tivemos o prazer e a honra de orientar, defende com sutileza e denso sentido crítico a liberdade de pesquisa, aproximando-a da prática da inovação para verificar a possibilidade de sua compatibilização, no âmbito constitucional e legal brasileiro, com a, cada vez mais presente, teoria do *academic capitalism*, ou, em vernáculo, capitalismo acadêmico.

O *academic capitalism*[4] – ou, como muitos chamam, "corporatização" – é sem dúvida o desenvolvimento mais importante do Ensino Superior nas últimas décadas, e, segundo Sheldon Wolin já advertia, "as grandes 'universidades de pesquisa' se entrelaçaram com interesses corporativos e com as máquinas de propaganda representadas por *think tanks* bem financiados e fundações conservadoras. Como resultado, o intelectual independente crítico parece uma espécie em extinção".[5]

No passado recente, Daniel Bell previu que o conhecimento substituiria o capital como fator crítico de produção à medida que as sociedades passassem ao pós-industrialismo; de igual modo, as tecnologias intelectuais para o planejamento do bem público deslocariam as tecnologias mecânicas usadas para aumentar o lucro privado; e, finalmente, as universidades substituiriam as empresas industriais como o tipo dominante de organização social. A primeira previsão reflete-se nas autodescrições da sociedade moderna, como a denominada sociedade da informação, ou também chamada de sociedade da aprendizagem, ou ainda a sociedade do conhecimento. Mas também houve uma mudança na primazia do capital industrial para o financeiro, bem como uma crescente financeirização da maioria das relações sociais. A segunda previsão foi controvertida pelo uso de tecnologias intelectuais para promover a economização e financeirização da vida social, em vez de identificar e promover o bem público. A terceira previsão é desafiada pela tendência desigual das universidades agirem mais como empresas rivais que buscam maximizar sua reputação e receita do que como instituições desinteressadas e de espírito público.[6]

As previsões de Bell fornecem o quadro inicial para induzir reflexões críticas sobre o capitalismo acadêmico. Observe-se que o Ensino Superior e a pesquisa se adaptaram às mudanças no capitalismo contemporâneo e essa adaptação é mediada pela preeminência dos discursos em torno

---

4. Cf. **SLAUGHTER**, Sheila; **RHOADES** Gary. *Academic Capitalism and the New Economy Markets, State, and Higher Education*. Baltimore: Johns Hopkins University Press, 2004, p. 107. Os autores definem o *Capitalismo Acadêmico* como: *"an alternative system of rewards in which discovery is valued because of its commercial properties and economic rewards, broad scientific questions are couched so that they are relevant to commercial possibilities (biotechnology, telecommunications, computer science), knowledge is regarded as a commodity rather than a free good, and universities have the organization capacity (and are permitted by law) to license, invest, and profit from these commodities."*.

5. **WOLIN**, Sheldon S. *Politics and Vision Continuity and Innovation in Western Political Thought* – Expanded Edition. New Jersey: Princeton University Press, 2016. p. 594.

6. Cf. **BELL**, Daniel. The Coming of the Post-Industrial Society. *The Educational Forum*. v. 40 (4). 1976. pp. 574-579. Disponível em: <https://doi.org/10.1080/00131727609336501> (link permanente, *pay per view*).

da "economia baseada no conhecimento"[7] em oposição à "sociedade do conhecimento". Esse imaginário econômico e social é fortemente apoiado por várias agências estatais e não apenas um reflexo dos processos econômicos que ocorrem em segundo plano, e está guiando a reforma estrutural e a reorientação estratégica do Ensino Superior e da pesquisa.

Os imaginários sociais são cruciais na simplificação de mundos naturais e sociais complexos como base para continuar e, talvez, transformar e estabilizar as relações sociais, notadamente nas visões da economia baseada no conhecimento e sua influência transformadora no Ensino Superior e na pesquisa. No centro desse imaginário está a produção, a valorização e a aplicação do conhecimento como motor essencial da eficiência econômica, competitividade, rentabilidade ou efetividade dos setores privado, público e terceiros da economia, da boa governança e de uma melhor qualidade de vida.

Essa visão foi fortemente promovida nos anos 1990 por, entre outros agentes, a Organização de Cooperação e Desenvolvimento Econômico (OCDE). Surgiu como uma resposta tardia à crise do fordismo atlântico do pós-guerra, que se apoiava em um virtuoso círculo transatlântico de produção e consumo em massa. E sua ressonância foi reforçada pela crescente integração econômica global, que intensificou as pressões para ir além da dinâmica de crescimento fordista. Um efeito colateral dessas mudanças foi a proliferação de críticas à educação de muitos setores por não atender às necessidades de capital humano[8] de

---

7. "A *economia do conhecimento* se inscreve em um '*sistema de consumo e produção*' que se fundamenta no denominado '*capital intelectual*'. De modo geral representa um componente de toda atividade econômica, notadamente nos países desenvolvidos. Em uma *economia do conhecimento*, uma parte significativa do valor de uma empresa pode consistir em *ativos intangíveis*, como o valor do conhecimento ou do capital intelectual de seus trabalhadores". Cf. **UNGER**, Roberto Mangabeira. *The Knowledge Economy*. New York/London: Verso Books, 2019. Há uma tradução para a língua portuguesa.

8. Observe-se que economia na atualidade é caracterizada por rápidas mudanças qualitativas e quantitativas que afetam de modo significativo a natureza das relações culturais, econômicas, socioeconômicas e sociais. Processos e tendências inovadoras são manifestações identificadas e específicas, refletidas na teoria econômica e, ainda mais, nos processos de financiamento acadêmico. Um lugar maior na ciência e na prática é ocupado pelos conceitos de *nova economia, economia do conhecimento, sociedade do conhecimento*. Portanto, o estudo dos processos de financiamento acadêmicos da economia do conhecimento se torna cada vez mais relevante e inovador de modo especial quando da identificação do *capital humano*. Os problemas do desenvolvimento da *economia do conhecimento* têm sido estudados de maneira bastante fragmentada. Em particular, ainda não existem abordagens e modelos holísticos para controlar os parâmetros da economia do conhecimento em um nível nacional, necessários para seu desenvolvimento. Nesta área, se pode encontrar apenas uma ideia geral de estruturação de parâmetros da economia do conhecimento e compreensão subconsciente de práticas para controlar esses parâmetros. Como resultado, subjetivismo e abordagens heurísticas, e frequentemente escolasticismo e abordagem de tentativa e erro, dominam neste setor. Esse estado de coisas não permite aumentar a eficiência do desenvolvimento

uma "economia baseada no conhecimento global", alegadamente cada vez mais competitiva.[9]

Ao lado dessas visões – e nesse contexto – a liberdade de pesquisa! A liberdade de realizar pesquisas costuma ser vista como parte da liberdade de pensamento ou expressão. Por exemplo, a Declaração Universal sobre o Genoma Humano e os Direitos Humanos, adotada em 1997 pela Conferência Geral da Organização das Nações Unidas para a Educação, a Ciência e a Cultura (UNESCO), afirma que

> [...] a liberdade de pesquisa é necessária para o progresso. O conhecimento faz parte da liberdade de pensamento.[10]

Da mesma forma, o memorando explicativo da Carta dos Direitos Fundamentais da União Europeia descreve o direito à liberdade das artes e da pesquisa científica como sendo "deduzido principalmente do direito à liberdade de pensamento e expressão".[11]

No entanto, em alguns aspectos, também existem diferenças entre a liberdade de realizar pesquisas e a liberdade de pensamento ou expressão. Ao contrário da liberdade de expressão, a realização de um experimento científico geralmente afeta diretamente uma coisa ou outra pessoa. É provável que isso ocorra particularmente quando se lida com as ciências da vida. Não é de surpreender que a maioria das questões mais controversas em relação à liberdade de pesquisa e pesquisa científica surja nos campos da medicina, biologia e genética, em que pesquisas específicas potencialmente conflitam com o direito à vida ou com a dignidade dos seres humanos.

A liberdade de expressão é universalmente protegida em termos expressos em constituições, declarações de direitos e instrumentos internacionais gerais de direitos humanos. Por outro lado, esse não é o caso em relação à liberdade de realizar pesquisas científicas. Tal direito também não é expressamente garantido na Convenção Europeia de Di-

---

da economia do conhecimento e cria um desafio ao desenvolver novos modelos de financiamento educacional, que são essenciais, principalmente, em termos de prática.

9. Cf. **JESSOP**, Bob. Varieties of academic capitalism and entrepreneurial universities – On past research and three thought experiments. *Higher Education*. v. 73 (6). jun. 2017. pp. 853-870.

10. Cf. artigo 12, alínea "b": *A liberdade de pesquisar, necessária ao avanço do conhecimento, é parte da liberdade de pensamento. As aplicações da pesquisa, incluindo as aplicações nos campos de biologia, genética e medicina, relativas ao genoma humano, deverão visar ao alívio do sofrimento e à melhoria da saúde das pessoas e da humanidade como um todo.*

11. Explicação do artigo 13º. Cf. PARLAMENTO EUROPEU. *Projecto de Carta dos Direitos Fundamentais da União Europeia*. Bruxelas, 11 de outubro de 2000. Disponível em: <http://www.europarl.europa.eu/charter/pdf/04473_pt.pdf> (link permanente).

reitos Humanos, embora, sem dúvida, possa ser derivado implicitamente do direito à liberdade de expressão prevista no artigo 10 da convenção.

O primeiro exemplo de garantia do direito à investigação científica parece ser o contido no artigo 27 da Declaração Universal dos Direitos Humanos de 1948, que prevê que:

> 1. Todo mundo tem o direito de participar livremente da vida cultural da comunidade, de desfrutar das artes e de compartilhar o progresso científico e seus benefícios.
>
> 2. Toda pessoa tem direito à proteção dos interesses morais e materiais resultantes de qualquer produção científica, literária ou artística de que seja o autor.

Note-se, no entanto, que, embora a Declaração Universal garanta o direito de compartilhar os benefícios do avanço científico, nenhuma menção é feita ao direito de realizar investigação ou inquérito científico.

Quando as Nações Unidas elaboraram os princípios da Declaração Universal em dois Pactos das Nações Unidas, o direito à pesquisa científica foi colocado no Pacto Internacional de Direitos Econômicos, Sociais e Culturais, em vez do Pacto Internacional justificável de Direitos Civis e Políticos. O artigo 15 do Pacto de Direitos Econômicos, Sociais e Culturais repete efetivamente a linguagem do artigo 27 da Declaração Universal e, além disso, estabelece (no parágrafo 3) que "os Estados Partes no Pacto atual se comprometem a respeitar a liberdade indispensável à pesquisa científica e atividade criativa". A principal diferença entre os dois Pactos é que o Pacto de Direitos Econômicos, Sociais e Culturais oferece uma garantia mais fraca, na medida em que os direitos que garante devem ser alcançados progressivamente, enquanto o Pacto de Direitos Civis e Políticos obriga as partes a respeitarem os direitos e garantias. Além disso, onde os Estados adotaram a opção ao Protocolo ao Pacto, qualquer violação de um direito ao abrigo do Pacto pode ser objeto de uma queixa à Comissão de Direitos Humanos, que pode emitir um parecer contra o Estado em causa.

No que diz respeito à proteção constitucional para a liberdade de pesquisa e investigação científica, a maioria dos países europeus cujas constituições datam de antes de 1948 (e algumas que são posteriores) também não têm essa disposição. Isso inclui Bélgica, Dinamarca, França, Holanda, Noruega e Suécia.

No caso da Suécia, isso ocorre apesar do fato de a constituição sueca (que data originalmente do início do século XIX) conter disposições muito elaboradas em relação à liberdade de expressão e à liberdade de imprensa. Contudo, as constituições adotadas mais recentemente tendem a conter uma disposição que garante direitos à pesquisa científica e ao esforço artístico. A constituição italiana, adotada em 1948, no seu art. 33 (1) estabelece que "as artes e as ciências, bem como seu ensino, são gratuitas". O artigo 5 (3) da Lei Fundamental da Alemanha expressa: "Artes e ciências, pesquisa e ensino serão gratuitas. A liberdade de ensino não liberará ninguém da lealdade à constituição.".[12] O artigo 20 da Constituição da Espanha, adotado em 1978, garante o direito à produção e criação literária, artística, científica e técnica, bem como o direito à liberdade acadêmica. O mesmo artigo também protege a liberdade de expressão e comunicação. Quase todas as constituições adotadas nas democracias emergentes da Europa Central e Oriental após o colapso do comunismo garantiram a liberdade de criação artística e pesquisa científica, bem como o direito de se beneficiar da conquista do progresso científico. Muitos deles também garantem a autonomia das universidades e instituições de Ensino Superior.

A Carta dos Direitos Fundamentais da União Europeia seguiu a tendência das constituições nacionais recentemente elaboradas. O artigo 13 da Carta estabelece o seguinte:

> As artes e a pesquisa científica devem estar livres de restrições. A liberdade acadêmica deve ser respeitada.

O Tratado de Lisboa incorporou a Carta (art. 6 [1]). Daqui resulta que os direitos ao abrigo da Carta serão agora interpretados e aplicados pelo Tribunal de Justiça das Comunidades Europeias da mesma forma que outros direitos do direito comunitário. No entanto, a Carta é dirigida à União e não aos seus Estados-Membros.

No Brasil, o texto da Constituição Federal, promulgada em 5 de outubro de 1988, a livre expressão da atividade intelectual, artística, científica e de comunicação foi expressamente consagrada no Título dos Direitos e Garantias Fundamentais (art. 5º, IX), sendo objeto de referência específica no âmbito do capítulo destinado à educação, no Título da Ordem Social, no qual, no art. 206, II, encontra-se a garantia da liberdade de aprender, ensinar, pesquisar e divulgar o pensamento, a arte e o saber. Além disso, a atual Carta inseriu um Capítulo especialmente

---

12. Cf. Grundgesetz, art. 5 (3): "Kunst und Wissenschaft, Forschung und Lehre sind frei. Die Freiheit der Lehre entbindet nicht von der Treue zur Verfassung".

dedicado a Ciência e Tecnologia (arts. 218 e 219), estabelecendo objetivos e deveres para o poder público nessa seara, que devem ser articulados e compreendidos no contexto mais amplo da ordem jurídico-constitucional e guardam relação com o direito fundamental à liberdade de pesquisa. As liberdades de ensino e pesquisa, que compõem o que se pode designar de liberdade acadêmica e científica em sentido amplo, apresentam uma série de aspectos comuns, mas também apresentam peculiaridades, que refletem inclusive no campo dos seus titulares, destinatários, âmbito de proteção e dos seus respectivos limites, o que, à evidência, aqui não poderá ser desenvolvido.[13]

Um dos pontos a ser enfatizado é o de que a liberdade de pesquisa apresenta uma dimensão individual (como direito subjetivo de pessoas naturais, no caso, professores, cientistas e pesquisadores etc.) e outra coletiva ou institucional, como direito que em grande parte também protege posições subjetivas de entes coletivos, sejam de direito privado, sejam de direito público, sendo esse também um ponto de contato (mas não de superposição) com a garantia institucional da autonomia universitária. Também a liberdade de pesquisa, considerada em sentido amplo, comunga na multifuncionalidade característica dos direitos fundamentais e, por reunir uma dimensão subjetiva e uma objetiva, abarca um leque de posições subjetivas e deveres objetivos que vinculam o poder público e, em determinada medida, os atores privados, pois, precisamente considerando a força dos grandes empreendimentos farmacêuticos e produtores de tecnologia, os quais também promovem pesquisa e em parte financiam a pesquisa no setor público, assume relevo a assim chamada eficácia "externa" ou "horizontal" dos direitos fundamentais na esfera das relações privadas.[14]

Todavia, independentemente da identificação de direitos e de garantias relativamente à liberdade de pesquisa, liberdade de cátedra em amplo sentido, e dos reclamos da inovação nos métodos e práticas aceitos das ciências, o discurso de nossos dias destaca mudanças profundas na ordem econômica e tecnológica global e enfatiza a lacuna de habilidades como um grande problema.

---

13. Cf. **SARLET**, Ingo Wolfgang; **PETTERLE**, Selma Rodrigues. Liberdade de pesquisa como direito humano e fundamental e seus limites: a pesquisa com seres humanos e os parâmetros protetivos estabelecidos pelo direito internacional e sua recepção no Brasil. *Espaço Jurídico Journal of Law* [EJJL]. .. Chapecó, jan.-/jun. 2014. pp. 13-38. Disponível em: <https://bit.ly/2kKcr7A> (link encurtado; acesso em: 13 set. 2019).

14. Cf. **SARLET**, Ingo Wolfgang; **PETTERLE**, Selma Rodrigues. Liberdade de pesquisa como direito humano e fundamental e seus limites. *Op. cit.* Nota 10, *retro*.

O argumento é que vivemos um tempo de rápidas mudanças e qualificações valorizadas hoje se tornam obsoletas amanhã. Se essa avaliação estiver correta, como podemos desenvolver pesquisadores capazes de obter sucesso em um mundo onde as máquinas representam uma parcela considerável da força de trabalho?

A força combinada da teoria do capital humano e da lógica da política neoliberal na política educacional resultou em um impulso agressivo para os graduados em pesquisa. Para os defensores da teoria do capital humano, a educação prepara as pessoas com habilidades comercializáveis, melhora o desempenho no trabalho e aumenta a produtividade geral e as chances de vida.

O argumento do capital humano para a educação é que um maior nível de educação resulta em maior produtividade do trabalho e maior taxa de crescimento agregado. Visto dessa perspectiva, os programas fomentadores da pesquisa são avaliados em relação à extensão em que permitem que os graduados sejam empregáveis e produtivos.

Uma forte crença no poder dos princípios de mercado significa que o neoliberalismo transfere a responsabilidade pela educação do Estado para o indivíduo, e um bem público se torna um bem de consumo individual, ou, como anotava Wendy Brown, "a neoliberalização substitui a educação destinada a aprofundar e ampliar a inteligência e as sensibilidades, desenvolvendo a consciência histórica e a capacidade hermenêutica, adquirindo conhecimentos e literacias diversas, tornando-se teoricamente capacitada e socialmente perspicaz, por uma educação destinada a aperfeiçoar atores empresariais tecnicamente qualificados, adeptos de jogar em qualquer sistema".[15]

A lógica da lacuna de habilidades que informou o discurso político nos níveis global, nacional e institucional concentra-se estreitamente nos valores instrumentais da educação. O treinamento em pesquisa está cada vez mais alinhado aos interesses corporativos; os graduados em pesquisa são vistos como empreendedores em potencial para gerar riqueza e empregos para os outros. Como resultado, as universidades estão sob pressão constante para acompanhar as mudanças na economia e produzir uma

15. Cf. **BROWN**, Wendy. Neoliberalized Knowledge. *History of the Present*. v. 1. n. 1. University of Illinois Press: 2011. pp. 113-129. Disponível em: <http://www.jstor.org/stable/10.5406/historypresent.1.1.0113>. No original: *Neoliberalization replaces education aimed at deepening and broadening intelligence and sensibilities, developing historical consciousness and hermeneutic adroitness, acquiring diverse knowledge and literacies, becoming theoretically capacious and politically and socially perspicacious, with education aimed at honing technically-skilled entrepreneurial actors adept at gaming any system.*

força de trabalho de pesquisa e inovação "pronta para o futuro", que se adapte às necessidades da economia global do conhecimento.

Nesse ponto, um alerta importante: não podemos esquecer que o desenvolvimento humano é um processo de ampliar a liberdade por meio do cultivo de conhecimentos e habilidades relevantes; manifesta-se na ação e na escolha das pessoas.

Como pode ser percebido, todas essas questões implicam em um renovado percurso epistêmico, conciliando liberdade de pesquisa, capitalismo acadêmico e inovação. O trabalho que temos a alegria de apresentar se revela precioso para assoalhar esse percurso, em que a autora bem identifica os pontos de contato e os limites entre esses vetores econômicos: mercado, academia e inovação.

Para não alongar, mais do que já o fizemos, não sendo nosso intento aumentar a distância entre o leitor e a obra ora apresentada, resta-nos, mais uma vez, parabenizar a autora e a editora por este oportuno lançamento, almejando que venha a obter a merecida acolhida, não apenas, mas especialmente, na esfera jurídica, em que uma lufada de ares oriundos de outras fontes do saber cada vez mais se faz necessária.

Prof. Dr. **Ingo Wolfgang Sarlet**

Doutor e pós-doutor pela Universidade de Munique, Alemanha.
Coordenador do Programa de Pós-Graduação em Direito –
Mestrado e Doutorado – da Pontifícia Universidade Católica
do Rio Grande do Sul – PUCRS.

Prof. Dr. **Carlos Alberto Molinaro**

Doutor em Direito com menção europeia pela Universidade
Pablo de Olavide, Sevilha. Professor do Programa de Pós-Graduação
em Direito – Mestrado e Doutorado – da Pontifícia
Universidade Católica do Rio Grande do Sul – PUCRS.

LISTA DE ABREVIATURAS E SIGLAS

§	parágrafo
§§	parágrafos
ABC	Academia Brasileira de Ciências
ADI	Ação Direta de Inconstitucionalidade
Aneel	Agência Nacional de Energia Elétrica
ANP	Agência Nacional do Petróleo, Gás Natural e Biocombustíveis
ANPEI	Associação Nacional de Pesquisa e Desenvolvimento das Empresas Inovadoras
art.	artigo
arts.	artigos
BMWi	*Bundesministeriumsfür Wirtschaft und Energie*
BNDES	Banco Nacional de Desenvolvimento Econômico e Social
c/c	combinado com
CAPES	Coordenação de Aperfeiçoamento de Pessoal de Nível Superior
CEP	Comitê de Ética em Pesquisa
CIDE	Contribuição de Intervenção no Domínio Econômico
CNCTI	Código Nacional de Ciência, Tecnologia e Inovação
CNI	Confederação Nacional da Indústria
CNPq	Conselho Nacional de Desenvolvimento Científico e Tecnológico
Confap	Conselho Nacional de Fundações Estaduais de Amparo à Pesquisa

Consecti	Conselho Nacional de Secretários Estaduais para Assuntos de Ciência, Tecnologia e Inovação
CRFB	Constituição da República Federativa do Brasil de 1988
CT&I	Ciência, Tecnologia e Inovação
CT-AERO	Fundo Setorial Aeronáutico
CT-AGRO	Fundo Setorial do Agronegócio
CT-AMAZÔNIA	Fundo para a Amazônia
CT-AQUAVIÁRIO	Fundo Setorial de Transporte Aquaviário e de Construção Naval
CT-BIO	Fundo Setorial de Biotecnologia
CT-ENERG	Fundo Setorial de Energia
CT-ESPACIAL	Fundo Setorial Espacial
CT-HIDRO	Fundo Setorial de Recursos Hídricos
CTI	Ciência, Tecnologia e Inovação
CT-INFO	Fundo Setorial de Tecnologia da Informação
CT-INFRA	Fundo de Infraestrutura
CT-MINERAL	Fundo Setorial de Recursos Minerais
CT-PETRO	Fundo Setorial do Petróleo e Gás Natural
CT-SAÚDE	Fundo Setorial de Saúde
CT-TRANSPORTE	Fundo Setorial de Transportes Terrestres e Hidroviários
DF	Distrito Federal
DT	Desenvolvimento Tecnológico e Extensão Inovadora
EAD	ensino a distância
EC	Emenda Constitucional
EMBRAPII	Empresa Brasileira de Pesquisa e Inovação Industrial
etc.	*et cetera*
FAPs	Fundações de Amparo à Pesquisa
FINEP	Financiadora de Estudos e Projetos
FNDCT	Fundo Nacional de Desenvolvimento Científico e Tecnológico

FVA	Fundo Verde e Amarelo
HC	*Habeas Corpus*
ICT	Instituição de Ciência, Tecnologia e Inovação
IES	Instituição de Ensino Superior
IFE	Instituições Federais de Ensino
INCTs	Institutos Nacionais de Ciência e Tecnologia
INI	*own-initiative*
IoT	*Internet of Things*
IPI	Imposto sobre Produtos Industrializados
LB	Lei do Bem
LDB	Lei de Diretrizes e Bases da Educação
MAPA	Ministério da Agricultura, Pecuária e Abastecimento
MCTIC	Ministério da Ciência Tecnologia, Inovações e Comunicações
MD	Ministério da Defesa
MDIC	Ministério da Indústria, Comércio Exterior e Serviços
MEC	Ministério da Educação
MEI	Mobilização Empresarial pela Inovação
Min.	Ministro
MS	Ministério da Saúde
n.º	número
NIT	Núcleo de Inovação Tecnológica
OCDE	Organização para Cooperação Econômica e Desenvolvimento
OIT	Organização Internacional do Trabalho
P&D	Pesquisa e Desenvolvimento
PD&I	Pesquisa, Desenvolvimento e Inovação
PIDCP	Pacto Internacional sobre Direitos Civis e Políticos
PIDESC	Pacto Internacional sobre Direitos Econômicos, Sociais e Culturais

PL	Projeto de Lei
RDC	Regime Diferenciado de Contratações Públicas
rel.	relator
RIS3	*Smart Specialization Strategies*
RS	Rio Grande do Sul
SBPC	Sociedade Brasileira para o Progresso da Ciência
SEBRAE	Serviço Brasileiro de Apoio à Micro e Pequena Empresa
SNCTI	Sistema Nacional de Ciência, Tecnologia e Inovação
STF	Supremo Tribunal Federal
SUS	Sistema Único de Saúde
UNESCO	Organização das Nações Unidas para a Educação, a Ciência e a Cultura
v.	*vide*

SUMÁRIO

LISTA DE FIGURAS

INTRODUÇÃO

A ciência consiste em uma das formas de o homem produzir os conhecimentos que lhe fornecerão condições para uma melhor compreensão do ambiente no qual está inserido, bem como para com ele estabelecer relações. Para tanto, pressupõe-se que o indivíduo seja dotado minimamente de dois atributos: a vontade de conhecer e a liberdade para conhecer. A partir disso, pode-se afirmar que a ciência caminha imbricada com a liberdade de pesquisa científica, a qual consegue albergar os dois atributos fundamentais para a produção do conhecimento científico.

Ambas – ciência e liberdade de pesquisa científica – sempre foram centrais no processo de evolução da humanidade. Contudo, a partir da evolução e do contexto da sociedade contemporânea, a ciência passa exercer o papel de instrumento que compõe necessariamente a narrativa política, econômica, jurídica e social, ensejando tons distintos à liberdade de pesquisa científica.

Tal sociedade recebe distintas alcunhas, tais como sociedade de informação, sociedade em rede, sociedade do risco etc. Dentre as mais diversas que lhe são atribuídas, opta-se, na presente análise, por nomeá-la de Sociedade do Conhecimento, havendo-se reservado momento específico para justificar a referida escolha. Com efeito, o traço diferencial da Sociedade do Conhecimento reside no objetivo para o qual o progresso científico e tecnológico é direcionado, qual seja a criação de novas formas de processar e difundir o conhecimento. Este, por sua vez, passa a ser utilizado não apenas como forma do ser humano conhecer e relacionar-se com o meio externo, mas, igualmente, para fundar e justificar as relações que perpassam o contexto social, que, em sua grande maioria, começam a ser mediadas pelo discurso científico.

Destarte, a inovação, estando correlacionada com o processo de aprendizado e de busca ao conhecimento, é concebida como mecanismo basilar para o desenvolvimento econômico e social da Sociedade do Conhecimento. Não se desconsidera, ao afirmar isso, o aspecto de que ela sempre consistiu no móvel de avanço da sociedade. No entanto, é na aludida sociedade que a inovação deixa de ser um processo que emerge naturalmente no tecido social e passa a ser institucionalizada, isto é, incorporada nas políticas de entes públicos e privados, visando a finalidades específicas.

Percebe-se que há, em verdade, uma dupla e conjunta institucionalização da ciência e da inovação. Isso implica em dizer que, na aludida sociedade, a ciência é comprometida precipuamente com a produção de inovação, ao passo que a almejada inovação a ser promovida consiste naquela que contribui para a busca e aprendizado – não de qualquer conhecimento, mas do científico. Nesse processo de institucionalização conjunta, a liberdade de pesquisa científica adquire novos tons, sendo exercida e promovida com o objetivo de produzir inovações sociais, de mercado, tecnológicas etc. – a depender das áreas eleitas como estratégicas para o desenvolvimento da sociedade.

Note-se que as políticas de incentivo à inovação se confundem com aquelas destinadas à satisfação da faceta prestacional da liberdade de pesquisa científica, contando com três atores principais – o Estado, as Instituições de Ensino ou Pesquisa e as empresas. Percebe-se, com exceção disso, que, a nível global, as políticas de incentivo à inovação são tratadas comumente como de cunho econômico. Em outros termos, a inovação e a pesquisa científica passam, por conseguinte, a ser guiadas quase que exclusivamente por interesses econômicos, e, em sua grande maioria, de viés liberal e individualista.

Nada obstante, dentre as Instituições que participam ativamente do processo de inovação estão as de Ensino Superior, que, pelo papel de centralidade da ciência e da inovação na Sociedade do Conhecimento, passaram a vincular mais sensivelmente suas finalidades institucionais de ensino e pesquisa – até então associadas tão somente à produção e ao aprofundamento do conhecimento – a demandas externas à Academia, sendo estas essencialmente mercadológicas. No tocante à pesquisa, a associação ao mercado é ainda mais acentuada. Pelas características da ciência moderna, a atividade de investigação torna-se financeiramente mais dispendiosa, levando os pesquisadores a recorrerem a financiamentos públicos e privados a fim de haver condições efetivas de pesquisar.

Esse cenário faz com que as Instituições de Ensino Superior se integrem ao mercado, respondendo a uma política de P&D em competitividade e lucratividade, já que esta o fomenta, conjuntamente à inovação e à liberdade de pesquisa científica. A pesquisa destina-se, por conseguinte, a satisfazer, em curto prazo, as solicitações do mercado, pois, assim, são captados recursos para o seu exercício. Além disso, na medida em que as Instituições e os pesquisadores se envolvem na dinâmica do mercado, a lógica da lucratividade e competitividade é naturalizada como sendo inerente à Academia. É nesta conjuntura que a teoria do *academic capitalism* surge, objetivando explicar o grupo complexo de ações, redes e políticas que auxiliam na incorporação do viés mercadológico nas Instituições de Ensino Superior. Postas tais considerações, observa-se que, pelo menos referente à institucionalização da inovação e da ciência, o cenário jurídico-constitucional brasileiro acompanhou os atuais contornos da Sociedade do Conhecimento, passando a prever, em capítulo específico da Constituição da República Federativa do Brasil de 1988 (CRFB), ao lado da Ciência e Tecnologia, a partir da Emenda Constitucional (EC) n.º 85/2015, a inovação como uma tarefa-dever a ser fomentada pelo Estado. A mencionada reforma constitucional atribuiu explicitamente novos tons à dimensão objetiva da liberdade de pesquisa científica, a qual passou a ser comprometida com o progresso da inovação, nos termos previstos pela Constituição. Sublinha-se, em função disso, que a inovação, ao ser contemplada enquanto programa estatal, persegue finalidades específicas, eleitas como fundamentais pelo Poder Público ao desenvolvimento da sociedade. Tal inovação, em verdade, é aquela a que são destinadas as políticas públicas de incentivo e de fomento, ao que, por conseguinte, a citada liberdade se vincula.

Após a reforma constitucional, um conjunto de ações foi tomado para operacionalizar a política de incentivo a ciência, tecnologia e inovação. Um exemplo é a promulgação da Lei n.º 13. 243/2016, doravante designada como Código Nacional de Ciência, Tecnologia e Inovação (CNTI), e do Decreto n.º 9.283/2018, o qual tem por função regulamentar o referido Código. As atuais normativas estão fundadas na necessidade de redução dos obstáculos legais e burocráticos pertinentes ao processo de inovação, bem como na aposta de interação entre Estado, Instituições de Ensino/Pesquisa e empresas, de modo essencial, à produção de inovação, nos moldes de uma sociedade lastreada no conhecimento. As ações, além disso, também possuem um apelo mercadológico, cujos princípios, constantes no art. 1.º, da Lei n.º 13.243/2016, incluem "[...] a promoção da competitividade empresarial nos mercados nacional e internacional".

Destarte, pelos moldes da política brasileira de incentivo à inovação, os quais recaem igualmente no fomento da liberdade de pesquisa científica, percebem-se indícios de que a citada política apresenta pontos de contato com a gestão pública, sob o regime do capitalismo acadêmico. Assim, estando a inovação e a liberdade de pesquisa científica protegidas constitucionalmente, devendo, por conseguinte, o Estado protegê-las e estimulá-las, é importante perquirir se o *academic capitalism* realmente adere ao sistema constitucional brasileiro, sem, com isso, serem esvaziados os respectivos deveres de proteção e promoção. Sublinha-se, em face disso, que, no âmbito do Ensino Superior, diversas discussões já estão sendo travadas[1] no sentido de questionar a conexão do direcionamento ao mercado das pesquisas científicas e tecnológicas com a inibição do exercício da liberdade de pesquisa científica em áreas do conhecimento não rentáveis, desvirtuando, assim, a função precípua dessas Instituições de produção ampla do conhecimento.

Em face disso, estabelece-se como problema de pesquisa: com base no sistema constitucional brasileiro, a liberdade de pesquisa científica e a inovação relacionam-se em alguma medida com o *academic capitalism*?

Em resposta a ele, o presente trabalho levanta a seguinte hipótese: por meio de uma interpretação sistemática e teleológica[2] da CRFB, é possível afirmar que a liberdade de pesquisa científica e a inovação relacionam-se com o *academic capitalism*, porém de maneira limitada.

O objetivo geral, portanto, é analisar se, em caso positivo, em que medida a liberdade de pesquisa científica e a inovação estão relacionadas com o *academic capitalism*, tendo como pano de fundo o sistema constitucional brasileiro. Para tanto, a obra é dividida em três capítulos, em que cada um deles corresponde a objetivos específicos do trabalho.

O primeiro volta-se ao delineamento dos contornos da liberdade de pesquisa científica no cenário jurídico-constitucional brasileiro, a partir de elementos da teoria geral dos direitos fundamentais. Ademais, o capítulo debruça-se, de maneira breve, sobre a importância do citado direito no cenário internacional, enaltecendo o seu caráter de direito humano e fundamental.

---

1. Nesse sentido, v. ANDES. **Cartilha do Marco Legal de Ciência, Tecnologia e Inovação** (Lei n.º 13.243/16): riscos e consequências para as universidades e a produção científica no Brasil. Brasília: Sindicato Nacional dos Docentes das Instituições de Ensino Superior, 2017. p. 20. Disponível em: <portal.andes.org.br/imprensa/documentos/imp-doc-1508946885.pdf>. Acesso em: 20 nov. 2017.
2. "Quando a finalidade do dispositivo for obtida levando-se em consideração os princípios constitucionais a cuja concretização serve a regra objeto de interpretação, pode-se falar em uma interpretação teleológico-sistemática. Nessa hipótese, não se pode separar a interpretação sistemática da teleológica. Sua consideração pode levar à utilização da técnica da redução teleológica (redução do sentido do dispositivo por ser ele muito amplo em relação a sua finalidade) e da extensão teleológica (ampliação do sentido do dispositivo por ser ele muito restrito em relação a sua finalidade).". ÁVILA, Humberto. Argumentação Jurídica e a Imunidade do Livro Eletrônico. **Revista da Faculdade de Direito da UFRGS** v. 19. mar. 2001. pp. 157-180.

O segundo capítulo destina-se a perscrutar o conteúdo e o tratamento jurídico-constitucional da inovação no Brasil, demonstrando o seu entrelaçamento com a liberdade de pesquisa científica e o papel de centralidade das Instituições de Ensino Superior na política brasileira de incentivo à inovação. Nesse ponto, demonstra-se que a aludida política é alicerçada fundamentalmente na teoria de hélice tríplice, indicando, contudo, traços de adesão às diretrizes das teorias da hélice quádrupla e quíntupla. Ademais, sublinha-se que a construção narrativa do capítulo perpassa necessariamente, em caráter preliminar, pela conjuntura da Sociedade do Conhecimento. Aqui, do mesmo modo que no primeiro capítulo, enuncia-se o relevo da inovação na esfera internacional, sem pretensão, em ambos os casos, de fazer um estudo de direito comparado sobre o tema.

O terceiro capítulo procura delinear os limites e possibilidades de adesão à teoria do *academic capitalism* ao sistema constitucional brasileiro. Salienta-se que a participação mais ativa das Instituições de Ensino Superior no processo de inovação contribui para a instauração de um regime do capitalismo acadêmico. Posteriormente, fixam-se as definições e características da teoria e investiga-se a possibilidade de a política de incentivo à inovação no Brasil apresentar pontos de contato com o capitalismo acadêmico, especificadamente no tocante a gestão pública. Para isso, realizou-se um estudo de caso do Edital de Bolsas de Produtividade em Desenvolvimento Tecnológico e Extensão Inovadora – DT, do CNPq, o qual é destinado a pesquisadores que executam projetos de pesquisa que prospectam a produção e disseminação de inovação. É realçada, ao fim ao cabo, a problemática em se desenvolver uma política de fomento à liberdade de pesquisa científica e à inovação alicerçada integralmente nas premissas do capitalismo acadêmico, tendo por parâmetro o sistema constitucional brasileiro.

No processo de delimitação de tema, optou-se por algumas escolhas metodológicas para melhor desenvolvê-lo: (a.) a análise ocorre através da lente da titularidade individual do direito à liberdade de pesquisa científica; (b.) quanto ao tipo de Instituição que se dá o exercício da liberdade de pesquisa científica e que figura como ator do processo de inovação, o estudo restringe-se às Instituições de Ensino Superior (Universidades) públicas e privadas sem fins lucrativos, excluindo-se as demais – a escolha justifica-se pelo fato de a teoria do *academic capitalism*, principal marco teórico desse trabalho, ser construída com base nas referidas Instituições; (c.) não se volta a todos os níveis do Ensino Superior, mas, tão somente, aos da pós-graduação, uma vez que é neste em que as ações e políticas públicas de incentivo à inovação se concentram.

Isto posto, para a realização deste trabalho, operou-se o método hipotético-dedutivo de abordagem, pelo qual as divisões apresentadas nesta obra consistem em conjecturas a serem testadas com o fim de desaguar, ao final, na resposta da medida em que a liberdade de pesquisa científica e a inovação relacionam-se com o *academic capitalism*, no âmbito do sistema constitucional brasileiro. Como método de interpretação jurídica, utilizou-se o método sistemático de interpretação jurídica, analisando-se a liberdade de pesquisa científica e a inovação como pertencentes ao sistema constitucional brasileiro. No campo procedimental, a pesquisa partiu-se de uma análise bibliográfica sobre o tema na literatura nacional e estrangeira. Nesse ponto, sublinha-se que, dada à complexidade do *academic capitalism*, priorizou-se o manuseio das obras pertencentes aos autores que encabeçaram a teoria. Ademais, debruçou-se sobre a legislação pertinente à pesquisa e inovação, bem como se realizou um estudo de caso de cunho exploratório, tendo por objeto o Edital de Bolsas de Produtividade em Desenvolvimento Tecnológico e Extensão Inovadora – DT, do CNPq.

Feitas tais considerações, passa-se a uma análise pormenorizada dos problemas propostos a fim de que se possam elucidar as possibilidades e limites do *academic capitalism* no Brasil, com o objetivo à máxima efetividade das normas constitucionais que protegem e promovem a liberdade de pesquisa científica e a inovação.

Capítulo 1

A PROTEÇÃO JURÍDICA DA LIBERDADE DE PESQUISA CIENTÍFICA

Em primeiras linhas, debruça-se sobre a proteção jurídica da liberdade de pesquisa científica, com enfoque nos seus contornos enquanto direito fundamental na ordem constitucional brasileira. Cabe dizer, então, que a liberdade de pesquisa científica possui um amplo reconhecimento na esfera internacional, adquirindo, em razão disso, uma feição de direito humano[1], estando consagrada na Declaração Universal dos Direitos Humanos (1948), no Pacto Internacional sobre os Direitos Civis e Políticos (1966) e no Pacto Internacional sobre Direitos Econômicos, Sociais e Culturais (1966)[2], afora outros documentos internacionais que serão expostos neste capítulo. Para além disso, no plano do direito constitucional positivo, encontra-se prevista em Constituições de diversos países[3].

No texto constitucional brasileiro, a liberdade de pesquisa científica é prevista no art. 5.º, inciso IX, da CRFB, o qual dispõe que "é livre a expressão da atividade intelectual, artística, científica e de comunicação, independentemente de censura e licença", bem como, no art. 206, inciso II, da CRFB, é mencionada como um dos princípios do ensino. Mais à frente, nos arts. 218 e 219, inseridos no Capítulo de Ciência, Tecnologia e Inovação, enfatiza-se a obrigação do Estado incentivar a pesquisa e a

---

1 SARLET, Ingo Wolfgang; PETTERLE, Selma Rodrigues. Liberdade de pesquisa como direito humano e fundamental e seus limites: a pesquisa com seres humanos e os parâmetros protetivos estabelecidos pelo direito internacional e sua recepção no Brasil. **EJJL – Espaço Jurídico: Journal of Law**. Chapecó. v. 15, n. 1, pp. 13-38, jan./jun. 2014. p. 15.

2 SARLET, Ingo Wolfgang; PETTERLE, Selma Rodrigues. Liberdade de pesquisa como direito humano e fundamental e seus limites: a pesquisa com seres humanos e os parâmetros protetivos estabelecidos pelo direito internacional e sua recepção no Brasil. **EJJL – Espaço Jurídico: Journal of Law**. Chapecó. v. 15, n. 1, pp. 13-38, jan./jun. 2014. p. 15.

3 Em uma pesquisa realizada no *Google Constitute*, utilizando-se o filtro de pesquisa a expressão *reference to science*, verificou-se que 119 (cento e dezenove) Constituições pelo mundo garantem expressamente ou implicitamente o direito à liberdade de pesquisa científica.

capacitação tecnológica. Assim, trata-se de um direito formal e materialmente fundamental[4].

Sabe-se que a relação dos direitos fundamentais é triádica, tendo em vista que ela é composta por três elementos: (a.) o titular do direito fundamental; (b.) o destinatário desse direito, e; (c.) o objeto do direito[5]. Compreende-se por titular de um direito fundamental aquele que "figura como sujeito ativo da relação jurídico-subjetiva, ao passo que destinatário é a pessoa (física, jurídica ou mesmo ente despersonalizado) em face da qual o titular do direito pode exigir o respeito, proteção ou promoção do seu direito"[6]. Quanto ao objeto do direito à liberdade de pesquisa científica, este consiste no próprio âmbito de proteção desse direito. Em outros termos, ele equivale ao bem jurídico protegido pela norma de direito fundamental, a qual, por sua vez, refere-se "aos atos, fatos, estados ou posições jurídicas protegidas pelas normas de um determinado direito fundamental"[7].

Nessa linha, perquirir e definir o âmbito de proteção de um direito fundamental, como ressalta Ingo Wolfgang Sarlet, não se afigura uma tarefa fácil, em razão das indeterminações semânticas das normas instituidoras de direitos fundamentais, bem como, por conta da dupla dimensão dos direitos fundamentais (subjetiva e objetiva), as quais estão diretamente relacionadas com sua a multifuncionalidade[8].

Concebe-se que a estrutura dos direitos fundamentais é composta por duas dimensões: uma de cunho subjetivo e outra de cunho objetivo, sendo a dimensão subjetiva relativa às posições juridicamente protegidas por um direito fundamental[9]; ao passo que a dimensão objetiva consagra que os direitos fundamentais corporificam valores primordiais em

4 SARLET, Ingo Wolfgang. **A eficácia dos direitos fundamentais**: uma teoria geral dos direitos fundamentais na perspectiva constitucional. 12. ed. rev. atual. e ampl. Porto Alegre: Livraria do Advogado, 2015. pp. 75-77.

5 ALEXY, Robert. **Teoria dos direitos fundamentais**. 2. ed. São Paulo: Malheiros, 2015. p. 194.

6 SARLET, Ingo Wolfgang. **A eficácia dos direitos fundamentais**: uma teoria geral dos direitos fundamentais na perspectiva constitucional. 12. ed. rev. atual. e ampl. Porto Alegre: Livraria do Advogado, 2015. p. 215.

7 SILVA, Virgilio Afonso da. **Direitos fundamentais:** conteúdo essencial, restrições e eficácia. 2. ed. São Paulo: Malheiros, 2011. p. 72.

8 SARLET, Ingo Wolfgang. **A eficácia dos direitos fundamentais**: uma teoria geral dos direitos fundamentais na perspectiva constitucional. 12. ed. rev. atual. e ampl. Porto Alegre: Livraria do Advogado, 2015. p. 396.

9 SARLET, Ingo Wolfgang. **A eficácia dos direitos fundamentais**: uma teoria geral dos direitos fundamentais na perspectiva constitucional. 12. ed. rev. atual. e ampl. Porto Alegre: Livraria do Advogado, 2015. p. 152.

uma comunidade política, fazendo com que o Estado tenha deveres de proteção em virtude daqueles[10].

Afirma-se que a liberdade de pesquisar é, ao mesmo tempo, ensejadora de direito subjetivo e de um conjunto de deveres estatais direcionados a assegurar sua proteção, promoção e respeito[11]. Por essa razão, o âmbito de proteção do direito em questão, isto é, o seu conteúdo juridicamente protegido[12], precisa ser avaliado sob dupla perspectiva. Destarte, denota-se o caráter multifuncional desse direito, que faculta ao seu titular posições juridicamente protegidas de não intervenção, de promoção e de proteção[13].

Posto isto, inicialmente demonstra-se o caráter de direito humano e fundamental da liberdade de pesquisa científica. Posteriormente, examinam-se os dispositivos afetos ao citado direito na Constituição de 1988, tanto os que a consagram na sua faceta negativa, enquanto liberdade pessoal, quanto os que versam sobre a sua faceta prestacional, como verdadeira tarefa-dever do Estado, de modo a sanar eventuais indeterminações semânticas, traçando os primeiros contornos do âmbito de proteção do referido direito. Vale destacar que é exatamente neste particular que o tratamento da liberdade de pesquisa científica se aproxima do tema da inovação. Em outros termos, é no contexto de delineamento das ações de promoção e proteção da liberdade de pesquisa que surge a tarefa-dever de inovação, de modo que se pode afirmar que a satisfação daquela liberdade supõe a promoção desta última. Esta relação, que é aqui apenas sinalizada, constitui objeto de desenvolvimento maior do capítulo seguinte.

Em segundo lugar, faz-se a análise dos titulares e destinatários da liberdade de pesquisa científica, para então, em conjunto com a categoria jurídica dos deveres fundamentais, esmiuçar sua dupla dimensão, à luz de sua multifuncionalidade.

---

10 SARMENTO, Daniel. **Direitos fundamentais e relações privadas**. 2. ed. Rio de Janeiro: Lumen Juris, 2006. p. 134.

11 ETHIKRAT, Deutscher. Biosecurity. **Freedom and Responsibility of Research**. Translation: Charles Warcup. Berlin: German Ethics Council, 2014. Disponível em: <ethikrat.org/fileadmin/Publikationen/Stellungnahmen/englisch/opinion-biosecurity.pdf>. Acesso em: 20 out. 2017.

12 SARLET, Ingo Wolfgang. **A eficácia dos direitos fundamentais**: uma teoria geral dos direitos fundamentais na perspectiva constitucional. 12. ed. rev. atual. e ampl. Porto Alegre: Livraria do Advogado, 2015. p. 396.

13 SARLET, Ingo Wolfgang. **A eficácia dos direitos fundamentais:** uma teoria geral dos direitos fundamentais na perspectiva constitucional. 12. ed. rev. atual. e ampl. Porto Alegre: Livraria do Advogado, 2015. p. 161.

Nesse ponto, ressalta-se que, na análise da dimensão subjetiva e objetiva da liberdade de pesquisa científica e a sua multifuncionalidade, serão delineadas a categoria jurídica dos deveres de proteção do Estado e a dimensão procedimental e organizacional dos direitos fundamentais. Paralelamente, serão perquiridas as relações da liberdade de pesquisa científica com outros direitos fundamentais, verificando as possíveis concorrências e conflitos com outros direitos fundamentais, bem como os seus possíveis limites, tendo por pressuposto que nas atuais constituintes, o indivíduo não é mero detentor de direitos, isolado do contexto social, ao contrário, ele também possui uma responsabilidade em termos sociais, "o que faz deste um ser ao mesmo tempo livre e responsável"[14].

1.1. LIBERDADE DE PESQUISA CIENTÍFICA COMO DIREITO HUMANO E FUNDAMENTAL

A liberdade de pesquisa científica possui um extenso reconhecimento jurídico no plano do direito constitucional positivo e internacional, sendo, por conseguinte, sua natureza de direito humano e fundamental algo inconteste. Ressalta-se, contudo, para fins de esclarecimentos iniciais, que o seu reconhecimento nem sempre ocorre de modo expresso, decorrendo, por vezes, da previsão de normas que contemplam um direito geral à liberdade de expressão[15].

Nesse aspecto, frisa-se que malgrado usados como sinônimos os termos direitos humanos e direitos fundamentais, clarifica-se que a expressão "direitos fundamentais" faz referência àqueles direitos dos seres humanos reconhecidos e positivados na esfera do direito constitucional positivo de um determinado Estado; ao passo que a expressão "direitos humanos" vincula-se aos documentos de direito internacional, que asseguram um direito ao ser humano, independentemente da sua incorporação a uma determinada ordem constitucional, tendo, portanto, um caráter supranacional[16]-[17].

---

14 NABAIS, José Casalta. **O dever fundamental de pagar impostos**: contributo para a compreensão constitucional do estado fiscal contemporâneo. Coimbra: Almedina, 1998. p. 31.

15 SARLET, Ingo Wolfgang; PETTERLE, Selma Rodrigues. Liberdade de pesquisa como direito humano e fundamental e seus limites: a pesquisa com seres humanos e os parâmetros protetivos estabelecidos pelo direito internacional e sua recepção no Brasil. **EJJL – Espaço Jurídico: Journal of Law**. Chapecó. v. 15, n. 1, p. 13-38, jan./jun. 2014. p. 15.

16 SARLET, Ingo Wolfgang. **A eficácia dos direitos fundamentais**: uma teoria geral dos direitos fundamentais na perspectiva constitucional. 12. ed. rev. atual. e ampl. Porto Alegre: Livraria do Advogado, 2015. p. 29.

17 O termo "supranacional" está no sentido de "[...] terem validade e eficácia imediata nos ordenamentos internos, sem qualquer necessidade de ato interno"; v. CANOTILHO, José Joaquim Gomes. **Direito**

Sob outro aspecto, também a título de esclarecimentos iniciais, percebe-se que a liberdade de pesquisa científica conta com uma variação terminológica nos textos constitucionais positivos, como, por exemplo, na Constituição brasileira: ora ela é intitulada como liberdade de expressão da atividade científica, ora como apenas liberdade de pesquisa, sendo a terminologia adotada no presente trabalho a de *liberdade de pesquisa científica*.

No que toca ao direito internacional, vislumbra-se que a liberdade de pesquisa científica se encontra prevista na Declaração Universal de Direitos Humanos (1948); no Pacto Internacional sobre Direitos Econômicos, Sociais e Culturais (1966), bem como no Pacto Internacional sobre Direitos Civis e Políticos (1966). Para além disso, partindo-se do pressuposto de que a liberdade de pesquisa científica se constitui em uma das liberdades-espécie que podem ser reconduzidas à liberdade de expressão-gênero[18], tem-se que há dois parâmetros protetivos da liberdade de expressão no âmbito internacional, que, por via consequencial, resguardam a liberdade de pesquisa, quais sejam, a Convenção Europeia de Direitos Humanos (1950) e a Convenção Americana sobre Direitos Humanos, mais conhecida como o Pacto de São José da Costa Rica (1969)[19].

A Declaração Universal de Direitos Humanos, ainda que não tenha previsto de modo expresso o termo "direito à liberdade de pesquisa", ou "à liberdade científica", nos seus arts. 19 e 27, incontestavelmente, reconhece e protege o referido direito. Extrai-se tal afirmação da leitura do art. 19 de que "todo o indivíduo tem direito à liberdade de opinião e de expressão", o que implica no direito de não ser inquietado pelas suas opiniões e no de procurar, receber e difundir informações e ideias por qualquer meio de expressão.

Mais à frente, no art. 27, consigna-se que "toda pessoa tem o direito de tomar parte livremente na vida cultural da comunidade, de fruir as artes e de participar no progresso científico e nos benefícios que deste resultam", conjugado a isso, reforça-se que "todos têm direito à proteção

---

Constitucional e Teoria da Constituição. 7. ed. Coimbra: Almedina, 2003. pp. 826-825.

18 SARLET, Ingo Wolfgang. Direitos fundamentais em espécie. *In*: SARLET, Ingo Wolfgang; MARINONI, Luiz Guilherme; MITIDIERO, Daniel. **Curso de direito constitucional**. 6. ed. São Paulo: Saraiva, 2017. p. 535.

19 SARLET, Ingo Wolfgang; PETTERLE, Selma Rodrigues. Liberdade de pesquisa como direito humano e fundamental e seus limites: a pesquisa com seres humanos e os parâmetros protetivos estabelecidos pelo direito internacional e sua recepção no Brasil. **EJJL – Espaço Jurídico: Journal of Law**. Chapecó. v. 15, n. 1, p. 13-38, jan./jun. 2014. p. 15.

dos interesses morais e materiais ligados a qualquer produção científica, literária ou artística da sua autoria".

Percebe-se, pois, que o art. 19, em verdade, resguarda o direito à liberdade de pesquisa, ainda que implicitamente, tendo em vista, que ao dispor que todo indivíduo tem "o direito de procurar, receber e difundir informações e ideias por qualquer meio de expressão", engloba a expressão científica, a qual corresponde a um dos meios ofertados ao ser humano de procurar, receber e difundir informações e ideias. Em face disso, concebe-se que há um conjunto de direitos fundamentais que são reconduzidos a uma categoria genérica da liberdade de expressão. Dito de outro modo, há um direito à liberdade de expressão como *direito-mãe*, do qual se desdobram outras liberdades comunicacionais[20], dentre elas a liberdade de pesquisa científica.

A liberdade de pesquisa científica do modo como desenhada na Declaração Universal de Direitos Humanos constitui-se como uma condição essencial para o exercício de outros direitos, tais como o direito à cultura e o de acesso ao conhecimento decorrente do progresso científico. Em outros termos, o exercício da referida liberdade deve facilitar a participação cultural daquele que o exerce e dos demais membros da sociedade, bem como viabilizar o progresso científico e o acesso à ciência[21].

O Pacto Internacional sobre Direitos Econômicos, Sociais e Culturais (PIDESC), no que se refere à liberdade de pesquisa, possui uma formulação semelhante à da Declaração Universal de Direitos Humanos. Assim como o art. 27 da citada Declaração, o PIDESC consagra no art. 15 que os indivíduos possuem o direito de participar da vida cultural, de desfrutar do progresso científico e das suas aplicações, ao passo que os autores de produções científicas, literárias ou artísticas gozam de uma proteção dos seus interesses morais e materiais decorrentes de tais produções.

De modo associado a essas disposições, o mesmo dispositivo, expressamente, estabelece que os Estados Partes do Pacto possuem o compromisso de "respeitar a liberdade indispensável à pesquisa científica e à atividade criadora". Nesse sentido, observa-se que o PISDEC,

---

20 MACHADO, Jónatas E. M. **Liberdade de expressão**: dimensões constitucionais da esfera pública no sistema social. Coimbra: Coimbra Ed., 2002. pp. 371-372.

21 CHAPMAN, Audrey R. La propiedad intelectual como derecho humano (obligaciones dimanantes del apartado c) del párrafo 1 del Artículo 15 del Pacto Internacional de Derechos Económicos, Sociales y Culturales). **Boletín de derecho de autor**. UNESCO, v. 15, n. 3, 4-39, jul./set 2001. p. 23. Disponível em: <unesdoc.unesco.org/ark:/48223/pf0000125505_spa>. Acesso em: 15 out. 2018.

similarmente à Declaração Universal de Direitos Humanos, protege a liberdade científica, relacionando-a diretamente com a participação da vida cultural[22].

Há, então, o reconhecimento e a proteção de um leque de direitos direcionados não só às pessoas enquanto receptoras de bens culturais e de conhecimento científico, como também daqueles que produzem e criam esses bens culturais e científicos. Destarte, a partir dessas disposições, tem-se que ao Estado é direcionado o dever de adotar medidas de conservação, desenvolvimento e difusão da ciência, da cultura e da arte. Nesse passo, ele deve abster-se de ingerências ilegítimas na participação dos indivíduos na vida cultural e na produção do conhecimento científico, o que implica, por conseguinte, na possibilidade do exercício regular da liberdade de pesquisa científica[23].

No Pacto Internacional sobre Direitos Civis e Políticos (PIDCP), a liberdade de pesquisa científica é protegida, implicitamente, como uma das liberdades específicas que deriva do direito geral à liberdade de expressão. No art. 19 do mencionado Pacto, consta que "toda pessoa terá direito à liberdade de expressão" e que esse direito inclui a liberdade de "procurar, receber e difundir informações e ideias de qualquer natureza", independentemente da forma, podendo ser "impressa ou artística, ou por qualquer outro meio de sua escolha".

Na mesma linha, traz-se à baila os comandos normativos dispostos no art. 10 da Convenção Europeia de Direitos Humanos, o qual assegura que "qualquer pessoa tem direito à liberdade de expressão". A partir desse direito, compreende-se "a liberdade de opinião e a liberdade de receber ou de transmitir informações ou ideias sem ingerências de quaisquer autoridades públicas e sem considerações de fronteiras".

Há que se referenciar, ainda, a Carta dos Direitos Fundamentais da União Europeia, promulgada em 2000, na qual se reconhece, em seu art. 11, os comandos do art. 10 da Convenção, ao passo que, explicitamente, menciona-se a proteção à liberdade de pesquisa científica, tendo em vista que, em seu art. 13, assegura a liberdade das artes e das ciências,

---

22 INSTITUTO INTERAMERICANO DE DERECHOS HUMANOS. **Protección internacional de los derechos económicos, sociales y culturales**: Sistema Universal y Sistema Interamericano. San José: IIDH, 2008. p. 314.

23 INSTITUTO INTERAMERICANO DE DERECHOS HUMANOS. **Protección internacional de los derechos económicos, sociales y culturales**: Sistema Universal y Sistema Interamericano. San José: IIDH, 2008. p. 316.

prescrevendo que "as artes e a investigação científica são livres", sendo respeitada também a liberdade acadêmica.

O Pacto de São José da Costa Rica, do mesmo modo que a Convenção Europeia de Direitos Humanos, no seu art. 13, versa sobre a liberdade de pensamento e de expressão, dispondo que "toda pessoa tem direito à liberdade de pensamento e de expressão", o qual consiste na "liberdade de buscar, receber e difundir informações e ideias de toda natureza, sem consideração de fronteiras, verbalmente ou por escrito, ou em forma impressa ou artística, ou por qualquer outro processo de sua escolha".

Observa-se que termos como "qualquer outro processo de sua escolha", como aparece no art. 13 da Convenção Americana sobre Direitos Humanos, ou locuções como "por qualquer meio de expressão", tal qual a inserida no art. 19 da Declaração Universal de Direitos Humanos, são verdadeiras cláusulas de abertura para as mais variadas formas de expressão, sendo uma delas a expressão científica.

Importa mencionar ainda sobre instrumentos normativos internacionais que versam especificamente sobre a liberdade de pesquisa científica no âmbito do Ensino Superior, tais como a Recomendação relativa à condição docente (1966); a Recomendação relativa à condição do pessoal docente no Ensino Superior (1997); e a Declaração sobre a ciência e o uso do conhecimento científico de Budapeste (1999), as quais foram elaboradas pela Organização das Nações Unidas para a Educação, a Ciência e a Cultura (UNESCO).

A Recomendação relativa à condição docente, ao tratar no item VIII sobre os direitos e deveres dos docentes, ressalta que "aos docentes deverão ser asseguradas liberdades acadêmicas", destacando que os professores são tecnicamente qualificados para avaliar os recursos, métodos de ensino, materiais pedagógicos e os recursos didáticos utilizados no exercício de sua profissão.

Salienta-se que a liberdade de pesquisa científica se constitui em uma das liberdades garantidas ao professor no âmbito do Ensino Superior, consoante será desenvolvido mais à frente. Em função disso, é inconteste que uma das funções primordiais da Universidade está diretamente relacionada à liberdade de pesquisa científica, qual seja, a produção de conhecimento[24].

---

24 UNESCO; OIT. **A Recomendação de 1997 da UNESCO relativa ao Estatuto do Pessoal do Ensino Superior**. UNESCO, 2008. As Recomendações da UNESCO/OIT relativas à Situação do Pessoal Docente e ao Pessoal Docente do Ensino Superior foram traduzidas de uma forma independente, no âmbito do Contrato Programa Educar sem Fronteiras, financiado pelo Ministério da Ciência, Tecnologia e Ensino

De forma mais específica, a UNESCO, em 1997, elaborou a Recomendação relativa à condição do pessoal docente no Ensino Superior, na qual restou consignada, dentre outras diretrizes, que "os professores do Ensino Superior têm o direito de efetuar investigações ao abrigo de qualquer ingerência ou qualquer restrição, desde que essa atividade seja exercida no respeito pela responsabilidade profissional"[25].

Com alicerce na Declaração sobre a Ciência e o Uso do Conhecimento Científico, de Budapeste, restou evidenciada a importância de a condução de pesquisas científicas serem apoiadas em níveis nacionais e internacionais, considerando expressamente que a liberdade de opinião e os direitos intelectuais como essencialmente importantes nesse contexto. Afora isso, no item 13, acentuou-se que as organizações profissionais de cientistas possuem um importante papel na promoção da pesquisa e que, na execução de suas funções, "devem também ser encorajadas a tornarem-se defensoras da liberdade dos cientistas para expressarem a sua opinião"; e, no item 74, evidenciou-se que "as instituições científicas são instigadas a agir de acordo com as normas éticas, e a respeitar a liberdade dos cientistas de expressarem a sua opinião".

Note-se, portanto, que a liberdade de pesquisa científica se encontra extensivamente resguardada no plano internacional e que o interesse por essa proteção se pauta não só para amparar unicamente o livre desenvolvimento da atividade intelectual, mas também para proteger o resultado de tal atividade intelectual, sendo ele o conhecimento, o qual se encontra umbilicalmente vinculado com a educação e a cultura[26].

Sob outra perspectiva, observa-se que a liberdade de pesquisa científica não é tratada nos citados documentos internacionais como um direito novo, ao contrário, é concebida como um direito antigo decorrente das liberdades de pensamento e de expressão. Ocorre que, por conta das peculiaridades que lhes são próprias, principalmente, em razão dos avanços científicos e tecnológicos que interferem no seu regular exercício, trata-se de um direito que precisa de uma proteção autônoma[27].

Superior Português. p. 2. Disponível em: <unesdoc.unesco.org/images/0016/001604/160495por.pdf>. Acesso em: 30 jun. 2018.

25 UNESCO. **Recomendação relativa à Condição Docente**. Aprovada pela Conferência Intergovernamental Especial sobre a Condição Docente. Paris, 5 de outubro de 1966. Tradução: Jeanne Sawaya. Disponível em: <unesdoc.unesco.org/images/0015/001515/151538por.pdf>. Acesso em: 18 jul. 2018.

26 AHUMADA CANABES, Marcela. La libertad de investigación científica: panorama de su situación en el constitucionalismo comparado y en el Derecho Internacional. **Revista chilena de derecho**. Santiago, v. 39, n. 2, p. 411-445, ago. 2012. p. 428.

27 AHUMADA CANABES, Marcela. La libertad de investigación científica: panorama de su situación en el constitucionalismo comparado y en el Derecho Internacional. **Revista chilena de derecho**.

Quanto ao direito constitucional positivo, verificou-se que cento e dezenove Constituições pelo mundo garantem expressamente o direito à liberdade de pesquisa científica. Tal dado fora alcançado em decorrência de pesquisa realizada no *Google Constitute*, a qual teve por objetivo perquirir a previsão constitucional da liberdade de pesquisa científica em diferentes países. Para tanto, utilizou-se como filtro de pesquisa a expressão *reference to science*. Em função disso, foram filtradas cento e trinta e duas Constituições. Contudo, treze delas não resguardam o direito à liberdade de pesquisa científica. Notou-se, ainda, que, na maioria nas Constituições, assim como ocorre nos documentos internacionais, o direito à liberdade de pesquisa científica vincula-se ao direito à cultura e a educação, ou aparece como uma das formas de exercício do direito à liberdade de expressão, aspecto este que será mais bem desenvolvido posteriormente.

Apenas destaca-se, a título exemplificativo, a previsão Constitucional da Alemanha e de Portugal sobre o tema. A Constituição alemã, em seu art. 5.º, contempla a liberdade de opinião, de arte e de ciência, dispondo que "todos têm o direito de expressar e divulgar livremente o seu pensamento por via oral, por escrito e por imagem, bem como de informar-se, sem impedimentos, em fontes de acesso geral" e que "a arte e a ciência, a pesquisa e o ensino são livres"[28]. A Constituição portuguesa, por sua vez, no seu art. 42, dispõe que é livre a criação intelectual, artística e científica[29]. A Constituição espanhola, do mesmo modo, assegura, no seu art. 20, o direito de produção e criação literária, artística e técnica, ao tratar sobre o direito à liberdade de expressão[30].

Na ordem constitucional brasileira, o direito à liberdade de pesquisa científica já foi incluído no programa normativo-constitucional em várias Constituições anteriores a de 1988, ainda que implicitamente – tais como

Santiago, v. 39, n. 2, p. 411-445, ago. 2012. p. 434.

28 ETHIKRAT, Deutscher. Biosecurity. **Freedom and Responsibility of Research**. Translation: Charles Warcup. Berlin: German Ethics Council, 2014. Disponível em: <ethikrat.org/fileadmin/Publikationen/Stellungnahmen/englisch/opinion-biosecurity.pdf>. Acesso em: 20 out. 2017.

29 PORTUGAL. [Constituição (1974)]. **Constituição da República Portuguesa**. 7. Revisão Constitucional – 2005. Diário da República, n.º 155, Série A, de 12 de agosto de 2005. Lisboa: Assembleia da República: Diário da República, [2015]. Disponível em: <parlamento.pt/ArquivoDocumentacao/Documents/CRPVIIrevisao.pdf>. Acesso em: 1 mar. 2018.

30 ESPANHA. [Constituição (1978)]. **Constitución Española de 1978**. Don Juan Carlos I, Rey de España. Disponível em: <lamoncloa.gob.es/documents/constitucion_es1.pdf>. Acesso em: 1 mar 2018.

nas de 1891[31], 1934[32], 1937[33], 1946[34], 1967[35] e na EC n.º 1969[36] –, priorizando, no mais das vezes, a faceta negativa desse direito, enquanto liberdade pessoal e não como tarefa do Estado[37]. É com a Constituição de 1988, no entanto, que há uma harmonia entre a faceta negativa e a faceta positiva da liberdade de pesquisa, na medida em que, por um lado, é amplamente resguardada enquanto um direito de liberdade, estando inserida no art. 5.º, inciso IX, da CRFB, o qual assegura que "é livre a expressão da atividade intelectual, artística, científica e de comunicação, independentemente de censura e licença", enquanto que, no art. 206, inciso II, da CRFB, assevera-se que o ensino será ministrado com base nos princípios da "liberdade de aprender, ensinar, pesquisar e divulgar o pensamento, a arte e o saber". Por outro lado, mais à frente, nos arts. 218 e 219 da CRFB, inseridos no capítulo acerca da Ciência, Tecnologia e Inovação, enaltece-se a natureza do direito de requerer tarefa e dever estatal, referenciando que o Estado incentivará a pesquisa e a capacitação tecnológica.

Vislumbra-se que, analisando o artigo 5.º, inciso IX, da CRFB, há o que Ingo Wolfgang Sarlet denomina de liberdade de expressão gênero, da qual, derivam-se liberdades em espécie, tais como a liberdade de manifestação do pensamento, liberdade de opinião, liberdade de expressão artística, liberdade de impressa, liberdade de expressão religiosa, liberdade de ensino e, especialmente, a liberdade de pesquisa[38].

Por todo o exposto, percebe-se que o direito à liberdade de pesquisa científica encontra amparo tanto na ordem internacional, sendo, por

---

31 "Art. 35. Incumbe, outrossim, ao Congresso, mas não privativamente: 2º) animar no País o desenvolvimento das letras, artes e ciências, bem como a imigração, a agricultura, a indústria e comércio, sem privilégios que tolham a ação dos Governos locais".

32 "Art. 148. Cabe à União, aos Estados e aos Municípios favorecer e animar o desenvolvimento das ciências, das artes, das letras e da cultura em geral, proteger os objetos de interesse histórico e o patrimônio artístico do País, bem como prestar assistência ao trabalhador intelectual".

33 "Art. 128. A arte, a ciência e o ensino são livres à iniciativa individual e a de associações ou pessoas coletivas públicas e particulares. É dever do Estado contribuir, direta e indiretamente, para o estímulo e desenvolvimento de umas e de outro, favorecendo ou fundando instituições artísticas, científicas e de ensino".

34 "Art. 173. As ciências, as letras e as artes são livres".

35 "Art. 171. As ciências, as letras e as artes são livres. Parágrafo único - O Poder Público incentivará a pesquisa científica e tecnológica".

36 "Art. 179. As ciências, as letras e as artes são livres, ressalvado o disposto no parágrafo 8º do artigo 153. Parágrafo único. O Poder Público incentivará a pesquisa e o ensino científico e tecnológico".

37 MARQUES, Cláudia Lima. Comentário Título IV – Da ciência e tecnologia. *In*: CANOTILHO, José Joaquim Gomes; MENDES, Gilmar Ferreira; SARLET, Ingo Wolfgang; *et al.* (coord.). **Comentários à Constituição do Brasil**. São Paulo: Saraiva, 2018. p. 3659.

38 SARLET, Ingo Wolfgang. Direitos fundamentais em espécie. *In*: SARLET, Ingo Wolfgang; MARINONI, Luiz Guilherme; MITIDIERO, Daniel. **Curso de Direito Constitucional**. 6. ed. São Paulo: Saraiva, 2017. pp. 400-735.

conseguinte, um direito humano, quanto em diversas ordens constitucionais positivas.

Na ordem constitucional brasileira, trata-se de um direito formal e materialmente fundamental, uma vez que se insere no catálogo de direitos fundamentais, extraindo desse fato a sua fundamentalidade formal, a qual está disposta em outros dispositivos esparsos no texto constitucional. Ademais, sendo uma liberdade específica, reconduzida a um direito geral à liberdade de expressão, vincula-se diretamente aos princípios da dignidade da pessoa humana, cidadania, dentre outros, que contemplam decisões valorativas sobre a estrutura básica do Estado brasileiro e da sociedade, justificando-se, em razão disso, sua fundamentalidade material[39].

1.2. A LIBERDADE DE PESQUISA CIENTÍFICA NA ORDEM CONSTITUCIONAL BRASILEIRA: PRIMEIROS CONTORNOS DO ÂMBITO DE PROTEÇÃO, TITULARES E DESTINATÁRIOS

Consoante exposto alhures, a liberdade de pesquisa científica encontra guarida na ordem jurídico-constitucional brasileira não apenas com a Constituição de 1988. Contudo, é nela que a faceta prestacional da liberdade de pesquisa científica recebe uma especial atenção, passando a ser tratada não apenas no seu aspecto de liberdade pessoal e de direito subjetivo, como também no seu aspecto objetivo, transmudando-se de igual modo em uma tarefa-dever do Estado[40].

No seu aspecto de liberdade pessoal, a liberdade de pesquisa científica encontra-se prevista no Título II, direcionado aos Direitos e Garantias Fundamentais, inserida no art. 5.º, inciso IX, da CRFB, bem como no Capítulo III, destinado à Educação, Cultura e Desporto, sendo consagrada como um dos princípios norteadores do ensino, no art. 206, inciso II, da CRFB.

O art. 5.º, inciso IX, da CRFB, prescreve que "é livre a expressão da atividade científica", ao passo que o art. 206, inciso II, da CRFB, assegura, como um dos princípios do ensino, a liberdade de pesquisar. Contudo, essas proposições normativas não possibilitam, por si só, a delimitação

39 SARLET, Ingo Wolfgang. **A eficácia dos direitos fundamentais:** uma teoria geral dos direitos fundamentais na perspectiva constitucional. 12. ed. rev. atual. e ampl. Porto Alegre: Livraria do Advogado, 2015. p. 76.

40 MARQUES, Cláudia Lima. Comentário Título IV – Da ciência e tecnologia. *In*: CANOTILHO, José Joaquim Gomes; MENDES, Gilmar Ferreira; SARLET, Ingo Wolfgang; *et al.* (coord.). **Comentários à Constituição do Brasil.** São Paulo: Saraiva, 2018. p. 3659.

do âmbito de proteção da liberdade de pesquisa científica, tendo em vista que o próprio conceito de liberdade é um dos menos claros para a doutrina constitucional. Em perspectiva, pode-se, ao menos, partir da premissa de que a liberdade consiste em uma qualidade que pode ser atribuída a pessoas, ações e sociedades[41].

No entanto, como se pode vislumbrar, para fins de delimitação de âmbito de proteção dos direitos de liberdade, esse conceito nada esclarece. Em se tratando do direito geral à liberdade de expressão, por exemplo, o âmbito de proteção é interpretado de forma extensiva, incluindo manifestação de ideias, opiniões, juízos de valor, sobre qualquer assunto ou mesmo proposições sobre fatos por qualquer meio (gestos, sinais, movimentos, mensagens orais ou escritas, entre outras)[42]. Ao se abordar a liberdade de pesquisa científica, há uma análise mais restrita desse âmbito de proteção, uma vez que, distintamente do que ocorre nas demais liberdades comunicacionais, que são definidas com base no próprio entendimento do titular do direito, na liberdade de expressão científica busca-se um reconhecimento do conhecimento produzido pelo titular do direito em face de terceiros, mais especificadamente pela comunidade científica, composta de *experts* em determinado assunto[43].

Destaca-se, nesse sentido, o que se resguarda: a liberdade de se expressar cientificamente, de modo que a própria concepção do que pode ser definido como ciência é imprescindível para delinear os contornos do direito à liberdade de pesquisa científica. Nesse ponto, ressalta-se o item 64 do voto do Min. Rel. Carlos Ayres Britto no julgamento da ADI n.º 3510/DF, que declarou a constitucionalidade da Lei de Biossegurança, restando fixado que por ciência entende-se um "conjunto ordenado de um saber tão metodicamente obtido quanto objetivamente demonstrável. O oposto, portanto, do conhecimento aleatório, vulgar, arbitrário ou por qualquer forma insuscetível de objetiva comprovação"[44].

---

41 ALEXY, Robert. **Teoria dos Direitos Fundamentais**. 2. ed. São Paulo: Malheiros, 2015. p. 218.

42 SARLET, Ingo Wolfgang. Direitos fundamentais em espécie. *In*: SARLET, Ingo Wolfgang; MARINONI, Luiz Guilherme; MITIDIERO, Daniel. **Curso de direito constitucional.** 6. ed. São Paulo: Saraiva, 2017. p. 400-735.

43 MARTINS, Leonardo; SCHLINK, Bernhard. **Bioética à luz da liberdade científica**: estudo de caso baseado na decisão do STF sobre a constitucionalidade da Lei de Biossegurança e no direito comparado alemão. São Paulo: Atlas, 2014. p. 109.

44 BRASIL. Supremo Tribunal Federal (Tribunal Pleno). ADI n.º 3510/DF. Constitucional. Ação direta de inconstitucionalidade. Lei de biossegurança. Impugnação em bloco do art. 5. da lei nº 11.105, de 24 de março de 2005 (lei de biossegurança). Pesquisas com células-tronco embrionárias. Inexistência de violação do direito à vida. Constitucionalidade do uso de células-tronco embrionárias em pesquisas científicas para fins terapêuticos. Descaracterização do aborto. Normas constitucionais conformadoras do direito fundamental a uma vida digna, que passa pelo direito à saúde e ao pla-

Observa-se, logo, que a ciência é uma das formas pelas quais o homem produz conhecimento, buscando compreender e explicar a realidade a qual está inserido. Para tanto, utiliza-se de métodos científicos a consistirem em conjuntos de regras e procedimentos para a construção de conhecimentos científicos[45]. Por conseguinte, para que um conhecimento seja considerado *científico*, faz-se imprescindível que a sua produção seja guiada por um procedimento metodológico; ausente tal procedimento, perde-se a pretensão de cientificidade[46], pois, para caracterizar-se enquanto ciência, o conhecimento produzido necessita ser racional, sistemático, exato e verificável[47]. Nesse ponto, esclarece-se que "ciência no sentido concebido pela Constituição Federal é de conhecimento sistematizado, referindo-se a todas as ciências. Assim, ciência é o conjunto de conhecimento de pesquisa com suficiente unidade e generalidade"[48], suscetível a levar o indivíduo às conclusões concordantes e verificáveis metodologicamente.

Sublinha-se que, no contexto do que se compreende por ciência, diferencia-se o trabalho da descoberta científica; e o produto final, da pesquisa. O primeiro é definido como pesquisa ou investigação e o segundo é o que se denomina de conhecimento científico[49]. Deste modo, a liberdade de expressão científica faculta ao seu titular tanto a divulgação do conhecimento científico como a atividade da pesquisa científica em si[50]. Nesse ponto, sublinha-se o ensinamento de Pontes de Miranda que, ao comentar sobre a liberdade da ciência na Constituição brasileira de 1967, advertiu "que ciência não é só a que se faz, e sim, também a que

---

nejamento familiar. Descabimento de utilização da técnica de interpretação conforme para aditar à lei de biossegurança controles desnecessários que implicam restrições às pesquisas e terapias por ela visadas. Improcedência total da ação. Requerente: Procurador-Geral da República. Requeridos: Presidente da República. Congresso Nacional. Relator: Min. Ayres Britto, 25 de maio de 2005. p. 51-52. Disponível em: http://redir.stf.jus.br/paginadorpub/paginador.jsp?docTP=AC&docID=611723. Acesso em: 19 ago. 2018.

45 ANDERY, Maria Amália. **Para compreender ciência**: uma perspectiva histórica. Rio de Janeiro: Espaço e Tempo, 1994. p. 16.

46 PARDO, Rubén H. Verdad e historicidad. El conocimiento científico y sus fracturas. *In*: DÍAZ, Esther (org.). **La posciencia**: el conocimiento científico en las postrimerías de la modernidad. Argentina: Biblos, 2000. p. 40.

47 BUNGE, Mario. **La investigación científica**: su estrategia y su filosofía. 5. ed. Barcelona: Ariel, 1976. p. 19.

48 SILVA, José Afonso da. **Comentário contextual à Constituição**. 2. ed. São Paulo: Malheiros, 2006. p. 816.

49 BUNGE, Mario. **La investigación científica**: su estrategia y su filosofía. 5. ed. Barcelona: Ariel, 1976. p. 19.

50 AMORIM, João Pacheco de. A liberdade de ciência na constituição portuguesa de 1976. Tékhne. Revista de **Estudos Politécnicos**. n. 13. Barcelos, 2010. p. 132. pp. 129-157.

existe no momento. [...]. Pois ciência é sempre contínua renovação"[51]. Esse foi o entendimento explicitado na ADI n.º 3510/DF, também no voto do Min. Rel. Carlos Ayres Britto, o qual ressaltou que a locução do art. 5.º, inciso IX, da CRFB, que assegura que "é livre a expressão da atividade científica" alberga tanto a liberdade de criação do conhecimento científico, quanto à divulgação do conhecimento pesquisado. Realça-se que o art. 206, inciso II, da CRFB, reforça essa percepção ao prescrever como um dos princípios do ensino a liberdade de "pesquisar e divulgar o pensamento, a arte e o saber"[52].

De forma semelhante à Constituição brasileira, mas restando explícito no texto constituinte, a Constituição portuguesa, no art. 42, protege a liberdade da criação intelectual, artística e científica, deixando expressamente consignado no item 2 do aludido dispositivo que "esta liberdade compreende o direito à invenção, produção e divulgação da obra científica, literária ou artística, incluindo a proteção legal dos direitos do autor"[53]. Deste modo, resta claro que a liberdade da criação científica abrange: (a.) o processo de criação – a pesquisa; (b.) a obra, como objetivação da criação científica – enquadrando-se no direito de propriedade intelectual, e; (c.) a divulgação do conhecimento produto da criação científica[54].

Apenas a título de exemplificação, resta afirmar que a divulgação do conhecimento científico pode ser concretizada por meio das publicações dos cientistas em revistas científicas, livros ou afins, bem como por intermédio dos seus discursos em sala de aula ou em institutos

---

51 MIRANDA, Pontes de. **Comentários à Constituição de 1967**: com a Emenda n.º 1, de 1969. São Paulo: Revista dos Tribunais, 1972. p. 365.

52 BRASIL. Supremo Tribunal Federal (Tribunal Pleno). ADI n.º 3510/DF. Constitucional. Ação direta de inconstitucionalidade. Lei de biossegurança. Impugnação em bloco do art. 5. da lei nº 11.105, de 24 de março de 2005 (lei de biossegurança). Pesquisas com células-tronco embrionárias. Inexistência de violação do direito à vida. Constitucionalidade do uso de células-tronco embrionárias em pesquisas científicas para fins terapêuticos. Descaracterização do aborto. Normas constitucionais conformadoras do direito fundamental a uma vida digna, que passa pelo direito à saúde e ao planejamento familiar. Descabimento de utilização da técnica de interpretação conforme para aditar à lei de biossegurança controles desnecessários que implicam restrições às pesquisas e terapias por ela visadas. Improcedência total da ação. Requerente: Procurador-Geral da República. Requeridos: Presidente da República. Congresso Nacional. Relator: Min. Ayres Britto, 25 de maio de 2005. p. 51-52. Disponível em: <http://redir.stf.jus.br/paginadorpub/paginador.jsp?docTP=AC&docID=611723>. Acesso em: 19 ago. 2018.

53 CANOTILHO, José Joaquim Gomes; MOREIRA, Vital. **Constituição da República portuguesa anotada**. 3. ed. Coimbra: Coimbra Editora, 2007. p. 621.

54 CANOTILHO, José Joaquim Gomes; MOREIRA, Vital. **Constituição da República portuguesa anotada**. 3. ed. Coimbra: Coimbra Editora, 2007. pp. 620-621.

de pesquisa, no decurso do seu emprego etc.[55] No entanto, debruça-se aqui tão somente sobre o processo de criação do conhecimento, isto é, a atividade de investigação. Não por outra razão, para melhor delimitar expressamente o recorte metodológico, optou-se pelo termo "liberdade de pesquisa científica".

A liberdade de pesquisa científica, assim como as demais liberdades comunicacionais, também representa uma forma de difusão e expressão do pensamento do indivíduo, enquanto esteja vinculada ao que se denomina de conhecimento conceptual e subordinada a uma sistematicidade e a utilização de métodos[56]. Isso quer dizer que, a despeito de ser uma liberdade exercida por meio de parâmetros metodológicos e sistemáticos, a fim de construir conhecimento científico rigoroso e confiável, é primordialmente uma manifestação do próprio desenvolvimento da personalidade do sujeito titular do direito[57].

Ressalta-se que a relação do direito à liberdade de pesquisa científica com o desenvolvimento da personalidade da pessoa humana foi enaltecida pelo Supremo Tribunal Federal no bojo da ADI n.º 3510/DF, na qual restou consignada que "o termo 'ciência', enquanto atividade individual faz parte do catálogo dos direitos fundamentais da pessoa humana (inciso IX do art. 5.º da CF)". Em outros termos, esta permeia a "liberdade de expressão que se afigura como clássico direito constitucional-civil ou genuíno direito de personalidade"[58].

No tocante aos dispositivos que versam sobre a liberdade de pesquisa científica na sua função prestacional, direcionando tarefas a serem cumpridas pelo Estado, tem-se o Capítulo IV da Constituição, intitulado "Da

55 POST, Robert. Constitutional restraints on the regulations of scientific speech and scientific research. **Science and engineering ethics**. [S.l.], v. 15, n. 3, pp. 431-438, 2009. p. 432.

56 SILVA, José Afonso da. **Comentário contextual à Constituição**. 2. ed. São Paulo: Malheiros, 2006. p. 98.

57 MIRANDA, Jorge; MEDEIROS, Rui. **Constituição portuguesa anotada**. t. I. Coimbra: Coimbra Editora, 2005. p. 452.

58 BRASIL. Supremo Tribunal Federal (Tribunal Pleno). ADI n.º 3510/DF. Constitucional. Ação direta de inconstitucionalidade. Lei de biossegurança. Impugnação em bloco do art. 5. da lei nº 11.105, de 24 de março de 2005 (lei de biossegurança). Pesquisas com células-tronco embrionárias. Inexistência de violação do direito à vida. Constitucionalidade do uso de células-tronco embrionárias em pesquisas científicas para fins terapêuticos. Descaracterização do aborto. Normas constitucionais conformadoras do direito fundamental a uma vida digna, que passa pelo direito à saúde e ao planejamento familiar. Descabimento de utilização da técnica de interpretação conforme para aditar à lei de biossegurança controles desnecessários que implicam restrições às pesquisas e terapias por ela visadas. Improcedência total da ação. Requerente: Procurador-Geral da República. Requeridos: Presidente da República. Congresso Nacional. Relator: Min. Ayres Britto, 25 de maio de 2005. p. 140. Disponível em: http://redir.stf.jus.br/paginadorpub/paginador.jsp?docTP=AC&docID=611723. Acesso em: 19 ago. 2018.

Ciência, Tecnologia e Inovação". É importante destacar, nessa linha, que a Constituição de 1988 foi a primeira Constituição brasileira a destinar um capítulo específico para tais objetos[59].

O *caput* do art. 218 inaugura o referido capítulo, constando que "o Estado promoverá e incentivará o desenvolvimento científico, a pesquisa, a capacitação científica e tecnológica e a inovação". Impende delinear que o referido capítulo sofreu algumas modificações com a EC n.º 85/2015, sendo a principal delas a inserção do incentivo à Inovação como uma tarefa a ser perseguida pelo Estado, passando a constar ao lado da ciência e tecnologia.

O art. 218, § 1.º, da CRFB, a seu turno, assegura um tratamento prioritário para a pesquisa científica básica e tecnológica, objetivando o bem público e o progresso da ciência, tecnologia e inovação. Dispõe-se, ainda, no parágrafo seguinte, que a pesquisa tecnológica terá como escopo principal a solução dos problemas brasileiros e o desenvolvimento produtivo nacional e regional. Evidencia-se, assim, um dos valores promovidos pela liberdade de pesquisa científica no Estado democrático brasileiro, qual seja, o desenvolvimento nacional, em verdadeira representação da sua dimensão objetiva. Além disso, os demais parágrafos do art. 218 – bem como os arts. 219 e 219-A –contemplam ainda uma série de programas a serem executados pelo Estado, exteriorizando a faceta prestacional do direito à liberdade de pesquisa científica, os quais serão descritos mais à frente.

No que toca as questões terminológicas do art. 218, chama-se a atenção inicialmente para a distinção que há entre ciência, tecnologia e inovação. A ciência descobre, já a tecnologia utiliza dessa descoberta para produzir resultados concretos, voltados para o interesse econômico e social[60]. Nesse sentido, "se a ciência é a vontade 'de saber' a realidade, a natureza, o cultural e o social, a tecnologia se baseia na vontade 'de fazer', de transformar esta realidade"[61].

Frisa-se que, similar ao que ocorre na Constituição portuguesa, a Constituição brasileira também não oferece qualquer base normativa para um conceito restrito de ciência, para que dele se exclua uma determinada

---

59 MARQUES, Cláudia Lima. Comentário Título IV – Da ciência e tecnologia. *In*: CANOTILHO, José Joaquim Gomes; MENDES, Gilmar Ferreira; SARLET, Ingo Wolfgang; *et al*. (Coord.). **Comentários à Constituição do Brasil**. São Paulo: Saraiva, 2018. p. 3656.

60 SILVA, José Afonso da. **Comentário contextual à Constituição**. 2. ed. São Paulo: Malheiros, 2006. p. 816.

61 MARQUES, Cláudia Lima. Comentário Título IV – Da ciência e tecnologia. *In*: CANOTILHO, José Joaquim Gomes; MENDES, Gilmar Ferreira; SARLET, Ingo Wolfgang; *et al*. (coord.). **Comentários à Constituição do Brasil**. São Paulo: Saraiva, 2018. p. 1991-1992.

ciência, de forma que há uma leitura extensiva que engloba todas as ciências baseadas em critérios metodológicos e sistemáticos[62]. A partir disso, traduz-se que o conceito constitucional de ciência não é dotado de um monismo científico, de modo que seu âmbito de proteção alberga tanto as designadas ciências exatas e biológicas, quanto as sociais e humanas[63]. A ciência, portanto, possui como principal objetivo "a formatação de um conhecimento capaz de manejar a realidade percebida, para logo depois, transformá-la, replicá-la, relacioná-la com o social, afetivo e emocional desse conhecimento"[64].

A tecnologia, por outro lado, pode ser definida "como um conjunto complexo de técnicas, processos, métodos, meios e instrumentos de um domínio particular do conhecimento – é um sistema fechado do conhecimento"[65]. Destarte, enquanto a ciência contribui para o ser humano compreender e interpretar o mundo no qual está inserido, a tecnologia transmuda-se na criação de instrumentos que são úteis economicamente e socialmente, os quais podem ser vendidos ou comprados[66].

Relativamente à inovação, a Lei n.º 10.973/2004 (Lei da Inovação, doravante apenas LI)[67], com a redação ofertada pela Lei n.º 13.243/2016, a define no seu art. 2.º, inciso IV, como sendo "a introdução de novidade ou aperfeiçoamento no ambiente produtivo e social que resulte em novos produtos, serviços ou processos". Consigna-se, ainda, que tal definição é passível de críticas, as quais reservam-se para o capítulo posterior.

Vale enaltecer que as definições ora apresentadas são apenas de cunho teórico, uma vez que, na prática, principalmente no âmbito da Sociedade do Conhecimento, há uma relação de coincidência entre ciência, tecnologia e inovação. Deste modo, as definições expostas acima acerca

62 CANOTILHO, José Joaquim Gomes; MOREIRA, Vital. **Constituição da República portuguesa anotada**. 3. ed. Coimbra: Coimbra Editora, 2007. p. 621.

63 CANOTILHO, José Joaquim Gomes; MOREIRA, Vital. **Constituição da República portuguesa anotada**. 3. ed. Coimbra: Coimbra Editora, 2007. p. 891.

64 MOLINARO, Carlos Alberto; SARLET, Ingo Wolfgang. Apontamentos sobre direito, ciência e tecnologia na perspectiva de políticas públicas sobre regulação em ciência e tecnologia. *In*: MENDES, Gilmar Ferreira; SARLET, Ingo Wolfgang; COELHO, Alexandre Zavaglia P. (coord.). **Direito, inovação e tecnologia**. São Paulo: Saraiva, 2015. v. 1. p. 93.

65 MOLINARO, Carlos Alberto; SARLET, Ingo Wolfgang. "Não existe o que panoramicamente vemos no céu": o ponto-cego do direito (políticas públicas sobre regulação em ciência e tecnologia). *In*: SAAVEDRA, Giovane Agostini; LUPION, Ricardo (org.). **Direitos fundamentais, direito privado e inovação**. Porto Alegre: Edipucrs, 2012. p. 19.

66 POPPER, Karl R. **Post scriptum a la lógica de la investigación científica**. 2. ed. Madrid: Tecnos, 1998. p. 153.

67 BRASIL. **Lei n.º 10.973/2004**. Dispõe sobre incentivos à inovação e à pesquisa científica e tecnológica no ambiente produtivo e dá outras providências.brasília, [2004]. Disponível em: planalto.gov.br/ccivil_03/_Ato2004-2006/2004/Lei/L10.973.htm. Acesso em: 31 dez. 2018.

da ciência, tecnologia e inovação, importam para fins de delimitação do âmbito de proteção do direito à liberdade de pesquisa científica, visto que o resultado do exercício do direito à liberdade de pesquisa científica poderá ser enquadrado no que se define por ciência, tecnologia ou inovação, cabendo ao Estado propiciar um ambiente favorável para tanto.

O § 1º do art. 218 da CRFB menciona, ainda, os termos *pesquisa básica* e *pesquisa tecnológica*. A pesquisa básica é aquela que possui por finalidade precípua a descoberta de novos conhecimentos, independente de uma finalidade prática no meio econômico ou social. Em contrapartida, a pesquisa aplicada, também designada como tecnológica, vincula o seu resultado a um objetivo econômico-social, buscando a modificação da realidade existente[68]. É importante enfatizar que, a despeito da distinção entre pesquisa básica e aplicada, há uma relação de imbricação entre elas, uma vez que a pesquisa aplicada precisa da teoria desenvolvida pela pesquisa básica para, a partir dela, produzir conhecimentos com finalidade prática, seja ela econômica ou social. Por outro lado, os instrumentos práticos produzidos pela pesquisa aplicada possibilitam o aperfeiçoamento dos métodos de investigação utilizados na pesquisa básica, não havendo como conceber uma separação abrupta da pesquisa básica e da aplicada[69]. Posto isto, concebe-se que o direito à liberdade da pesquisa científica protege tanto a pesquisa básica quanto a aplicada, não havendo no plano normativo uma relação de hierarquia entre elas.

1.2.1. Titulares da liberdade de pesquisa científica

Delineadas as primeiras aproximações do âmbito de proteção da liberdade de pesquisa científica, é necessário perquirir acerca dos titulares e destinatários do referido direito fundamental. Nesse ponto, é importante não confundir o titular com o destinatário dos direitos fundamentais, em que o primeiro se refere ao sujeito ativo da relação jurídica subjetiva, ao passo que o destinatário consiste na pessoa (física, jurídica ou ente despersonalizado) em face da qual o titular pode exigir a proteção e a promoção do seu direito[70].

---

68 MARQUES, Cláudia Lima. Comentário Título IV – Da ciência e tecnologia. *In*: CANOTILHO, José Joaquim Gomes; MENDES, Gilmar Ferreira; SARLET, Ingo Wolfgang; *et al.* (Coord.). **Comentários à Constituição do Brasil**. São Paulo: Saraiva, 2018. p. 2003-2004.

69 RESCHER, Nicholas; GONZÁLEZ, Wenceslao J. Razón y valores enla era científico-tecnológica. Barcelona: Paidós, 1999. p. 101.

70 SARLET, Ingo Wolfgang. **A eficácia dos direitos fundamentais**: uma teoria geral dos direitos fundamentais na perspectiva constitucional. 12. ed. rev. atual. e ampl. Porto Alegre: Livraria do Advogado, 2015. p. 215.

Assim, quanto à titularidade, o *caput* do art. 5.º da CRFB consigna que os direitos fundamentais são garantidos aos brasileiros e aos estrangeiros residentes no País. Dessa disposição, já se extrai a primeira premissa sobre a titularidade do direito à liberdade de pesquisa científica, qual seja, a de que podem ser titulares do referido direito a pessoa natural, brasileira ("independentemente de serem brasileiros natos ou naturalizados"[71]), ou o estrangeiro residente no País.

Entretanto, a despeito do citado art. 5.º fazer a menção expressa apenas aos estrangeiros residentes no País, não parece razoável limitar o exercício da liberdade de pesquisa científica apenas aos estrangeiros que estejam residindo no País, em razão do princípio da universalidade dos direitos fundamentais[72]. Com base nisso, ressalta-se que, pelo aludido princípio, concebe-se que todas as pessoas, em virtude da sua condição de pessoa, são titulares de direitos e deveres fundamentais[73], "o que, por sua vez, não significa que não possa haver diferenças a serem consideradas, inclusive, em alguns casos por força do próprio princípio da igualdade"[74]. Destarte, apesar de a ordem constituinte brasileira não ter feito referência expressa a tal princípio, a partir de uma leitura sistemática, considerando que o próprio art. 5.º dispõe que "todos são iguais perante a lei, sem distinção de qualquer natureza", não há dúvidas acerca da sua recepção[75].

Ademais, mesmo que não fosse aplicável o princípio da universalidade na ordem constitucional brasileira, a leitura conjunta do art. 4.º, inciso II, com o art. 207, §§ 1.º e 2.º, todos da CRFB, permitiria concluir que os estrangeiros não residentes também são titulares da liberdade de pesquisa científica. O próprio art. 4.º, inciso II, da CRFB expressamente salienta que o Estado brasileiro, nas suas relações internacionais, deve primar pela prevalência dos direitos humanos. Em face de tais constatações, sendo a liberdade de pesquisa científica ao mesmo tempo um direito humano,

71 SARLET, Ingo Wolfgang. **A eficácia dos direitos fundamentais**: uma teoria geral dos direitos fundamentais na perspectiva constitucional. 12. ed. rev. atual. e ampl. Porto Alegre: Livraria do Advogado, 2015. p. 218.

72 SARLET, Ingo Wolfgang. Direitos fundamentais em espécie. *In*: SARLET, Ingo Wolfgang; MARINONI, Luiz Guilherme; MITIDIERO, Daniel. **Curso de Direito Constitucional**. 6. ed. São Paulo: Saraiva, 2017. pp. 400-735.

73 CANOTILHO, José Joaquim Gomes; MOREIRA, Vital. **Constituição da República portuguesa anotada**. 3. ed. Coimbra: Coimbra Editora, 2007. p. 230.

74 SARLET, Ingo Wolfgang. **A eficácia dos direitos fundamentais:** uma teoria geral dos direitos fundamentais na perspectiva constitucional. 12. ed. rev. atual. e ampl. Porto Alegre: Livraria do Advogado, 2015. p. 217.

75 SARLET, Ingo Wolfgang. **A eficácia dos direitos fundamentais:** uma teoria geral dos direitos fundamentais na perspectiva constitucional. 12. ed. rev. atual. e ampl. Porto Alegre: Livraria do Advogado, 2015. p. 217.

consoante já discorrido alhures, deverá esta ser plenamente resguardada a todos em território brasileiro. Ilustram-se tais apontamentos no § 1.º do art. 207 da CRFB, o qual dispõe sobre a possibilidade de as Universidades admitirem professores, técnicos e cientistas estrangeiros (residentes ou não) na forma da lei.

Frisa-se que a legislação infraconstitucional também alberga este entendimento, tendo em vista que a Lei n.º 8.112/1990, a qual versa sobre o regime jurídico dos servidores públicos civis da União, das autarquias e das fundações públicas federais, em seu art. 5.º, § 3.º, permitindo expressamente às Universidades e às Instituições de pesquisa científica e tecnológica prover seus cargos com cientistas estrangeiros, de acordo com as normas e procedimentos.

De modo semelhante, a Lei n.º 8.745/1993, que versa sobre a contratação temporária por excepcional interesse público, em vários incisos do seu artigo 2º contempla a possibilidade de contratação de professor estrangeiro, sem fazer qualquer distinção em caso deste ser ou não residente no País. No seu inciso V, resta explícito que se considera necessidade temporária de excepcional interesse público "a admissão de professor e pesquisador visitante estrangeiro"; já no inciso VII, é prevista a admissão de pesquisador para suprir a falta de pesquisador ocupante de cargo efetivo "decorrente de licença para exercer atividade empresarial relativa à inovação"; e, no inciso VIII, é considerada como necessidade temporária de excepcional interesse público a admissão de pesquisador, nacionais ou estrangeiros, "para projeto de pesquisa com prazo determinado, em instituição destinada à pesquisa, ao desenvolvimento e à inovação".

Nesta senda, percebe-se que todo brasileiro, seja nato ou naturalizado, seja estrangeiro residente no País ou não, é titular em potencial do direito à liberdade de pesquisa científica. Desse modo, a aludida liberdade possui como titulares efetivos aqueles que se dedicam à atividade científica e a desenvolvem de forma sistemática e metodológica, além de pautada nos critérios objetivos de produção de conhecimento científico da sua área de competência[76]. Não por outra razão, a própria Lei n.º 8.745/1993, no § 7.º do art. 2º, estabelece como um dos requisitos de admissão de pesquisadores visitantes, sendo ele estrangeiro ou não, o atributo de "ser pesquisador de reconhecida competência em sua área".

---

76 AHUMADA CANABES, Marcela. La libertad de investigación científica: panorama de su situación en el constitucionalismo comparado y en el Derecho Internacional. **Revista chilena de derecho**. Santiago, v. 39, n. 2, pp. 411-445, ago. 2012. p. 419.

Nesse ponto, sublinha-se que o Código Nacional de Ciência, Tecnologia e Inovação (doravante apenas CNCTI) estabelece como sendo criador a "pessoa física que seja inventora, obtentora ou autora de criação" (art. 2.º, inciso III). Observa-se que o citado dispositivo é redundante, visto que não parece haver distinção substancial entre quem seria inventor e quem seria autor da criação, sendo expressões impropriamente utilizadas como sinônimas. Sob outra perspectiva, não se coaduna com a ideia de que aquele que obtém uma criação – a chamada figura obtentora – seja um ente por si só criador, mas poderá, sim, ser proprietário da criação. De qualquer sorte, o referido conceito oportuniza um ponto de partida para definir o pesquisador como sendo aquele que, por meio de um procedimento metodológico, sistemático e baseado em critérios objetivos e científicos, cria conhecimento, ao mesmo tempo em que se atribui um conceito amplo de criação, considerando-a como inédita ou como de aperfeiçoamentos para os conhecimentos já existentes.

Chama-se a atenção para a figura do pesquisador público, contemplada pelo CNCTI no seu art. 2.º, inciso VIII. O pesquisador público, nos termos do citado dispositivo, trata-se de um "ocupante de cargo público efetivo, civil ou militar, ou detentor de função ou emprego público que realize, como atribuição funcional, atividade de pesquisa, desenvolvimento e inovação". Já no seu artigo 9º-A, resta consignado que "os órgãos e entidades da União, dos Estados, do Distrito dos Municípios são autorizados a conceder recursos para a execução de projetos de pesquisa, desenvolvimento e inovação às ICTs ou diretamente aos pesquisadores a elas vinculados". Pela leitura dos dispositivos, percebe-se que o vínculo do pesquisador com uma Instituição Científica, Tecnológica e de Inovação (doravante apenas ICT) se faz essencial para que o indivíduo seja albergado na condição de pesquisador, e que tenha garantida sua liberdade de pesquisa científica, precipuamente na sua faceta prestacional.

Nesse cenário, importante se faz a definição de ICT. Conforme o art. 2.º, inciso V do CNCTI, figura como ICT o órgão ou a entidade da Administração Pública, direta ou indireta, ou, ainda, a pessoa jurídica de direito privado sem fins lucrativos, que possua em sua missão institucional o objetivo social ou estatutário denominado de "pesquisa básica ou aplicada de caráter científico ou tecnológico". Enquadram-se, destarte, as Instituições de Ensino Superior no conceito de ICT, e sendo usadas como sinônimas neste trabalho[77].

77 Vale a nota que não se desconsidera que a ICT figura como titular da liberdade de pesquisa científica, uma vez que a sua titularidade não se restringe apenas à pessoa natural, sendo passível também

Em suma, concebe-se no âmbito deste trabalho que são considerados titulares do direito à liberdade de pesquisa científica os indivíduos que exercem a atividade de pesquisa e tenha vínculo com uma Instituição de Ensino Superior pública ou privada sem fins lucrativos. Esse vínculo pode ser tanto na condição de docente, derivando, neste caso, "do ato da contratação (nas IESs privadas), ou no ato da posse (nas IESs públicas)"[78], quanto na condição de estudante de pós-graduação[79].

Denota-se que as aludidas condições para o exercício da liberdade de pesquisa científica evidenciam os novos contornos que ela adquire na sociedade contemporânea, tendo em vista que a produção de conhecimento científico por um pesquisador isolado é um modelo praticamente superado[80]. Observa-se que, atualmente, a atividade científica é estruturada com suporte em uma organização que conta com muitos cientistas e a interação de várias instituições, tais como Estado, IESs e empresas[81].

A ciência moderna, nesse sentido, é uma estrutura complexa e burocratizada, passando a ser um verdadeiro fenômeno social, de forma que hoje ela é força motriz da sociedade e, "[...] ao difundir sua influência sobre a sociedade, ela própria sofre a determinação tecnoburocrática da organização industrial do trabalho"[82].

1.2.2. Destinatários da liberdade de pesquisa científica

Tendo em vista que os direitos fundamentais, "[...] para além de vincularem todos os poderes públicos, exercem sua eficácia vinculante

---

de ser titular dessa liberdade a pessoa jurídica. Sabe-se que, apesar de a Constituição Federal não prever expressamente a titularidade de direitos fundamentais às pessoas jurídicas, a doutrina e a jurisprudência brasileiras são assentes no reconhecimento de tal possibilidade, com eventuais restrições decorrentes da sua condição de pessoa jurídica, v. SARLET, Ingo Wolfgang. **A eficácia dos direitos fundamentais:** uma teoria geral dos direitos fundamentais na perspectiva constitucional. 12. ed. rev. atual. e ampl. Porto Alegre: Livraria do Advogado, 2015. p. 230.

78 TRAVINCAS, Amanda Costa Thomé. **A tutela jurídica da liberdade acadêmica no Brasil**: a liberdade de ensinar e seus limites. Porto Alegre: Livraria do Advogado, 2018. p. 91.

79 MARTINS, Leonardo. **Tribunal Constitucional Federal alemão**: decisões anotadas sobre direitos fundamentais. Liberdade de consciência e crença; liberdades de expressão e de comunicação social; liberdade artística e científica. São Paulo: Fundação Konrad Adenauer, 2016. v. 2. p. 244.

80 PETTERLE, Selma Rodrigues. **Liberdade de pesquisar, pesquisas clínicas e outras pesquisas científicas de risco envolvendo seres humanos**: uma proposta de reformulação do atual sistema de controle implementado pelo Conselho Nacional de Saúde, à luz da Constituição Brasileira. Orientador: Ingo Wolfgang Sarlet 2012. Tese (Doutorado em Direito) – Pontifícia Universidade Católica do Rio Grande do Sul, Porto Alegre, 2012. p. 160.

81 PARDO, José Esteve. **El desconcierto del Leviatán**: política y derecho ante las incertidumbres de la ciencia. Madri: Marcial Pons, 2009. p. 69-70.

82 MORIN, Edgar; LISBOA, Eliane. **Introdução ao pensamento complexo**. Porto Alegre: Sulina, 2007. p. 106, 114.

também na esfera jurídico-privada, isto é, no âmbito das relações jurídicas entre particulares"[83], conclui-se que a liberdade de pesquisa científica possui como destinatários tanto o Estado como os particulares, sendo que, no caso das relações privadas, essa eficácia poderá ser direta ou indireta, a depender do caso[84].

No tocante à eficácia privada dos direitos fundamentais, destaca-se que, apesar de a doutrina constitucional contar com várias teorias que possuem por finalidade explicar a forma que os direitos fundamentais incidem nas relações particulares[85], tem prevalecido a tese no direito constitucional brasileiro de que os direitos fundamentais geram uma eficácia direta *prima facie* nas relações privadas[86]. Em grande medida, tal teoria recebe ampla recepção em razão do disposto pela Constituição brasileira de que as normas definidoras de direitos e garantias fundamentais têm aplicação imediata (art. 5.º, § 1.º, da CRFB). Como se pode apreciar, extraem-se, ao menos, duas premissas do dispositivo: (a.) primeiramente, os órgãos estatais estão obrigados a assegurar os direitos fundamentais com a maior efetividade possível; e (b.) que a eficácia dos direitos fundamentais se faz presente em todos os setores da ordem jurídica e da vida social[87].

Em face disso, uma vez que se debruça na análise da titularidade individual da liberdade de pesquisa científica, demarca-se que as ICTs serão aqui estudadas como destinatárias do aludido direito. Do mesmo modo, como a estruturação da política brasileira de incentivo à Ciência, Tecnologia e Inovação baseia-se na interação entre Estado, Instituições de Pesquisa e Ensino e empresas, o próprio estudo da eficácia pública e

---

83 SARLET, Ingo Wolfgang. **A eficácia dos direitos fundamentais:** uma teoria geral dos direitos fundamentais na perspectiva constitucional. 12. ed. rev. atual. e ampl. Porto Alegre: Livraria do Advogado, 2015. p. 392.

84 SARLET, Ingo Wolfgang. Direitos fundamentais em espécie. *In*: SARLET, Ingo Wolfgang; MARINONI, Luiz Guilherme; MITIDIERO, Daniel. **Curso de direito constitucional.** 6. ed. São Paulo: Saraiva, 2017. p. 400-735.

85 Dentre as diversas teorias sobre a eficácia privada dos direitos fundamentais, dá-se a quatro delas maior destaque, a saber: (a.) a teoria da State Action; (b.) a teoria da eficácia mediata ou indireta; (c.) a teoria dos deveres de proteção; e a (d.) a teoria da eficácia imediata ou direta. Sobre o tema, na doutrina brasileira, v. SARLET, Ingo Wolfgang. **A eficácia dos direitos fundamentais**: uma teoria geral dos direitos fundamentais na perspectiva constitucional. 12. ed. rev. atual. e ampl. Porto Alegre: Livraria do Advogado, 2015. p. 292-401. Também, SARMENTO, Daniel. **Direitos fundamentais e relações privadas.** 2. ed. Rio de Janeiro: Lumen Juris, 2006. p. 223-276.

86 SARLET, Ingo Wolfgang. Direitos fundamentais em espécie. *In*: SARLET, Ingo Wolfgang; MARINONI, Luiz Guilherme; MITIDIERO, Daniel. **Curso de direito constitucional.** 6. ed. São Paulo: Saraiva, 2017. p. 400-735.

87 SARLET, Ingo Wolfgang. A influência dos direitos fundamentais no direito privado: o caso Brasileiro. *In*: PINTO MONTEIRO, Antônio; NEUNER, Jörg; SARLET, Ingo Wolfgang (Org.). **Direitos fundamentais e direito privado.** Uma perspectiva de direito comparado. Coimbra: Almedina, 2007. p. 128.

privada do direito fundamental à liberdade de pesquisa científica ocorrerá de forma conjunta e, por vezes, até concomitante.

É possível afirmar, pela leitura do texto constitucional, que um dos mecanismos estimulados para viabilizar a execução de atividades de incentivo à pesquisa consiste na parceria público-privada. Essa assertiva pode ser extraída da própria leitura do § 6.º do art. 218, da CRFB, bem como do § 4.º do mesmo dispositivo que contempla que "a lei apoiará e estimulará as empresas que invistam em pesquisa, criação de tecnologia adequada ao País, formação e aperfeiçoamento de seus recursos humanos [...]". De forma mais explícita, o art. 219-A consigna que os entes da federação poderão firmar instrumentos de cooperação com órgãos e entidades públicos ou privados, com a finalidade de executar projetos de pesquisa, desenvolvimento científico e tecnológico. Já no art. 219-B, ao versar sobre o Sistema Nacional de Ciência, Tecnologia e Inovação (doravante SNCTI), foi destacado que este será organizado em regime de colaboração entre entes públicos e privados "com vistas a promover o desenvolvimento científico e tecnológico e a inovação".

Sublinha-se que a articulação entre o Poder Público e empresas privadas para a promoção da ciência e inovação é algo que ocorre de forma semelhante em outros países, como será visto no próximo capítulo. Isso acontece na medida em que "[...] a cooperação entre os centros de investigação e as empresas fomenta a formação e rentabilidade dos investigadores e possibilita a própria promoção da investigação"[88]. Posto isto, fixa-se que, para melhor desenvolvimento e aprofundamento do tema, cujo objeto consiste nas ICTs, focar-se-á apenas nas que se enquadram na categoria de Instituições de Ensino Superior, sob a constituição de Universidades[89].

1.3. A DIMENSÃO SUBJETIVA E OBJETIVA DA LIBERDADE DE PESQUISA CIENTÍFICA

Para fins de análise da dimensão subjetiva e objetiva da liberdade de pesquisa científica é imprescindível a fixação de alguns conceitos

88 CANOTILHO, José Joaquim Gomes; MOREIRA, Vital. **Constituição da República portuguesa anotada**. 3. ed. Coimbra: Coimbra Editora, 2007. p. 892.

89 Nos termos do artigo 15 do Decreto nº 9.235/2017, as Instituições de Ensino Superior podem ser constituídas sob a modalidade de Universidades, Centros Universitários e Faculdades, sendo que a pesquisa consiste em atividade primordial apenas nas duas primeiras. Para melhor aprofundamento quanto a distinção, v. TRAVINCAS, Amanda Costa Thomé. **A tutela jurídica da liberdade acadêmica no Brasil**: a liberdade de ensinar e seus limites. Porto Alegre: Livraria do Advogado, 2018. p. 89.

preliminares para melhor desenvolvimento do tema. Assim, em linhas iniciais, tem-se que a dimensão objetiva é lastreada na proposição de que a liberdade de pesquisa científica possui um significado para a sociedade como um todo e que a sua proteção também atende a um interesse público[90], não se limitando apenas na função precípua de ser um direito subjetivo de defesa do indivíduo em face do Estado ou do particular, mas que corporifica decisões valorativas de natureza objetiva da Constituição, com eficácia por todo o ordenamento jurídico[91]. A dimensão subjetiva, a seu turno, se pauta na concepção que a liberdade de pesquisa científica é, em primeira linha, um direito individual, consagrando a relevância dessa norma de direito fundamental para o indivíduo[92].

Salienta-se que dessa dupla dimensão da liberdade de pesquisa científica decorre a sua multifuncionalidade, isto é, o seu atributo de poder exercer diversificadas funções na ordem jurídica[93]. Deste modo, a liberdade de pesquisa goza: (a.) de uma função negativa, defendendo o indivíduo de intervenções do Estado no seu espectro de liberdade; (b.) de uma função ativa, a qual reconhece ao titular do direito a condição de cidadão ativo na vida política; além de uma (c.) função positiva, que garante ao indivíduo exigir do Estado prestações necessárias ao exercício regular do direito[94]; e ainda de uma (d.) função passiva, estando, nessa linha, "[...] o indivíduo subordinado aos poderes estatais, sendo, neste contexto, meramente detentor de deveres e não de direitos"[95].

No que tange à dimensão subjetiva do direito à liberdade de pesquisa científica, parte-se da concepção de que um direito fundamental enquanto direito subjetivo faculta ao seu titular um feixe de posições juridicamente protegidas, tendo como destinatários o ente estatal ou o

---

90 CANOTILHO, José Joaquim Gomes. **Direito Constitucional e Teoria da Constituição**. 7. ed. Coimbra: Almedina, 2003. p. 1256.

91 SARLET, Ingo Wolfgang. **A eficácia dos direitos fundamentais:** uma teoria geral dos direitos fundamentais na perspectiva constitucional. 12. ed. rev. atual. e ampl. Porto Alegre: Livraria do Advogado, 2015. p. 149.

92 CANOTILHO, José Joaquim Gomes. **Direito Constitucional e Teoria da Constituição**. 7. ed. Coimbra: Almedina, 2003. p. 1256.

93 SARLET, Ingo Wolfgang. **A eficácia dos direitos fundamentais:** uma teoria geral dos direitos fundamentais na perspectiva constitucional. 12. ed. rev. atual. e ampl. Porto Alegre: Livraria do Advogado, 2015. p. 396.

94 CANOTILHO, José Joaquim Gomes. **Direito Constitucional e Teoria da Constituição**. 7. ed. Coimbra: Almedina, 2003. p. 1401-1402.

95 SARLET, Ingo Wolfgang. **A eficácia dos direitos fundamentais:** uma teoria geral dos direitos fundamentais na perspectiva constitucional. 12. ed. rev. atual. e ampl. Porto Alegre: Livraria do Advogado, 2015. p. 163.

particular[96], sendo que essas posições jurídicas podem adquirir contornos de *status* negativo, positivo, ativo ou passivo, em razão da multifuncionalidade dos direitos fundamentais.

A liberdade de pesquisa científica, na sua faceta negativa – como legítimo direito de defesa contra intervenções estatais –, protege o seu titular de que sejam impostas dificuldades ou impedimentos no exercício do seu direito, de que sejam afetadas características ou situações associadas ao seu exercício, bem como de que não sejam eliminadas posições jurídicas advindas da sua condição de titular do aludido direito[97]. Nessa perspectiva, o Estado não poderá impedir ou obstaculizar o exercício das posições jurídicas facultadas ao titular da liberdade de pesquisa científica: impedi-lo, por exemplo, de pesquisar em bases científicas ou de ter acesso ao conhecimento necessário para o desenvolvimento de suas investigações. Do mesmo modo, o Estado não poderá afetar a propriedade do pesquisador, aqui compreendida como os instrumentos de execução da pesquisa[98]. Assiste aos pesquisadores, ainda, a garantia de não eliminação de posições jurídicas por parte do Estado ou de particulares. Isso significa dizer que legislações ou normas institucionais que regulem a atividade de investigação e atribua determinadas posições específicas aos investigadores não podem ser derrogadas por mera liberalidade[99].

Sublinha-se que, ao se assegurar que essas posições jurídicas não possam ser suprimidas por mera liberalidade, estar-se-á considerando que, a despeito de os direitos fundamentais serem passíveis de restrições, seja por expressa disposição constitucional, seja por norma legal ou por colisões com outros direitos fundamentais[100], não significa afirmar que não haja critérios objetivos de controle dessas restrições, o que se denomina dos assim chamados limites aos limites dos direitos fundamentais, como o princípio da proporcionalidade, a garantia do núcleo essencial, entre outros. Apenas com a observância dos aludidos critérios é que

96 SARLET, Ingo Wolfgang. **A eficácia dos direitos fundamentais:** uma teoria geral dos direitos fundamentais na perspectiva constitucional. 12. ed. rev. atual. e ampl. Porto Alegre: Livraria do Advogado, 2015. p. 157.

97 ALEXY, Robert. **Teoria dos direitos fundamentais**. 2. ed. São Paulo: Malheiros, 2015. p. 196.

98 PETTERLE, Selma Rodrigues. **Liberdade de pesquisar, pesquisas clínicas e outras pesquisas científicas de risco envolvendo seres humanos**: uma proposta de reformulação do atual sistema de controle implementado pelo Conselho Nacional de Saúde, à luz da Constituição Brasileira. Orientador: Ingo Wolfgang Sarlet 2012. Tese (Doutorado em Direito) – Pontifícia Universidade Católica do Rio Grande do Sul, Porto Alegre, 2012. p. 162.

99 AMORIM, João Pacheco de. A liberdade de ciência na constituição portuguesa de 1976. Tékhne. **Revista de Estudos Politécnicos.** n. 13. Barcelos: 2010. pp. 129-157. p. 145.

100 SARLET, Ingo Wolfgang. **A eficácia dos direitos fundamentais**: uma teoria geral dos direitos fundamentais na perspectiva constitucional. 12. ed. rev. atual. e ampl. Porto Alegre: Livraria do Advogado,

poderá haver modificação nas posições jurídicas advindas da condição de pesquisador[101].

Destarte, a liberdade de pesquisa científica também garante ao seu titular "a escolha do objeto, da forma, do tempo e do modo de qualquer obra científica, sem interferência de qualquer poder público ou privado"[102]. Tais faculdades atribuídas ao pesquisador partem da proposição de que a atividade científica consiste em um processo de conclusões abertas, de forma que o pesquisador não está obrigado em produzir um resultado certo e determinado, seja ele social ou economicamente relevante[103]. Conforme enaltecem Gomes Canotilho e Vital Moreira, o objeto de proteção da liberdade científica "[...] é a força da descoberta, ou seja, da actividade livre da pessoa dirigida à procura de novos conhecimentos segundo esquemas racionais de pensamento libertados de quaisquer dogmáticas teleológicas, filosóficas ou ideológicas"[104]. Portanto, a despeito de o direito à liberdade de pesquisa científica também ser dotado de uma dimensão objetiva, o seu exercício não enseja necessariamente um resultado prático. Em outros termos, não há, por conseguinte, uma relação de causalidade cogente entre o exercício da liberdade de pesquisa científica e os benefícios econômicos e sociais que dela se espera[105].

O pesquisador não poderá ter interferências ilegítimas na escolha do tema que irá investigar, na área do conhecimento e nos procedimentos que levará a cabo para tanto. Desse modo, afirma-se que tais escolhas são baseadas nas suas motivações pessoais e inquietudes, como verdadeira expressão do desenvolvimento da sua personalidade[106]. A liberdade de pesquisa científica faculta também ao seu titular a fixação livre das

---

2015. p. 400.

101 SARLET, Ingo Wolfgang. **A eficácia dos direitos fundamentais**: uma teoria geral dos direitos fundamentais na perspectiva constitucional. 12. ed. rev. atual. e ampl. Porto Alegre: Livraria do Advogado, 2015. p. 400.

102 MIRANDA, Jorge; MEDEIROS, Rui. **Constituição portuguesa anotada**, t. I. Coimbra: Coimbra Editora, 2005. p. 452.

103 MARTINS, Leonardo; SCHLINK, Bernhard. **Bioética à luz da liberdade científica**: estudo de caso baseado na decisão do STF sobre a constitucionalidade da Lei de Biossegurança e no direito comparado alemão. São Paulo: Atlas, 2014. p. 111.

104 CANOTILHO, José Joaquim Gomes; MOREIRA, Vital. **Constituição da República portuguesa anotada**. 3. ed. Coimbra: Coimbra Editora, 2007. p. 621.

105 RODRÍGUEZ, Ricardo Luis Chueca. El derecho fundamental a la investigación científica. **Revista electrónica del Departamento de Derecho de la Universidad de La Rioja – REDUR**. Logroño, n. 6, p. 5-15, dez. 2008. p. 10.

106 AHUMADA CANABES, Marcela. La libertad de investigación científica: panorama de su situación en el constitucionalismo comparado y en el Derecho Internacional. **Revista chilena de derecho**. Santiago, v. 39, n. 2, p. 411-445, ago. 2012. p. 413.

hipóteses da sua pesquisa, bem como o desenvolvimento de teses e teorias, desde que baseadas em conhecimento verificável e confiável[107]. Da dimensão subjetiva do direito à liberdade de pesquisa científica deriva também deveres de abstenção por parte do Estado, emergindo o dever de não impedir ou não obstaculizar o desenvolvimento das pesquisas científicas, isto é, de não obstaculizar o exercício das faculdades que são garantidas ao titulas do citado direito[108].

Outra posição jurídica protegida pelo direito à liberdade de pesquisa científica é o acesso à informação, especificamente ao conhecimento existente e disponível, os quais servirão de alicerce para as investigações científicas[109]. Nesse ponto, verifica-se que se trata de verdadeira expressão do status positivo da liberdade de pesquisa científica, pois, para que o pesquisador possa desenvolver suas investigações, faz-se imprescindível que o Estado garanta efetivamente o acesso aos conhecimentos já existentes.

Na sua função prestacional, a liberdade de pesquisa científica direciona ao seu titular o poder de exigir prestações fáticas e jurídicas que possibilitem o regular exercício do direito[110]. Por prestações fáticas, há o direito do pesquisador de exigir a disponibilização dos meios, espaços, instrumentos e recursos para o desenvolvimento das suas pesquisas científicas[111], bem como a criação de autoridades administrativas que fiscalizem e fomentem a regular fruição do direito[112].

Além das prestações fáticas, ao Estado também compete concretizar prestações jurídicas que garantam o exercício do direito, como a elaboração de normas que regulamentem e propiciem condições adequadas

---

107 LOZANO, Blanca. La libertad de cátedra. **Revista de Educación**. [*S.l.*], n. 301, pp. 103-129. mai.-ago. 1993. p. 196.

108 PETTERLE, Selma Rodrigues. **Liberdade de pesquisar, pesquisas clínicas e outras pesquisas científicas de risco envolvendo seres humanos**: uma proposta de reformulação do atual sistema de controle implementado pelo Conselho Nacional de Saúde, à luz da Constituição Brasileira. Orientador: Ingo Wolfgang Sarlet 2012. Tese (Doutorado em Direito) – Pontifícia Universidade Católica do Rio Grande do Sul, Porto Alegre, 2012. p. 167.

109 AHUMADA CANABES, Marcela. La libertad de investigación científica: panorama de su situación en el constitucionalismo comparado y en el Derecho Internacional. **Revista chilena de derecho**. Santiago, v. 39, n. 2, p. 411-445, ago. 2012. p. 413.

110 PETTERLE, Selma Rodrigues. **Liberdade de pesquisar, pesquisas clínicas e outras pesquisas científicas de risco envolvendo seres humanos**: uma proposta de reformulação do atual sistema de controle implementado pelo Conselho Nacional de Saúde, à luz da Constituição Brasileira. Orientador: Ingo Wolfgang Sarlet 2012. Tese (Doutorado em Direito) – Pontifícia Universidade Católica do Rio Grande do Sul, Porto Alegre, 2012. p. 162.

111 RODRÍGUEZ, Ricardo Luis Chueca. El derecho fundamental a la investigación científica. **Revista electrónica del Departamento de Derecho de la Universidad de La Rioja – REDUR**. Logroño, n. 6, pp. 5-15, dez. 2008. p. 11.

112 AMORIM, João Pacheco de. A liberdade de ciência na constituição portuguesa de 1976. **Tékhne**. Barcelos: Revista de Estudos Politécnicos, n. 13, p. 129-157, 2010. p. 151.

para a atividade de investigação[113]. Frisa-se que a regulamentação da liberdade de pesquisa científica deverá ocorrer por meio de lei, a qual necessita ser elaborada atendendo o princípio da proporcionalidade, de forma que concilie a aludida liberdade com outros direitos e interesses constitucionalmente previstos[114].

A Constituição Federal, no seu Capítulo IV, pertinente à Ciência, Tecnologia e Inovação, contempla algumas diretrizes a serem cumpridas pelo Estado a fim de promover e incentivar o desenvolvimento científico, a pesquisa, a capacitação científica e tecnológica e a inovação. Observa-se que o incentivo e apoio à investigação científica e inovação tecnológica nestes moldes, são, em verdade, considerados garantias de ordem positiva da liberdade científica. Destarte, reforça-se que a relação do Estado com a ciência é também de cunho prestacional, fazendo com que, em termos práticos, o ente público forneça mecanismos pessoais, financeiros e organizatórios para o desenvolvimento da atividade de investigação[115].

À luz do exposto, tem-se que uma das tarefas direcionadas ao Estado é a de apoiar na formação de recursos humanos em termos de pesquisa, consoante posto no art. 218, § 3.º, da CRFB, o qual assevera que "o Estado apoiará a formação de recursos humanos nas áreas da ciência, pesquisa, tecnologia e inovação", dispondo que, dentre os meios de apoiar essa formação de recursos humanos, está o desenvolvimento de atividades de extensão tecnológica. O dispositivo consagra, ainda, que deverão ser concedidas condições especiais de trabalho para as pessoas que trabalhem nas áreas de ciência, pesquisa, tecnologia e inovação.

Percebe-se, nessa linha, que as normas constitucionais que consagram a faceta positiva da liberdade de pesquisa científica são lastreadas em mandamentos ao Estado-Legislador e ao Estado-Administração no sentido de assegurar ao pesquisador o acesso ao conhecimento qualificado, com vistas ao crescimento profissional e aos meios para uma

---

113 AMORIM, João Pacheco de. A liberdade de ciência na constituição portuguesa de 1976. **Tékhne**. Barcelos: Revista de Estudos Politécnicos, n. 13, p. 129-157, 2010. p. 151.

114 PETTERLE, Selma Rodrigues. **Liberdade de pesquisar, pesquisas clínicas e outras pesquisas científicas de risco envolvendo seres humanos**: uma proposta de reformulação do atual sistema de controle implementado pelo Conselho Nacional de Saúde, à luz da Constituição Brasileira. Orientador: Ingo Wolfgang Sarlet 2012. Tese (Doutorado em Direito) – Pontifícia Universidade Católica do Rio Grande do Sul, Porto Alegre, 2012. p. 162-163.

115 CANOTILHO, José Joaquim Gomes; MOREIRA, Vital. **Constituição da República portuguesa anotada**. 3. ed. Coimbra: Coimbra Editora, 2007. p. 890.

formação continuada, além de oferecer condições especiais de trabalho, garantindo infraestrutura, instrumentos e recursos tecnológicos para o desenvolvimento das pesquisas[116].

Os pesquisadores precisam de uma estrutura adequada para o exercício da sua liberdade e para o desenvolvimento de suas investigações, tendo em vista que a atividade de investigação demanda esforço e tempo dos pesquisadores[117]. Cabe dizer, então, que caso sejam tais indivíduos destituídos de condições de trabalho adequadas e de incentivo da sua produção intelectual, o progresso científico, a criação de novos conhecimentos e, por via consequencial, o próprio desenvolvimento nacional poderão ser afetados[118].

A liberdade de pesquisa científica é dotada também de um status ativo, a partir do qual o titular do direito "[...] passa a ser considerado titular de competências que lhe garantem a possibilidade de participar ativamente da formação da vontade estatal"[119]. Sob essa perspectiva, o art. 12 da Lei n.º 13.243/2016 representa um verdadeiro exemplo de uma norma que consagra o status ativo da liberdade de pesquisa científica. O aludido dispositivo atribui ao pesquisador a viabilidade de participar da organização orçamentária do Estado em consonância com o § 5.º do art. 167 da CRFB.

No § 5.º do art. 167 da CRFB há uma permissão ao ente público de realizar a transposição, o remanejamento ou a transferência de recursos de uma categoria de programação orçamentária para outra, no âmbito das atividades de ciência, tecnologia e inovação, com a finalidade de melhor executar os projetos referentes a essas áreas, desnecessitando de autorização legislativa para tanto. À vista disso, o art. 12 do CNCTI alberga a hipótese de o pesquisador realizar a transposição, o remanejamento ou a transferência de recursos de uma categoria de programação para outra "[...] com o objetivo de viabilizar resultados de projetos que

---

116 MARQUES, Cláudia Lima. Comentário Título IV – Da ciência e tecnologia. *In*: CANOTILHO, José Joaquim Gomes; MENDES, Gilmar Ferreira; SARLET, Ingo Wolfgang; *et al.* (coord.). **Comentários à Constituição do Brasil**. São Paulo: Saraiva, 2018. p. 3658.

117 BUNGE, Mario. **La investigación científica: su estrategia y su filosofía**. 5. ed. Barcelona: Ariel, 1976. p. 19.

118 CHAPMAN, Audrey R. La propiedad intelectual como derecho humano (obligaciones dimanantes del apartado c) del párrafo 1 del Artículo 15 del Pacto Internacional de Derechos Económicos, Sociales y Culturales). **Boletín de derecho de autor**. UNESCO, v. 15, n. 3, 4-39, jul.-set 2001. p. 23. Disponível em: <unesdoc.unesco.org/ark:/48223/pf0000125505_spa>. Acesso em: 15 out. 2018.

119 SARLET, Ingo Wolfgang. **A eficácia dos direitos fundamentais**: uma teoria geral dos direitos fundamentais na perspectiva constitucional. 12. ed. rev. atual. e ampl. Porto Alegre: Livraria do Advogado, 2015. p. 163.

envolvam atividades de ciência, tecnologia e inovação, mediante regras definidas em regulamento", participando ativamente da vontade estatal.

Sublinha-se que todas essas tarefas direcionadas ao Estado se resumem em uma tarefa-dever geral de estruturação e desenvolvimento de uma política pública de incentivo à ciência, tecnologia e inovação[120], a qual deve ter por finalidade precípua proporcionar o efetivo exercício da referida liberdade. Frisa-se que, na concreção dessa tarefa, o ente público também possui o dever de promover o debate sobre as condições e os contornos para o desenvolvimento de pesquisas científicas, o que implica em discutir sobre o financiamento público ou privado de pesquisas científicas[121].

Ainda acerca da dimensão subjetiva à liberdade de pesquisa científica, há que se perquirir a possibilidade do titular de não a exercer, como ocorre no direito geral à liberdade de expressão[122]. Nesse ponto, ao que parece, é plenamente aplicável, de forma análoga, o posicionamento de Amanda Travincas que, ao tratar sobre o direito à liberdade de ensinar, consignou que apenas excepcionalmente atribui-se à liberdade de ensinar o poder do não fazer (liberdade negativa) relacionado às liberdades expressionais, visto que "[...] aquele a quem compete ensinar, cuja atividade é previamente firmada em termos contratuais, não pode optar não fazê-lo"[123]. Em função disso, no tocante à liberdade de pesquisa científica, aquele que é contratado para exercer uma atividade de investigação, quer seja possuidor de um financiamento público ou privado para executar pesquisas científicas, quer seja investido em cargo público ou emprego cuja função primordial é a de pesquisa, não é detentor de um direito de não pesquisar, adquirindo a liberdade de pesquisa nos termos expostos, nos moldes de um direito-dever.

Deste modo, reforça-se que a liberdade de pesquisa científica, assim como ocorre, por exemplo, com a liberdade de ensino, consiste em um

---

120 CANOTILHO, José Joaquim Gomes; MOREIRA, Vital. **Constituição da República portuguesa anotada.** 3. ed. Coimbra: Coimbra Editora, 2007. p. 890.

121 PETTERLE, Selma Rodrigues. **Liberdade de pesquisar, pesquisas clínicas e outras pesquisas científicas de risco envolvendo seres humanos**: uma proposta de reformulação do atual sistema de controle implementado pelo Conselho Nacional de Saúde, à luz da Constituição Brasileira. Orientador: Ingo Wolfgang Sarlet 2012. Tese (Doutorado em Direito) – Pontifícia Universidade Católica do Rio Grande do Sul, Porto Alegre, 2012. p. 166-167.

122 ANDRADE, José Carlos Vieira. **Os direitos fundamentais na Constituição Portuguesa de 1976.** Coimbra: Almedina, 2004. p. 165.

123 TRAVINCAS, Amanda Costa Thomé. **A tutela jurídica da liberdade acadêmica no Brasil**: a liberdade de ensinar e seus limites. Porto Alegre: Livraria do Advogado, 2018. p. 81.

direito cujo exercício precede o cumprimento de algumas exigências[124], tais como a observância dos princípios norteadores da produção do conhecimento científico. Não por outra razão, Gomes Canotilho e Vital Moreira afirmam que na liberdade de pesquisa "[...] são dominantes os critérios de intersubjectividade da comunidade científica que apontam para uma pesquisa séria de investigação da verdade segundo procedimentos e métodos específicos, possibilitadores de aquisições científicas dotadas de valor objectivo"[125].

Aduzem os autores, ainda, a possibilidade de afirmar que a ciência pressupõe várias dimensões estruturantes, quais sejam (a.) o pensamento metodicamente ordenado e reflexivamente crítico; (b.) comunicação recíproca dos desenvolvimentos científicos, e; (c.) publicidade dos resultados. A partir dessas dimensões, extrai-se um conceito de ciência que refuta verdades científicas abstratas, baseadas apenas no cientificismo do próprio pesquisador e pautadas em ideologias científicas, políticas e religiosas absolutas e acríticas[126].

Sendo assim, se é certo que a liberdade de pesquisa científica enseja a produção de conhecimento, resta inconteste que ela, em razão disso, está intimamente vinculada a outro direito fundamental, qual seja, o direito à educação. Por via consequencial, aduz-se que o direito à liberdade de pesquisa gera um dever de comprometimento por parte do pesquisador com o ensino, de forma que, para que ele possa exercer as faculdades que lhes são atribuídas, exige-se que ele tenha preparação científica de base da área específica que ele irá desenvolver suas investigações[127].

Para tanto, faz-se cogente o cumprimento de normas atinentes à área de conhecimento pesquisada, não podendo o titular do direito desenvolver suas pesquisas sem rigor científico, apartando-se das normas de estudos e metodológicas pertinentes[128]. Por conseguinte, entende-se que a titularidade do direito à liberdade de pesquisa científica é atribuída apenas aos indivíduos que possuem aptidão e competência para

124 TRAVINCAS, Amanda Costa Thomé. **A tutela jurídica da liberdade acadêmica no Brasil**: a liberdade de ensinar e seus limites. Porto Alegre: Livraria do Advogado, 2018. p. 81.

125 CANOTILHO, José Joaquim Gomes; MOREIRA, Vital. **Constituição da República portuguesa anotada**. 3. ed. Coimbra: Coimbra Editora, 2007. p. 620.

126 CANOTILHO, José Joaquim Gomes; MOREIRA, Vital. **Constituição da República portuguesa anotada**. 3. ed. Coimbra: Coimbra Editora, 2007. p. 891.

127 AMORIM, João Pacheco de. A liberdade de ciência na constituição portuguesa de 1976. **Tékhne**. Barcelos: Revista de Estudos Politécnicos, n. 13, p. 129-157, 2010. p. 145.

128 KRÜGER, Harmut. La libertad de cátedra em Alemania. **Revista de derecho político**. [*S.l.*], n. 45, pp. 147-176, 1999. p. 167.

a execução da pesquisa científica[129]. Essa exigência se faz presente em virtude do fato de que o pesquisador possui uma responsabilidade perante a sociedade e em face de todos os sujeitos envolvidos na pesquisa, sejam outros pesquisadores ou participantes da pesquisa[130], e que tais responsabilidades encontram-se intimamente ligadas com a dimensão objetiva da liberdade de pesquisa científica.

A dimensão objetiva está pautada na premissa de que a liberdade de pesquisa científica é prevista enquanto direito fundamental, por promover valores proeminentes da República Federativa do Brasil[131], não se limitando apenas na função precípua de ser um direito subjetivo de defesa do indivíduo em face do Estado ou do particular, mas que corporifica decisões valorativas de natureza objetiva da Constituição, com eficácia por todo o ordenamento jurídico[132].

Consoante mencionado alhures, sendo a liberdade de pesquisa científica um verdadeiro direito de liberdade, está ela intimamente relacionada com a autonomia e com o desenvolvimento da personalidade e, por conseguinte, a um dos fundamentos da República Federativa do Brasil, qual seja, o da dignidade da pessoa humana (art. 1.º, inciso III, da CRFB). A faceta negativa dos direitos de liberdade, e, no caso específico da liberdade de pesquisa, obriga o Estado a se abster de intervir indevidamente na zona de autonomia do indivíduo, de modo que este possa desenvolver sem nenhum embaraço sua personalidade[133]. Assim, destaca-se que "[...] a noção de dignidade repousa – ainda que não de forma exclusiva – na autonomia pessoal, isto é, na liberdade que o ser humano possui de, ao menos potencialmente, formatar a sua própria existência e ser, portanto, sujeito de direitos"[134].

Nesse aspecto, a liberdade de pesquisa científica promove o exercício da autonomia, a dignidade da pessoa humana e o livre desenvolvimento

---

129 SÁNCHEZ, Ismael Quiles. **Princípios básicos da liberdade de ensino**. Tradução: Braulio Sánchez Sàez. Rio de Janeiro: AEC do Brasil, 1957. p. 26.

130 MARQUES, Cláudia Lima. Comentário Título IV – Da ciência e tecnologia. *In*: CANOTILHO, José Joaquim Gomes; MENDES, Gilmar Ferreira; SARLET, Ingo Wolfgang; *et al.* (Coord.). **Comentários à Constituição do Brasil**. São Paulo: Saraiva, 2018. p. 2010.

131 SARMENTO, Daniel. **Direitos fundamentais e relações privadas**. 2. ed. Rio de Janeiro: Lumen Juris, 2006. p. 134-135.

132 SARLET, Ingo Wolfgang. **A eficácia dos direitos fundamentais:** uma teoria geral dos direitos fundamentais na perspectiva constitucional. 12. ed. rev. atual. e ampl. Porto Alegre: Livraria do Advogado, 2015. p. 149.

133 MARTINS, Leonardo. **Liberdade e Estado Constitucional**: leitura jurídico-dogmática de uma complexa relação a partir da teoria liberal dos direitos fundamentais. São Paulo: Atlas, 2012. pp. 48-49.

134 SARLET, Ingo Wolfgang. **Dignidade da pessoa humana e direitos fundamentais na Constituição Federal de 1988**. 10. ed. Porto Alegre: Livraria do Advogado, 2015. p. 126.

da personalidade, à medida que se concebe que a atividade científica corresponde ao processo de conclusões abertas, cujos objetos e objetivos específicos ficam a critério do pesquisador[135]. O pesquisador, no exercício da sua liberdade, possui a responsabilidade de descobrir os conhecimentos que lhes parecem importantes e verdadeiros[136], tendo em vista que a dignidade individual só poderá ser plenamente garantida e conservada quando o ser humano assume a responsabilidade pelos seus atos, verdades e opiniões perante a sociedade[137].

Ocorre que os valores concretizados pela liberdade de pesquisa científica não se limitam aos interesses do titular do direito e na autonomia individual caso em que se estaria frente a uma concepção radicalmente individualista, que suprimiria a responsabilidade social no exercício dos direitos fundamentais, em total dissonância ao Estado Democrático de Direito, o qual anseia também pela realização dos valores políticos e comunitários[138]. Não por outra razão, aduz-se que, sendo a liberdade de pesquisa científica uma liberdade em espécie reconduzida a um direito geral à liberdade de expressão, ela possui uma relevância para o contexto social, assumindo um caráter nitidamente de direito transindividual[139].

Nesse ponto, a Declaração sobre Ciência e a Utilização do Saber Científico de Budapeste evidencia o caráter transindividual do direito à liberdade de pesquisa científica ao consagrar que a ciência é primordialmente voltada à produção do conhecimento, e este, por sua vez, ao progresso. Em outras palavras, as pesquisas são orientadas para a solução dos problemas sociais e econômicos, de modo que se ressalta o caráter utilitarista da ciência, que passa a ter utilidade não só para o cientista, mas concomitantemente para toda a sociedade, havendo uma boa razão para garantir de modo extensivo a liberdade de pesquisa científica[140].

---

135 MARTINS, Leonardo; SCHLINK, Bernhard. **Bioética à luz da liberdade científica**: estudo de caso baseado na decisão do STF sobre a constitucionalidade da Lei de Biossegurança e no direito comparado alemão. São Paulo: Atlas, 2014. p. 110.

136 DWORKIN, Ronald. We need a new interpretation of academic freedom. *In*: MENAND, Louis (ed.). **The future of academic freedom**. Chicago: The University of Chicago Press, pp. 391-415, 1995. p. 402.

137 DWORKIN, Ronald. Por que liberdade de expressão? *In*: DWORKIN, Ronald. **O direito da liberdade**. São Paulo: Martins Fontes, 2006. p. 319.

138 MACHADO, Jónatas E. M. **Liberdade de expressão**: dimensões constitucionais da esfera pública no sistema social. Coimbra: Coimbra Ed., 2002. p. 288.

139 SARLET, Ingo Wolfgang. Direitos fundamentais em espécie. *In*: SARLET, Ingo Wolfgang; MARINONI, Luiz Guilherme; MITIDIERO, Daniel. **Curso de direito constitucional**. 6. ed. São Paulo: Saraiva, 2017. pp. 400-735.

140 BAYERTZ, Kurt. Three arguments for scientific freedom. **Ethical theory and moral practice**, Springer: New York. v. 9, n. 4, pp. 377-398, 2006. pp. 388-389.

Nessa linha, observa-se que a Constituição Federal, no Capítulo que versa sobre Ciência, Tecnologia e Inovação, vincula a pesquisa científica ao bem público e ao desenvolvimento do sistema produtivo nacional e regional, conforme pode ser extraído da leitura conjunta dos §§ 1.º e 2.º do art. 218 da CRFB. Desse modo, a pesquisa visa produzir conhecimento e, de modo atrelado a essa produção, busca também satisfazer as aspirações, expectativas e necessidades das comunidades nacionais e regionais[141]. À vista disso, resta inconteste que a liberdade de pesquisa científica, ao objetivar satisfazer tais necessidades, acaba por concretizar objetivos fundamentais da República Federativa do Brasil, dispostos no art. 3.º, da CRFB, tais como a construção de uma sociedade livre, justa e solidária (inciso I), o desenvolvimento nacional (inciso II), além da erradicação da pobreza e marginalização, bem como da redução das desigualdades sociais e regionais (inciso III). Resta sedimentado, então, que os problemas concretos da sociedade, referentes à saúde pública, à educação, ao desenvolvimento econômico e a outros similares, esperam a contribuição do assessoramento da pesquisa básica e tecnológica. A premissa basilar para tanto consiste em que os anseios sociais devam ser observados e, quando possível, supridos por meio da criação de novos conhecimentos[142].

Sublinha-se, frente a tais apontamentos, que o caráter transindividual da liberdade de pesquisa científica está lastreado, em primeira linha, na busca e criação de novos conhecimentos. Não por outra razão, ela é prevista como um dos princípios norteadores do ensino. Assim sendo, a liberdade de pesquisa científica transporta como uma das suas funções a "[...] tentativa de descoberta da verdade (sempre provisória), pela possibilidade de diálogo científico, pela troca de experiências e de resultados, pelo método de investigação e pela possibilidade da descoberta [...]", contribuindo de forma consequencial para o progresso da sociedade[143].

Nessa mesma linha segue Jónatas Machado, ao ressaltar que as liberdades comunicacionais – incluindo-se a liberdade de pesquisa científica – necessitam de uma leitura multissistêmica, tendo em vista

---

141 PAIS, Cidmar Teodoro. Discurso científico, liberdade acadêmica, autonomia universitária nas escolas públicas e privadas. **Revista de Letras**, Araraquara, v. 1-2, n. 25, pp. 69-72, jan.-dez. 2003. p. 71.

142 FRONDIZINI, Risieri. **La universidad en un mundo de tensiones**: misión de las universidades en América Latina. Buenos Aries: Comisión preparatoria del documento Base de discusión sobre la nueva Ley de Educación Superior, 1971. p. 2. Disponível em: <belgranounr.com.ar/blog/wp-content/uploads/2012/01/universidades-en-America-Latina.pdf>. Acesso em: 20 jul. 2018.

143 CANOTILHO, José Joaquim Gomes; MOREIRA, Vital. **Constituição da República portuguesa anotada**. 3. ed. Coimbra: Coimbra Editora, 2007. p. 621.

que elas, de forma concomitante, estão a serviço de distintos valores, de cunho ético, moral, social etc. Sendo assim, determinados valores podem preponderar dentro das respectivas liberdades, e, no que toca à liberdade de pesquisa, esse valor em específico consiste na procura da verdade e do conhecimento[144].

Entretanto, é indispensável que haja um equilíbrio dos interesses individuais e sociais promovidos pela liberdade de pesquisa científica. Em outros termos, "[...] a liberdade científica, como nenhuma outra liberdade, não pode ser diretamente instrumentalizada pelo Estado para o alcance de variados propósitos, por mais nobres e relevantes que sejam"[145]. É, portanto, imprescindível que haja uma proteção do âmbito de autonomia do titular do aludido direito, sem desconhecer a repercussão social da atividade científica[146].

Percebe-se, pois, que o exercício dos direitos subjetivos individuais, está em certa medida, condicionado ao seu reconhecimento perante a sociedade na qual está inserido. Tal reconhecimento reforça o caráter transindividual dos direitos fundamentais, bem como a necessidade de se exigir do Estado a obrigação permanente de concretização e realização desses direitos[147].

Afirma-se que um dos desdobramentos da dimensão objetiva dos direitos fundamentais é o reconhecimento dos denominados deveres de proteção do Estado, os quais consistem na obrigação do ente estatal em resguardar, inclusive preventivamente, a proteção dos direitos fundamentais dos indivíduos perante os poderes públicos e aos particulares. Sob essa perspectiva, dentre as múltiplas funções dos direitos fundamentais, está a de se transmudarem em imperativos de tutela em face do Estado, pressupondo, para tanto, a observância de alguns requisitos[148].

---

144 MACHADO, Jónatas E. M. **Liberdade de expressão**: dimensões constitucionais da esfera pública no sistema social. Coimbra: Coimbra Ed., 2002. pp. 371-372.

145 MARTINS, Leonardo; SCHLINK, Bernhard. **Bioética à luz da liberdade científica**: estudo de caso baseado na decisão do STF sobre a constitucionalidade da Lei de Biossegurança e no direito comparado alemão. São Paulo: Atlas, 2014. p. 111.

146 AHUMADA CANABES, Marcela. La libertad de investigación científica: panorama de su situación en el constitucionalismo comparado y en el Derecho Internacional. **Revista chilena de derecho**. Santiago, v. 39, n. 2, pp. 411-445, ago. 2012. p. 435.

147 SARLET, Ingo Wolfgang. **A eficácia dos direitos fundamentais**: uma teoria geral dos direitos fundamentais na perspectiva constitucional. 12. ed. rev. atual. e ampl. Porto Alegre: Livraria do Advogado, 2015. pp. 151-152.

148 SARLET, Ingo Wolfgang. **A eficácia dos direitos fundamentais**: uma teoria geral dos direitos fundamentais na perspectiva constitucional. 12. ed. rev. atual. e ampl. Porto Alegre: Livraria do Advogado, 2015. pp. 154-155.

Claus Canaris concebe que há três condições para o reconhecimento de um imperativo de tutela por parte do Estado, quais sejam: (a.) o direito fundamental deve ser aplicável na sua hipótese normativa; (b.) a necessidade de proteção, ou seja, a existência de razões fáticas que justifiquem a proteção do Estado, tais como proteção contra intervenções ilícitas, ameaças a bens protegidos por direitos fundamentais, ou, ainda, quando presente o critério de dependência do titular do direito fundamental em relação a um comportamento de proteção por parte do Estado, e; (c.) o funcionamento conjunto, em termos "móveis", dos diversos critérios, devendo-se considerar além dos critérios mencionados, a natureza e o valor axiológico do direito fundamental atingido, o peso da intervenção e da intensidade da ameaça, a possibilidade do titular exercer uma eficiente autodefesa do seu direito e o peso dos interesses e direitos fundamentais contrapostos[149].

Nesta senda, no tocante à liberdade de pesquisa científica, o Estado possui o imperativo de criar condições que assegurem não só a referida liberdade, como também, os direitos fundamentais eventualmente contrapostos[150]. Ressalta-se que essas ações estatais estão no âmbito do dever de proteção do ente público, podendo abranger medidas de cunho normativo ou de natureza fática[151]. Assim, "[...] quaisquer medidas estatais, provenientes de órgãos dos três poderes, que influenciem no processo de consecução e transmissão de conhecimentos científicos representam intervenções estatais" na esfera da liberdade de pesquisa científica, que possuem por objetivo concretizar o dever de proteção do Estado[152]. Observa-se que os deveres de proteção estatais estão essencialmente relacionados com dois outros desdobramentos da dimensão objetiva dos direitos fundamentais: (a.) as designadas garantias

---

149 CANARIS, Claus-Wilhelm. **Direitos fundamentais e direito privado**. Coimbra: Almedina, 2009. p. 101-113. Na doutrina brasileira, desenvolvendo o tema dos deveres de proteção e apresentando uma detalhada síntese dos critérios apresentados por Claus-Wilhelm Canaris, ver SARLET, Ingo Wolfgang. **A eficácia dos direitos fundamentais**: uma teoria geral dos direitos fundamentais na perspectiva constitucional. 12. ed. rev. atual. e ampl. Porto Alegre: Livraria do Advogado, 2015. pp. 197-201.

150 MARTINS, Leonardo. **Tribunal Constitucional Federal alemão**: decisões anotadas sobre direitos fundamentais. Liberdade de consciência e crença; liberdades de expressão e de comunicação social; liberdade artística e científica. São Paulo: Fundação Konrad Adenauer, 2016. v. 2. p. 244.

151 SARLET, Ingo Wolfgang. **A eficácia dos direitos fundamentais**: uma teoria geral dos direitos fundamentais na perspectiva constitucional. 12. ed. rev. atual. e ampl. Porto Alegre: Livraria do Advogado, 2015.

152 MARTINS, Leonardo. **Tribunal Constitucional Federal alemão**: decisões anotadas sobre direitos fundamentais. Liberdade de consciência e crença; liberdades de expressão e de comunicação social; liberdade artística e científica. São Paulo: Fundação Konrad Adenauer, 2016. v. 2. p. 245.

institucionais e (b.) a dimensão organizacional e procedimental dos referidos direitos[153].

As garantias institucionais, consoante ensina Paulo Bonavides, consistem na "[...] proteção que a Constituição confere a algumas instituições, cuja importância é reconhecida como fundamental tanto para a sociedade, como também para certos direitos fundamentais", visando, em primeira linha, conservar a essência de uma determinada instituição, protegendo-a de eventual supressão ou mutilação[154]. Parte-se da premissa que eventuais instituições de direito público ou institutos de direito privado devem, aliás, ser resguardados contra ações erosivas do legislador[155].

Nesta linha, em termos de liberdade de pesquisa científica, constitui-se como garantia institucional a autonomia conferida às universidades e às instituições de pesquisa científica e tecnológica em geral. Dispõe o *caput* do art. 207 da CRFB que as Universidades gozam de autonomia didático-científica, administrativa e de gestão financeira e patrimonial, devendo obedecer ao princípio da indissociabilidade entre ensino, pesquisa e extensão.

Vislumbra-se que a autonomia conferida às Instituições de Ensino Superior possui um caráter plurissignificativo, dotada de várias dimensões de aplicação, sendo elas políticas, administrativas, financeiras e didático-científicas[156]. A autonomia didática consiste na direção própria do ensino ofertado, reconhecendo a competência das Instituições em definir os conhecimentos a serem transmitidos, bem como o modo de transmissão. A científica, a seu turno, é constituída de duas facetas, uma coletiva e outra individual. A primeira é "[...] referente à autogestão da Universidade em matéria de seu peculiar interesse"[157], consubstanciando-se na faculdade de selecionarem professores e pesquisadores, bem como

---

153 SARLET, Ingo Wolfgang. **A eficácia dos direitos fundamentais:** uma teoria geral dos direitos fundamentais na perspectiva constitucional. 12. ed. rev. atual. e ampl. Porto Alegre: Livraria do Advogado, 2015. pp. 154-156.

154 BONAVIDES, Paulo. **Curso de direito constitucional.** 16. ed. São Paulo: Malheiros, 2005. pp. 537-542.

155 SARLET, Ingo Wolfgang. **A eficácia dos direitos fundamentais:** uma teoria geral dos direitos fundamentais na perspectiva constitucional. 12. ed. rev. atual. e ampl. Porto Alegre: Livraria do Advogado, 2015. pp. 185-186.

156 CADEMARTORI, Luiz Henrique Urquhart. A liberdade de cátedra universitária face à interpretação do conceito de autonomia didático-científica. *In*: DINIZ, Debora; BUGLIONE, Samantha; RIOS, Roger Raupp (Org.). **Entre a dúvida e o dogma**: liberdade de cátedra e universidades confessionais no Brasil. Brasília: Letras Livres, 2006. p. 155.

157 MALISKA, Marcos Augusto. Da educação, da cultura e do desporto. *In*: CANOTILHO, José Joaquim Gomes; MENDES, Gilmar Ferreira; SARLET, Ingo Wolfgang; *et al.* (Coord.). **Comentários à Constituição do Brasil**. São Paulo: Saraiva, 2018. pp. 3593-3594.

de estruturarem seus programas educacionais e de pesquisa, observando os limites postos em lei[158].

Já o caráter individual da autonomia didática consubstancia-se no direito direcionado ao pesquisador de pesquisar sem interferências ilegítimas na sua esfera de autonomia[159], protegendo a efetiva produção e transmissão do conhecimento[160]. Quanto à autonomia administrativa, consubstancia-se no direito de que as Instituições possuem de elaborar suas próprias normas de organização interna em matéria didática, científica e administrativa[161], sublinhando, contudo, que o exercício da referida autonomia deverá ser pautado nas normas gerais de educação, conforme preleciona o art. 53, inciso V, da Lei de Diretrizes e Bases da Educação (LDB)[162]. Por fim, a autonomia financeira e patrimonial traduz-se na competência e liberdade de planejamento orçamentário para atender suas finalidades institucionais[163].

No que se refere à dimensão organizacional e procedimental dos direitos fundamentais, esta é baseada na premissa segundo a qual tais direitos são, de forma concomitante, parâmetro para a criação de estruturas organizatórias e procedimentos e dependentes de organização e procedimentos para serem efetivamente resguardados[164]. Nesse sentido, as normas de organização e procedimento devem ser criadas para que o resultado de sua aplicação seja com suficiente probabilidade e medida, conforme aos direitos fundamentais. Por essa razão, Robert Alexy discorre que direitos à organização e procedimentos podem se desdobrar em: (a.) "direitos à criação de determinadas normas procedimentais" e,

158 BASTOS JÚNIOR, Luiz Magno P. Autonomia universitária como instrumento de garantia do pluralismo de ideias. *In*: DINIZ, Débora; BUGLIONE, Samantha; RIOS, Roger Raupp (Org.). **Entre a dúvida e o dogma:** liberdade de cátedra e universidades confessionais no Brasil. Brasília: Letras Livres, 2006. p. 138.

159 MALISKA, Marcos Augusto. Da educação, da cultura e do desporto. *In*: CANOTILHO, José Joaquim Gomes; MENDES, Gilmar Ferreira; SARLET, Ingo Wolfgang; *et al.* (Coord.). **Comentários à Constituição do Brasil**. São Paulo: Saraiva, 2018. p. 3594.

160 LELLIS, Lélio Maximino. **Princípios constitucionais do ensino**. São Paulo: Lexia, 2011. p. 190.

161 MALISKA, Marcos Augusto. Da educação, da cultura e do desporto. *In*: CANOTILHO, José Joaquim Gomes; MENDES, Gilmar Ferreira; SARLET, Ingo Wolfgang; *et al.* (Coord.). **Comentários à Constituição do Brasil**. São Paulo: Saraiva, 2018. p. 3594.

162 TAVARES, André Ramos. Direito fundamental à educação. *In*: SARMENTO, Daniel; SOUZA NETO, Cláudio Pereira de. **Direitos sociais**: fundamentos, judicialização e direitos sociais em espécie. Rio de Janeiro: Lumen Juris, 2008. p. 10. Disponível em: <anima-opetcom.br/pdf/anima1/artigo_Andre_Ramos_Tavares_direito_fund.pdf>. Acesso em: 20 ago. 2018.

163 MALISKA, Marcos Augusto. Da educação, da cultura e do desporto. *In*: CANOTILHO, José Joaquim Gomes; MENDES, Gilmar Ferreira; SARLET, Ingo Wolfgang; *et al.* (Coord.). **Comentários à Constituição do Brasil**. São Paulo: Saraiva, 2018. p. 3594.

164 SARLET, Ingo Wolfgang. **A eficácia dos direitos fundamentais:** uma teoria geral dos direitos fundamentais na perspectiva constitucional. 12. ed. rev. atual. e ampl. Porto Alegre: Livraria do Advogado, 2015. p. 156.

(b.) "direitos a uma determinada 'interpretação e aplicação concreta' de normas procedimentais"[165].

Acerca das normas de organização e procedimento direcionadas à liberdade de pesquisa científica na Constituição Federal, enaltece-se o § 5.º do art. 218 da CRFB, o qual dispõe que "é facultado aos Estados e ao Distrito Federal vincular parcela de sua receita orçamentária a entidades públicas de fomento ao ensino e à pesquisa científica e tecnológica". Atrelado a isso, no § 6.º do mesmo dispositivo, é ressaltado que o Estado, na execução das tarefas inseridas no art. 218 da CRFB, "estimulará a articulação entre entes, tantos públicos quanto privados, nas diversas esferas do governo".

Uma das formas de articulação consagradas expressamente pelo texto constituinte no art. 219-A da CRFB é o estabelecimento de instrumentos de cooperação entre os entes da federação com órgãos e entidades públicos ou privados, mediante contrapartida financeira, ou não, a ser assumida pelo ente beneficiário, na forma da lei. Os instrumentos de cooperação terão por objetivo a execução de projetos de pesquisa, desenvolvimento científico e tecnológico, incluindo o compartilhamento de recursos humanos especializados e estrutura e capacidade técnica instalada.

Ainda no que toca à dimensão organizacional e procedimental do direito à liberdade de pesquisa científica, importa mencionar o disposto no artigo 219-B da CRFB, o qual estabelece que deverá ser estruturado o Sistema Nacional de Ciência, Tecnologia e Inovação (SNCTI), por meio de legislação e organizado em regime de colaboração entre o ente público e os entes privados, com a finalidade basilar de promover o desenvolvimento científico, tecnológico e de inovação. Percebe-se, pois, uma preocupação do legislador constituinte no sentido de criar uma estrutura organizacional e procedimental nas três esferas de poder que viabilize a proteção da liberdade de pesquisa científica.

Frisa-se que as normas de organização e procedimento por vezes objetivam estabelecer condições para o exercício de um determinado direito fundamental. Exemplificativamente, em termos de liberdade de pesquisa científica, traz-se à baila o disposto no § 4.º do art. 199 da CRFB, o qual, ao tratar sobre o direito à saúde, assevera que a lei deverá dispor sobre as condições e requisitos para a remoção de órgãos e substâncias

---

165 ALEXY, Robert. **Teoria dos direitos fundamentais**. 2. ed. São Paulo: Malheiros, 2015. pp. 473-474. Na doutrina nacional, com amplo desenvolvimento do tema, v. SARLET, Ingo Wolfgang. **A eficácia dos direitos fundamentais**: uma teoria geral dos direitos fundamentais na perspectiva constitucional. 12. ed. rev. atual. e ampl. Porto Alegre: Livraria do Advogado, 2015. pp. 201-205.

humanas para fins de pesquisa. Ou, ainda, o comando normativo inserido no § 1.º, inciso II, do art. 225 da CRFB, que impõe ao Poder Público o dever de fiscalizar as entidades dedicadas à pesquisa e à manipulação de material genético, tendo por finalidade a proteção do meio ambiente ecologicamente equilibrado.

Nesta senda, importa considerar que, quando se delimita condicionamentos para o exercício de um direito fundamental, por vezes, estar-se-á estabelecendo restrições ao âmbito de proteção desse direito, com a finalidade de compatibilizá-lo com outros direitos e interesses juridicamente protegidos[166]. Não por outra razão, afirma-se que o Estado – no exercício do seu dever de proteção e na elaboração de normas de organização e procedimento – em algumas situações reduz o âmbito de proteção das liberdades individuais, em razão da necessidade de proteger bens jurídicos fundamentais[167].

Em face disso, é importante esclarecer que as restrições aos direitos fundamentais, não só, mas principalmente, emergem em um contexto de tensões ou colisões dos direitos fundamentais[168]. Sob esse viés, afirma-se que as restrições aos direitos fundamentais podem ser justificadas a partir do interesse comunitário, "[...] ou da assim designada *responsabilidade comunitária dos indivíduos*, prevalente, desde que preservado o núcleo essencial dos direitos"[169] [grifos do autor]. Entretanto, a temática sobre restrições à liberdade de pesquisa científica, assim como a relação dela com outros direitos fundamentais, será objeto de modo mais aprofundado do tópico a seguir.

1.4. AS RESTRIÇÕES E OS LIMITES ÀS RESTRIÇÕES DA LIBERDADE DE PESQUISA CIENTÍFICA: OS DEVERES DE PROTEÇÃO DO ESTADO E POSSÍVEIS COLISÕES COM OUTROS DIREITOS FUNDAMENTAIS

Ao tratar acerca das restrições à liberdade de pesquisa científica, percebe-se que, ao avaliar o art. 5.º, inciso IX, da CRFB, não há qualquer

---

166 MACHADO, Jónatas E. M. **Liberdade de expressão**: dimensões constitucionais da esfera pública no sistema social. Coimbra: Coimbra Ed., 2002. p. 712.

167 SARLET, Ingo Wolfgang. **A eficácia dos direitos fundamentais:** uma teoria geral dos direitos fundamentais na perspectiva constitucional. 12. ed. rev. atual. e ampl. Porto Alegre: Livraria do Advogado, 2015. p. 156.

168 CANOTILHO, José Joaquim Gomes; MOREIRA, Vital. **Constituição da República portuguesa anotada**. 3. ed. Coimbra: Coimbra Editora, 2007. pp. 320-321.

169 SARLET, Ingo Wolfgang. **A eficácia dos direitos fundamentais:** uma teoria geral dos direitos fundamentais na perspectiva constitucional. 12. ed. rev. atual. e ampl. Porto Alegre: Livraria do Advogado, 2015. p. 238.

proibição ou limitação referente a tal liberdade; ao contrário, o legislador constituinte fora explícito no sentido de que é livre a atividade científica, independentemente de censura e licença[170].

Sem adentrar minuciosamente ao tema, apenas a título de esclarecimentos iniciais, por censura, adotando-se um conceito amplo, entende-se como sendo o controle preventivo, seja judicial, legislativo ou administrativo, das liberdades expressionais, que acarreta a proibição da veiculação de um determinado conteúdo. E por licença, compreende-se como sendo uma forma do constituinte reforçar a proibição da censura, explicitando-se a inexigibilidade de autorização prévia para a difusão de ideias ou fatos. [171]

Não obstante, a previsão da vedação da censura pelo texto constituinte não atribui à liberdade de pesquisa científica, como a nenhuma outra manifestação da liberdade de expressão, o caráter de um direito fundamental absoluto[172]. Por conseguinte, as restrições à liberdade de expressão são em princípio justificáveis, quando se tem por finalidade precípua a promoção de outros valores e interesses constitucionais, sem desconsiderar a necessidade de observar o princípio da proporcionalidade na aplicação dessas restrições[173].

Parte-se do pressuposto que "[...] o homem não existe isoladamente, nem a sua liberdade é absoluta e que os indivíduos são responsáveis no campo político, econômico, social e cultural pela segurança, pela justiça e pelo progresso da comunidade"[174]. Deste modo, vislumbra-se que "[...] o modelo de liberdade de expressão desenhado na Constituição de 1988 é o da liberdade com responsabilidade"[175]. Assim sendo, a existência de interesses e direitos fundamentais contrapostos à liberdade de pesquisa

---

170 SARLET, Ingo Wolfgang. Direitos fundamentais em espécie. *In*: SARLET, Ingo Wolfgang; MARINONI, Luiz Guilherme; MITIDIERO, Daniel. **Curso de direito constitucional.** 6. ed. São Paulo: Saraiva, 2017. p. 540.

171 SARMENTO, Daniel. Comentário ao artigo 5º, IV. *In*: CANOTILHO, José Joaquim Gomes; MENDES, Gilmar Ferreira; SARLET, Ingo Wolfgang; *et al.* (Coord.). **Comentários à Constituição do Brasil**. São Paulo: Saraiva, 2018. pp. 409-410.

172 SARLET, Ingo Wolfgang. Direitos fundamentais em espécie. *In*: SARLET, Ingo Wolfgang; MARINONI, Luiz Guilherme; MITIDIERO, Daniel. **Curso de direito constitucional.** 6. ed. São Paulo: Saraiva, 2017. p. 541.

173 SARMENTO, Daniel. Comentário ao artigo 5º, IV. *In*: CANOTILHO, José Joaquim Gomes; MENDES, Gilmar Ferreira; SARLET, Ingo Wolfgang; *et al.* (Coord.). **Comentários à Constituição do Brasil**. São Paulo: Saraiva, 2018. p. 409.

174 ANDRADE, José Carlos Vieira. **Os direitos fundamentais na Constituição Portuguesa de 1976**. Coimbra: Almedina, 2004. p. 160.

175 SARMENTO, Daniel. Comentário ao artigo 5º, IV. *In*: CANOTILHO, José Joaquim Gomes; MENDES, Gilmar Ferreira; SARLET, Ingo Wolfgang; *et al.* (Coord.). **Comentários à Constituição do Brasil**. São Paulo: Saraiva, 2018. p. 409.

científica acabam por interferir e moldar o seu conteúdo. Destaca-se, contudo, que a intensidade dessa interferência, deverá ser sempre inferior as das faculdades jurídicas atribuídas ao titular do direito[176].

Ao tratar-se da liberdade de pesquisa científica, cabe dizer que essa responsabilidade é ainda mais acentuada por se considerar três fatores: (a.) O exercício da liberdade de pesquisa científica é condicionado pela utilização de padrões metodológicos e científicos; (b.) A nova feição da ciência moderna passa a impactar diretamente no funcionamento da sociedade, influenciando vários cenários, tais como o político, o econômico, o social, entre outros; e (c.) A ameaça que o desenvolvimento da atividade científica passa a oferecer a outros direitos fundamentais, em razão dos riscos proporcionados pela sociedade contemporânea.

Quanto ao primeiro fator, verifica-se que há uma exigência segundo a qual o titular do direito da liberdade de pesquisa científica inicie, em sua pesquisa, de certo estado da arte científica e a desenvolva de modo metodicamente orientado[177]. Não por outra razão, concebe-se que a titularidade do direito à liberdade de pesquisa científica é atribuída apenas aos indivíduos que possuem aptidão e competência para a execução da pesquisa científica[178], uma vez que o pesquisador possui uma responsabilidade perante a comunidade científica, devendo seguir métodos específicos a fim de que sua investigação seja verificada e validada por aquela, bem como pela sociedade em geral. Desse dever decorre, por exemplo, a proibição de o pesquisador exercer o plágio ou falsear resultados visando a interesses particulares, entre outros[179].

No tocante ao segundo e terceiro fatores, nota-se que eles estão correlacionados, visto que a nova feição da ciência moderna é uma das consequências da atual sociedade. Nesse sentido, a ciência, que antes era identificada apenas como conhecimento e liberdade intelectual, transforma-se em verdadeiras ações que interferem na dinâmica da sociedade, seja na esfera política, social ou econômica, apresentando,

---

176 ANDRADE, José Carlos Vieira. **Os direitos fundamentais na Constituição Portuguesa de 1976**. Coimbra: Almedina, 2004. pp. 165-ss.

177 MARTINS, Leonardo. **Tribunal Constitucional Federal alemão:** decisões anotadas sobre direitos fundamentais. Liberdade de consciência e crença; liberdades de expressão e de comunicação social; liberdade artística e científica. São Paulo: Fundação Konrad Adenauer, 2016. v. 2. p. 244.

178 SÁNCHEZ, Ismael Quiles. **Princípios básicos da liberdade de ensino**. Tradução: Braulio Sánchez Sàez. Rio de Janeiro: AEC do Brasil, 1957. p. 26.

179 MARQUES, Cláudia Lima. Comentário Título IV – Da ciência e tecnologia. *In*: CANOTILHO, José Joaquim Gomes; MENDES, Gilmar Ferreira; SARLET, Ingo Wolfgang; *et al.* (Coord.). **Comentários à Constituição do Brasil**. São Paulo: Saraiva, 2018. p. 2010.

por via consequencial, mais riscos aos direitos e interesses jurídicos contrapostos a ela[180].

Por conseguinte, sem aqui adentrar no tema, o qual oportunamente, no capítulo seguinte, será retomado, enaltece-se que, na sociedade contemporânea, as responsabilidades dos pesquisadores são ampliadas e intensificadas, em razão da aceleração do progresso tecnológico, o qual é cada vez mais ameaçador de valores e direitos fundamentais primordiais[181]. Não por outra razão, reconhece-se que essa "nova sociedade" é também uma sociedade dos riscos, sendo certo que a modernização avançada é acompanhada irremediavelmente da produção social de riscos[182]. Vale frisar, nessa linha, que tal sociedade é marcada essencialmente: (a.) pela velocidade, pois o estilo de vida dos indivíduos está em um ritmo mais acelerado quando comparado com épocas passadas; (b.) pela amplitude e profundidade, já que há uma gama de mudanças radicais ocorrendo simultaneamente; e (c.) pela transformação completa de sistemas inteiros, tais como o jurídico, o social e o econômico[183].

Assim sendo, tendo em vista os contornos e os riscos da sociedade tecnológica, a ocorrência do denominado *dual-use research* torna-se mais propício. Tal conduta consiste na utilização dos resultados de uma pesquisa em finalidade diversa da qual guiou a sua realização em primeiro lugar, de modo proposital ou não, acarretando lesões ao meio ambiente, à saúde pública ou a outros direitos fundamentais em dimensão individual ou transindividual[184].

Observa-se, pois, que o traço diferencial da sociedade contemporânea é lastreado a partir do processo incerto e acelerado das inovações, de modo que, por vezes, se torna impossível prospectar os perigos decorrentes dos processos tecnológicos[185]. Nesse aspecto, afirma-se que, atualmente, a atividade científica possui riscos maiores, tendo maior probabilidade em afetar interesses e direitos de terceiros. Dessa forma, aduz-se que, na sociedade moderna, a ciência, que geralmente limita-se ao plano teórico,

---

180 BAYERTZ, Kurt. Three arguments for scientific freedom. **Ethical theory and moral practice**, Springer: New York. v. 9, n. 4, p. 377-398, 2006. p. 391.

181 RODOTÀ, Stefano. **A vida na sociedade de vigilância**: a privacidade hoje. Rio de Janeiro: Renovar, 2008. p. 41.

182 BECK, Ulrich. **La sociedad del riesgo**: hacia una nueva modernidad. Barcelona: Paidós, 2002. p. 25.

183 SCHWAB, Klaus. **A quarta revolução industrial**. Tradução: Daniel Moreira Miranda. São Paulo: Edipro, 2016. p. 42.

184 ETHIKRAT, Deutscher. Biosecurity.**Freedom and Responsibility of Research**. Translation: Charles Warcup. Berlin: German Ethics Council, 2014. Disponível em: ethikrat.org/fileadmin/Publikationen/Stellungnahmen/englisch/opinion-biosecurity.pdf. Acesso em: 20 out. 2017.

185 BECK, Ulrich. **La sociedad del riesgo**: hacia una nueva modernidad. Barcelona: Paidós, 2002. p. 237.

transmuda-se em ação e passa a modificar o plano prático[186], conforme o frisado por Hans Jonas: o *homo sapiens* se converte como meio para o *homo faber*[187].

Sobre o tema, ressalta-se o entendimento explicitado no voto do Min. Gilmar Mendes no bojo da ADI 3510/DF, na qual se considerou que o princípio da responsabilidade não deve ser concebido como um obstáculo ou retrocesso ao progresso científico. Ao contrário, deve este ser interpretado como sendo uma exigência de se pensar uma nova ética para o agir humano, tendo por pano de fundo os novos contornos da sociedade tecnológica[188].

Nesse aspecto, é incontroverso que o exercício da liberdade de pesquisa científica impacta em outros direitos fundamentais, ora do próprio titular, ora de terceiros, seja em termos de convergência ou concorrência, seja em termos de tensões ou colisões[189]. Assim sendo, tendo por base o exposto, a despeito de o constituinte ter garantido plenamente o direito à liberdade de pesquisa científica, vedando expressamente a censura, em razão do seu caráter de não absoluto – como nenhum direito fundamental o é –, bem como, em virtude do princípio da responsabilidade que norteia o seu exercício, resta incontroverso que a referida liberdade poderá ser limitada por deveres e direitos fundamentais, decorrentes imediatamente da Constituição[190].

---

186 BAYERTZ, Kurt. Three arguments for scientific freedom. **Ethical theory and moral practice**, Springer: New York. v. 9, n. 4, p. 377-398, 2006. p. 393-394.

187 JONAS, Hans. **O princípio responsabilidade**: ensaio de uma ética para a civilização tecnológica. Tradução: Marijane Lisboa e Luiz Barros Montez. Rio de janeiro: Contraponto, 2006. p. 43.

188 BRASIL. Supremo Tribunal Federal (Tribunal Pleno). ADI n.º 3510/DF. Constitucional. Ação direta de inconstitucionalidade. Lei de biossegurança. Impugnação em bloco do art. 5. da lei nº 11.105, de 24 de março de 2005 (lei de biossegurança). Pesquisas com células-tronco embrionárias. Inexistência de violação do direito à vida. Constitucionalidade do uso de células-tronco embrionárias em pesquisas científicas para fins terapêuticos. Descaracterização do aborto. Normas constitucionais conformadoras do direito fundamental a uma vida digna, que passa pelo direito à saúde e ao planejamento familiar. Descabimento de utilização da técnica de interpretação conforme para aditar à lei de biossegurança controles desnecessários que implicam restrições às pesquisas e terapias por ela visadas. Improcedência total da ação. Requerente: Procurador-Geral da República. Requeridos: Presidente da República. Congresso Nacional. Relator: Min. Ayres Britto, 25 de maio de 2005. p. 602. Disponível em: <http://redir.stf.jus.br/paginadorpub/paginador.jsp?docTP=AC&docID=611723>. Acesso em: 19 ago. 2018.

189 SARLET, Ingo Wolfgang; PETTERLE, Selma Rodrigues. Liberdade de pesquisa como direito humano e fundamental e seus limites: a pesquisa com seres humanos e os parâmetros protetivos estabelecidos pelo direito internacional e sua recepção no Brasil. **EJJL – EspaçoJurídico: Journal of Law**. Chapecó. v. 15, n. 1, p. 13-38, jan.-jun. 2014. p. 19.

190 MARTINS, Leonardo; SCHLINK, Bernhard. **Bioética à luz da liberdade científica**: estudo de caso baseado na decisão do STF sobre a constitucionalidade da Lei de Biossegurança e no direito comparado alemão. São Paulo: Atlas, 2014. p. 114.

Tem-se que os direitos fundamentais são passíveis de restrições e que essas podem ser compreendidas como atuações normativas do Poder Público que "[...] suprimem, impedem, diminuem ou dificultem o acesso dos titulares ao bem jusfundamentalmente protegido"[191]. À vista disto, no tocante às espécies de limitações dos direitos fundamentais, há um consenso doutrinário de que esses direitos podem ser restringidos tanto por expressa disposição constitucional como por meio de norma legal promulgada com fundamento na Constituição, além de haver uma terceira possibilidade: a de se estabelecer restrições por força de colisões com outros direitos fundamentais, mesmo inexistindo limitação ou autorização expressa[192].

Com base nisso, relativamente à liberdade de pesquisa científica, vislumbra-se que há outras normas dispostas no texto constituinte que representam limites ao seu exercício. É o que ocorre no comando normativo inserido no art. 5.º, inciso IV, da CRFB, o qual veda o anonimato. Destacando-se que, a despeito de a vedação do anonimato encontrar-se associada à livre manifestação do pensamento, ela é aplicável às liberdades de expressão em geral, incluindo a liberdade de pesquisa científica[193].

Reforça-se que o pesquisador possui uma responsabilidade em face da sociedade, de modo que, para que ele possa ser avaliado por seus pares quanto à qualidade e integridade científica do seu trabalho, e eventualmente responsabilizado por algum resultado prático danoso decorrente da sua pesquisa, faz-se imprescindível que o seu nome esteja vinculado a ela[194]. Com efeito, a proibição do anonimato destina-se a viabilizar a responsabilização do indivíduo por alguma manifestação do pensamento que tenha sido abusiva ou ilegítima e causado danos a terceiros[195]. Por essa razão, a vedação ao anonimato está diretamente ligada à limitação disposta no inciso V do art. 5.º da CRFB, o qual assegura o direito de

191 NOVAIS, Jorge Reis. **As restrições aos direitos fundamentais não expressamente autorizadas pela Constituição.** Coimbra: Coimbra Editora, 2003. p. 227.

192 SARLET, Ingo Wolfgang. **A eficácia dos direitos fundamentais:** uma teoria geral dos direitos fundamentais na perspectiva constitucional. 12. ed. rev. atual. e ampl. Porto Alegre: Livraria do Advogado, 2015. p. 410.

193 SARLET, Ingo Wolfgang. Direitos fundamentais em espécie. *In*: SARLET, Ingo Wolfgang; MARINONI, Luiz Guilherme; MITIDIERO, Daniel. **Curso de direito constitucional.** 6. ed. São Paulo: Saraiva, 2017. p. 542.

194 DSALL, John T. **Scientific freedom and responsibility.** A Report of the AAAS Committee on Scientific Freedom and Responsibility. Washington, D. C.: American Association for the Advancement of Science, 1975. p. 19. Disponível em: <aaas.org/sites/default/files/SRHRL/PDF/1975-ScientificFreedomResponsibility.pdf>. Acesso em: 20 ago. 2018.

195 SARMENTO, Daniel. Comentário ao artigo 5º, IV. *In*: CANOTILHO, José Joaquim Gomes; MENDES, Gilmar Ferreira; SARLET, Ingo Wolfgang; *et al.* (Coord.). **Comentários à Constituição do Brasil.** São Paulo: Saraiva, 2018. p. 283.

resposta, proporcional ao agravo, sem prejuízo à indenização por dano material ou moral à imagem.

O direito de resposta juntamente com a possibilidade de indenização por dano material ou moral operam como um limite à liberdade de pesquisa científica, embora de modo algum impeça o seu exercício. Nesse ponto, impende explicitar que a referida indenização não pode levar à inviabilidade do exercício das liberdades de expressão de um modo geral, nem mesmo de inibi-las, devendo-se respeitar os critérios da proporcionalidade e da razoabilidade[196].

Tem-se que a própria responsabilidade do pesquisador perante a sociedade e, principalmente, frente à comunidade científica, decorre essencialmente, mas não só, de outro limite inserido no inciso XIII do art. 5.º da CRFB, o qual assegura que "é livre o exercício de qualquer trabalho, ofício ou profissão, atendidas as qualificações profissionais". Exemplificativamente, no tocante à liberdade de pesquisa científica, a exigência em contratar pesquisador de reconhecida competência em sua área, prevista no § 7.º do art. 2.º da Lei n.º 8.745/1993, já mencionado anteriormente, é uma limitação dessa espécie. Na mesma linha, a exigência de ser aprovado em concurso público ou em processo seletivo para tornar-se pesquisador público, nos termos do CNCTI, também pode ser considerada uma limitação desse caráter.

Para além desses limites, concebe-se que os objetivos a serem perseguidos pelo Estado no âmbito da sua política científica, tecnológica e de inovação também funcionam como limites à liberdade de pesquisa científica[197]. Por conseguinte, pela leitura dos §§ 1.º e 2.º do art. 218 da CRFB, observa-se que o incentivo à pesquisa é baseado "tendo em vista o bem público, e o progresso da ciência, tecnologia e inovação", ao passo que a pesquisa tecnológica "voltar-se-á preponderantemente para a solução dos problemas brasileiros e para o desenvolvimento do sistema produtivo nacional e regional".

No entanto, como já enaltecido, tais objetivos não podem representar o tolhimento da liberdade do pesquisador, ou seja, a despeito de o ente público ter outros objetivos para resguardar, ele deve sempre

---

196 SARLET, Ingo Wolfgang. **A eficácia dos direitos fundamentais:** uma teoria geral dos direitos fundamentais na perspectiva constitucional. 12. ed. rev. atual. e ampl. Porto Alegre: Livraria do Advogado, 2015. p. 545.

197 MARQUES, Cláudia Lima. Comentário Título IV – Da ciência e tecnologia. *In*: CANOTILHO, José Joaquim Gomes; MENDES, Gilmar Ferreira; SARLET, Ingo Wolfgang; *et al.* (Coord.). **Comentários à Constituição do Brasil**. São Paulo: Saraiva, 2018. p. 2094.

viabilizar e fomentar a manutenção da ciência livre, adotando as providências necessárias para que o direito à liberdade de pesquisa científica permaneça tão intangível quanto possível, considerando-se suas outras tarefas constitucionalmente previstas e os direitos fundamentais dos vários partícipes da pesquisa[198].

Atenta-se que a liberdade de pesquisa científica é um direito fundamental sem reserva legal. Disso traduz-se que o legislador constituinte não estabeleceu expressamente nenhuma autorização ao legislador infraconstitucional de intervenção no âmbito de proteção da referida liberdade[199], de forma que, para além das limitações dispostas acima, derivadas diretamente da Constituição, só se faz possível restringir a liberdade de pesquisa científica por força das possíveis colisões com outros direitos fundamentais.

Destarte, sem pretensão de exaurir o tema, tendo em vista a pluralidade de bens juridicamente e constitucionalmente protegidos, destaca-se que há diversas possibilidades de colisões entre a liberdade de pesquisa científica com outros direitos fundamentais. Para a presente análise foram eleitos os bens-jurídicos fundamentais que com maior frequência o Estado atua no seu dever de proteção[200], quais sejam, a saúde, o meio ambiente, a igualdade e, em razão dos novos riscos da sociedade contemporânea, optou-se também por tratar da possível colisão com o direito à proteção de dados pessoais.

Iniciando-se com o direito à proteção de dados pessoais, note-se que, no contexto da pesquisa científica, os problemas surgem quando é necessário, para o seu desenvolvimento, o recolhimento de dados pessoais, sendo um grande desafio utilizar esses dados para fins científicos sem violar a privacidade dos indivíduos que fornecem tais informações. A imprescindibilidade da proteção dos dados pessoais se torna ainda mais significativa quando as investigações científicas são desenvolvidas tendo por aporte os denominados dados sensíveis[201]. Ressalta-se que os dados

198 MARTINS, Leonardo. **Tribunal Constitucional Federal alemão:** decisões anotadas sobre direitos fundamentais. Liberdade de consciência e crença; liberdades de expressão e de comunicação social; liberdade artística e científica. São Paulo: Fundação Konrad Adenauer, 2016. v. 2. p. 250.

199 SARLET, Ingo Wolfgang. **A eficácia dos direitos fundamentais:** uma teoria geral dos direitos fundamentais na perspectiva constitucional. 12. ed. rev. atual. e ampl. Porto Alegre: Livraria do Advogado, 2015. p. 410.

200 SARLET, Ingo Wolfgang. **A eficácia dos direitos fundamentais:** uma teoria geral dos direitos fundamentais na perspectiva constitucional. 12. ed. rev. atual. e ampl. Porto Alegre: Livraria do Advogado, 2015. p. 198.

201 STILES, Paul G.; PETRILA, John. Research and confidentiality: Legal issues and risk management strategies. **Psychology, Public Policy, and Law**. [*S.l.*], v. 17, n. 3, p. 333-356, 2011. p. 333-339. Disponível

sensíveis são dotados de uma especial sensibilidade -por envolverem aspectos de origem racial, étnica, opiniões políticas, convicções religiosas ou filosóficas, saúde, dentre outros – que, de algum modo, podem levar a algum tipo de discriminação do indivíduo[202].

Ao analisar a legislação brasileira, percebe-se que, ao tratar-se da relação entre liberdade de pesquisa científica e a proteção de dados pessoais, há uma predileção para se restringir o direito à proteção de dados em prol do desenvolvimento da pesquisa científica, principalmente caso a pesquisa seja voltada para a área da saúde. Sobre o tema, em ordem cronológica, tem-se a Lei de Acesso à Informação (Lei n.º 12.527/2011), que no art. 31 versa sobre o tratamento de informações pessoais, no qual fora ressaltado a necessidade de se respeitar a vida privada, honra e imagem das pessoas, bem como, indicando, no § 1º, inciso II, do mesmo dispositivo, que o acesso por terceiros aos dados pessoais deverá ser precedido por autorização legal ou consentimento expresso das pessoas a quem eles se referirem. Nada obstante, no § 3.º, inciso II, do mesmo artigo, excepciona-se a regra do consentimento expresso para o tratamento de dados pessoais, nos casos de pesquisas científicas de evidente interesse público ou geral, sendo que as hipóteses de interesse público ou geral devem constar em legislação, sendo, contudo, vedada a identificação da pessoa a que as informações se referirem.

A recente Lei de Proteção de Dados Pessoais (Lei n.º 13. 709/2018), de modo semelhante à Lei de Acesso à Informação, possibilita o tratamento de dados pessoais nas hipóteses de "realização de estudos por órgão de pesquisa, garantida, sempre que possível, a anonimização dos dados pessoais" (art. 7.º, inciso IV). Mais à frente, ela autoriza expressamente a utilização de dados sensíveis sem o consentimento de seu titular para a realização de estudos por órgão de pesquisa, desde que esteja garantida, sempre que possível, a anonimização dos dados (art. 11, inciso II, alínea "c").

Denota-se que não é destituída de críticas a aludida legislação, uma vez que fora demasiadamente benéfica à liberdade de pesquisa científica em comparação com a Lei de Acesso à Informação, pois permite a utilização de dados pessoais independentemente do consentimento do indivíduo

em: <ec.europa.eu/research/participants/data/ref/fp7/89888/ethics-for-researchers_en.pdf>. Acesso em: 20 ago. 2018.

202 SARLET, Ingo Wolfgang. Direitos fundamentais em espécie. *In*: SARLET, Ingo Wolfgang; MARINONI, Luiz Guilherme; MITIDIERO, Daniel. **Curso de direito constitucional.** 6. ed. São Paulo: Saraiva, 2017. p. 446.

para o desenvolvimento de qualquer tipo de pesquisa, não exigindo que seja uma pesquisa de interesse público ou geral, além de prescindir de legislação que determine as hipóteses de interesse público e geral.

Sob outra perspectiva, é importante esclarecer que a desnecessidade do consentimento expresso, por parte do titular dos dados para a sua utilização em pesquisas científicas, não é o mesmo que a desnecessidade de informação. Nesse ritmo, salienta-se que o consentimento, nos termos ao art. 5.º, inciso XII, da Lei de Proteção de Dados Pessoais, consiste na "manifestação livre, informada e inequívoca pela qual o titular concorda com o tratamento de seus dados pessoais para uma finalidade determinada". Assim sendo, o consentimento informado é composto por três elementos: (a.) informação adequada; (b.) voluntariedade, e;(c.) competência, ressaltando-se, ainda, que a informação adequada é aquela que informa aos indivíduos os objetivos da pesquisa, possíveis eventos adversos e a possibilidade de eles se recusarem ou se retirarem da pesquisa[203].

A partir disso se traduz que, nos termos da Lei de Proteção de Dados Pessoais, não se faz cogente o consentimento do indivíduo para que ocorra o desenvolvimento de pesquisas científicas. Todavia, é indispensável que o indivíduo seja informado que os seus dados serão utilizados para fins científicos. Salienta-se que, dentre as posições jurídicas protegidas pelo direito fundamental à proteção de dados pessoais, está o direito do seu titular de ter conhecimento acerca da finalidade da coleta e da eventual utilização dos seus dados[204]. Não por outra razão, a Lei de Proteção de Dados Pessoais, no seu art. 18, inciso VIII, dispõe que o titular dos dados pessoais tem o direito de ser informado sobre a possibilidade de não fornecer o consentimento e sobre as consequências de sua negativa.

Note-se que um dos mecanismos adotados pelo legislador infraconstitucional em limitar a restrição ao direito à proteção de dados pessoais em matéria de pesquisa científica foi o de determinar a imprescindibilidade, sempre que possível, da anonimização dos dados. Conforme a Lei de Proteção de Dados Pessoais, a anonimização consiste na "utilização de meios técnicos razoáveis e disponíveis no momento do tratamento, por meio dos quais um dado perde a possibilidade de associação, direta

203 STILES, Paul G.; PETRILA, John. Research and confidentiality: Legal issues and risk management strategies. **Psychology, Public Policy, and Law**. [*S.l.*], v. 17, n. 3, p. 333-356, 2011. p. 333-339. Disponível em: <ec.europa.eu/research/participants/data/ref/fp7/89888/ethics-for-researchers_en.pdf>. Acesso em: 20 ago. 2018.

204 SARLET, Ingo Wolfgang. Direitos fundamentais em espécie. *In*: SARLET, Ingo Wolfgang; MARINONI, Luiz Guilherme; MITIDIERO, Daniel. **Curso de direito constitucional**. 6. ed. São Paulo: Saraiva, 2017. p. 469.

ou indireta, a um indivíduo" (art. 5.º, inciso XI). Tal procedimento vislumbra resguardar uma das posições jurídicas primordiais protegidas pelo direito à proteção de dados pessoais, qual seja, o direito que o seu titular possui de que seus dados não sejam conhecidos, utilizados ou difundidos pelo Estado ou por terceiros, incluindo o direito ao sigilo quanto a esses dados[205], sendo certo que a identificação do titular dos dados pessoais oportuniza a utilização deles para além da finalidade para qual foi permitida, podendo ser essa permissão por força de lei, como ocorre nas pesquisas científicas, ou por força do consentimento expresso do indivíduo.

Afora isso, sublinha-se que a anonimização desses dados é de relevante importância não só para a proteção do direito fundamental à proteção de dados pessoais, como também para o próprio desenvolvimento da pesquisa científica. Assegurando-se a confidencialidade dos dados, os participantes da pesquisa estão mais propensos a fornecer suas informações pessoais, pois terão a confiança de que não sofrerão nenhum tipo de dano decorrente da divulgação dessas informações[206]. Em termos de pesquisas que envolvem coleta de dados por meio de entrevistas, a garantia do anonimato do participante é ainda mais relevante, uma vez que consiste em uma forma de assegurar a veracidade das respostas dos entrevistados, que não sentem receio em participar da pesquisa, já que estão cientes de que a sua privacidade estará protegida[207].

Quando se refere à pesquisa em saúde pública, a lei é ainda mais favorável à liberdade de pesquisa científica, facultando aos órgãos de pesquisa o acesso a quaisquer bases de dados disponíveis, desde que os dados sejam tratados exclusivamente dentro do órgão ao qual a base de dados pertence, em um ambiente controlado e seguro, com a estrita finalidade de realização de estudos e pesquisas em matéria de saúde (art. 13). O art. 13 também ressalta a necessidade da anonimização dos dados pessoais, mas, ao mesmo tempo, a flexibiliza, trazendo a figura

---

205 SARLET, Ingo Wolfgang. Direitos fundamentais em espécie. *In*: SARLET, Ingo Wolfgang; MARINONI, Luiz Guilherme; MITIDIERO, Daniel. **Curso de direito constitucional**. 6. ed. São Paulo: Saraiva, 2017. p. 469.

206 STILES, Paul G.; PETRILA, John. Research and confidentiality: Legal issues and risk management strategies. **Psychology, Public Policy, and Law**. [*S.l.*], v. 17, n. 3, pp. 333-356, 2011. pp. 333-339. Disponível em: <ec.europa.eu/research/participants/data/ref/fp7/89888/ethics-for-researchers_en.pdf>. Acesso em: 20 ago. 2018.

207 DSALL, John T. **Scientific freedom and responsibility**. A Report of the AAAS Committee on Scientific Freedom and Responsibility. Washington, D. C.: American Association for the Advancement of Science, 1975. p. 33. Disponível em: <aaas.org/sites/default/files/SRHRL/PDF/1975-ScientificFreedomResponsibility.pdf>. Acesso em: 20 ago. 2018.

da pseudonimização, que se traduz na situação em que o dado perde a possibilidade de ser identificado. No entanto, pode este se tornar identificável caso seja associado a uma informação adicional do indivíduo, mantida separadamente pelo órgão controlador do dado; no caso específico, pelo órgão de pesquisa (art. 13, § 4.º). O mesmo dispositivo, no seu § 2.º, além disso, enaltece a responsabilidade dos órgãos de pesquisa no tocante a segurança das informações pessoais, não sendo permitida, em circunstância alguma, a transferência dos dados a terceiros.

No que concerne à relação entre a liberdade de pesquisa científica e direito à saúde, sublinha-se que somente as pesquisas de risco mais elevado, ou seja, que representam riscos a outros direitos fundamentais, como a vida, integridade física e a saúde, que se exige a intervenção estatal reforçada por meio de normas de organização e procedimento[208]. Por conseguinte, as pesquisas envolvendo seres humanos são as que potencialmente representam maior risco aos citados bens jurídicos fundamentais[209]. Sobre o tema, atenta-se que no § 4.º do art. 199, da CRFB resta consignado que a lei deverá dispor sobre as condições e os requisitos que facilitem a remoção de órgãos, tecidos e substâncias humanas para fins de pesquisa.

Apesar da preocupação do legislador constituinte acerca do tema, até o presente momento não há legislação que regulamente as pesquisas em seres humanos, sendo a temática atualmente regulamentada por resoluções do Conselho Nacional de Saúde[210], destacando-se a Resolução n.º 466/2012 que atualiza a Resolução n.º 196/1996, versando sobre pesquisas em seres humanos; a Resolução n.º 580/2018, que regulamenta o item XIII.4 da Resolução n.º 466; bem como a Resolução n.º 510/2016, que regula as pesquisas em Ciências Humanas e Sociais que envolvam

---

208 PETTERLE, Selma Rodrigues. **Liberdade de pesquisar, pesquisas clínicas e outras pesquisas científicas de risco envolvendo seres humanos**: uma proposta de reformulação do atual sistema de controle implementado pelo Conselho Nacional de Saúde, à luz da Constituição Brasileira. Orientador: Ingo Wolfgang Sarlet 2012. Tese (Doutorado em Direito) – Pontifícia Universidade Católica do Rio Grande do Sul, Porto Alegre, 2012. p. 169.

209 DSALL, John T. **Scientific freedom and responsibility**. A Report of the AAAS Committee on Scientific Freedom and Responsibility. Washington, D. C.: American Association for the Advancement of Science, 1975. p. 23. Disponível em: <aaas.org/sites/default/files/SRHRL/PDF/1975-ScientificFreedomResponsibility.pdf>. Acesso em: 20 ago. 2018.

210 PETTERLE, Selma Rodrigues. **Liberdade de pesquisar, pesquisas clínicas e outras pesquisas científicas de risco envolvendo seres humanos**: uma proposta de reformulação do atual sistema de controle implementado pelo Conselho Nacional de Saúde, à luz da Constituição Brasileira. Orientador: Ingo Wolfgang Sarlet 2012. Tese (Doutorado em Direito) – Pontifícia Universidade Católica do Rio Grande do Sul, Porto Alegre, 2012. p. 169.

informações identificáveis de seres humanos e a utilização de dados diretamente obtidos com os participantes.

Apenas a título de breves notas, salientam-se alguns aspectos da Resolução n.º 466/2012 que se corporificam em restrições à liberdade de pesquisa científica. De acordo com a Resolução, as pesquisas envolvendo seres humanos deverão estar fundamentadas em fatos científicos, experimentação prévia e pressupostos adequados à área específica da pesquisa. A pesquisa em seres humanos é, para além disso, dotada de um caráter de subsidiariedade, visto que é apenas realizada quando o conhecimento que se pretende obter não possa ser obtido por outro meio. A imprescindibilidade do consentimento livre e esclarecido, além da garantia da privacidade dos participantes, são aspectos sublinhados pela Resolução, bem como a confidencialidade dos dados.

Na Resolução n.º 580/2018, merecem realce algumas disposições; exemplificativamente, a inserida no art. 6.º, a qual dispõe que a pesquisa realizada em instituição integrante do SUS não deverá interferir no regular funcionamento do serviço de saúde, exceto quando justificada a necessidade e devidamente autorizada pelo dirigente da instituição. Realça-se, também, o disposto no art. 9.º da Resolução, que direciona ao pesquisador o dever de divulgar os resultados da sua pesquisa para os participantes e instituições onde os dados foram coletados, ao término do estudo.

A Resolução n.º 510/2016, direcionada às pesquisas nas Ciências Humanas e Sociais, contempla, no seu art. 3.º, os princípios éticos que norteiam as aludidas pesquisas. Dentre eles, frisa-se a liberdade científica (inciso I); a necessidade do consentimento livre e esclarecido dos participantes (inciso VI); a garantia da confidencialidade das informações e da privacidade dos participantes (inciso VII); o dever dos pesquisadores em não utilizar as informações obtidas na pesquisa em prejuízo dos seus participantes (inciso VIII).

Em termos de legislação, tramita no Congresso Nacional o Projeto de Lei (PL) n.º 7.082/2017, originado no Senado Federal, que versa sobre pesquisas clínicas em seres humanos e institui o Sistema Nacional de Ética em Pesquisa Clínica com Seres Humanos. Dentre as disposições do citado PL, chama-se a atenção ao inserido no art. 3.º, inciso I, que contempla expressamente que os direitos à dignidade, à segurança e ao bem-estar do participante da pesquisa prevalece em face dos interesses desta. No art. 12, há a previsão das responsabilidades do Comitê de Ética em Pesquisa (CEP), entre elas há, além do dever de observar os direitos à segurança e ao bem-estar dos participantes da pesquisa (inciso I), também a indispensabilidade de que se leve em consideração as qualificações do investigador para a pesquisa proposta, como o currículo acadêmico e profissional, e os documentos solicitados pelo colegiado (inciso II).

Pelo exposto, repara-se que há uma urgência em se elaborar uma legislação robusta e adequada sobre pesquisas científicas em matéria de saúde, que viabilize a harmonização da liberdade de pesquisa com a saúde pública, sendo certo que o estabelecimento de procedimentos inadequados e desproporcionais nessa seara acaba obstaculizando "[...] a ampliação de conhecimentos científicos que são essenciais para que uma pessoa receba adequado tratamento de saúde"[211].

Quanto à relação da liberdade de pesquisa científica e o meio ambiente, evidencia-se que a complexidade da ciência encontra na ambiência social um campo fértil para a produção de riscos, surgindo os denominados novos riscos ambientais[212]. Destarte, analisando-se o art. 225 da CRFB, vislumbra-se a preocupação do constituinte em proteger o meio ambiente desses eventuais riscos, como se pode inferir do comando normativo inserido no § 1.º, inciso V do art. 225 da CRFB, o qual direciona ao Estado o dever de controlar a produção, a comercialização e o emprego de técnicas, métodos e substâncias que comportem risco para a vida e qualidade do meio ambiente, incluindo as técnicas, métodos e substâncias utilizadas no âmbito do desenvolvimento de pesquisas científicas. Para além disso, consoante o comando normativo do § 1.º, inciso II, também do art. 225 da CRFB, concebe-se que o Estado, para assegurar a efetividade da defesa do meio ambiente, deve "preservar a diversidade e a integridade do patrimônio genético do País e fiscalizar as entidades dedicadas à pesquisa e manipulação de material genético". Nesse ponto, visando cumprir com o aludido dever constitucional, fora promulgada a Lei de Biossegurança (Lei n.º 11.105/2005), que estabelece normas de segurança e mecanismos de fiscalização sobre o manuseio de organismos geneticamente modificados.

---

211 PETTERLE, Selma Rodrigues. **Liberdade de pesquisar, pesquisas clínicas e outras pesquisas científicas de risco envolvendo seres humanos**: uma proposta de reformulação do atual sistema de controle implementado pelo Conselho Nacional de Saúde, à luz da Constituição Brasileira. Orientador: Ingo Wolfgang Sarlet 2012. Tese (Doutorado em Direito) – Pontifícia Universidade Católica do Rio Grande do Sul, Porto Alegre, 2012. p. 168.

212 MOLINARO, Carlos Alberto. Pensando a Intervenção regulatória do sistema jurídico nas fases iniciais dos sistemas tecnológicos em um Estado Socioambiental e Democrático de direito. *In*: **Direito Público sem fronteiras**. Instituto de Ciências Jurídico-Políticas. Porto Alegre: PUCRS/FDUL, pp. 65-89, 2010. pp. 75-76.

Sobre a pesquisa envolvendo organismos geneticamente modificados, a aludida legislação estabeleceu algumas restrições, dispondo no seu art. 5. que é permitida, para fins de pesquisa e terapia, a utilização de "células-tronco embrionárias obtidas de embriões humanos produzidos por fertilização *in vitro*", desde que observadas algumas condições, quais sejam: (a.) sejam os embriões inviáveis ou congelados há três anos ou mais, contados a partir da data de publicação da Lei ou a partir da data do congelamento; (b.) o necessário consentimento dos genitores; (c.) a submissão do projeto de pesquisa ou terapia à apreciação e aprovação dos Comitês de Ética em Pesquisa das respectivas instituições; e (d.) vedando-se expressamente a comercialização de material biológico.

Há que se tratar ainda de possíveis colisões com a liberdade de pesquisa científica com o direito à igualdade e a dignidade humana, tendo por certo que há pesquisas que podem ser dotadas de um viés racista, sexista, homofóbico, entre outras formas de discriminação[213]. Reforça-se que os novos contornos da ciência moderna, a qual se transforma em um verdadeiro conjunto complexo de ações que impacta diretamente no contexto social, alargando a sua essência de ser apenas a produção de conhecimento, de modo que os cientistas precisam ter consciência e responsabilidade sobre os efeitos políticos, sociais e econômicos da sua investigação[214]. Acerca do tema, menciona-se o julgamento do caso Ellwanger (*HC* 82.424/RS)[215], de grande repercussão na jurisprudência brasileira, no qual o STF decidiu que a proteção da igualdade e da dignidade humana prevalece em face da liberdade de expressão[216]. Na ementa do julgado consta que é vedada a escrita, a divulgação, a edição e a comercialização de livros fazendo apologia de ideias preconceituosas e discriminatórias, tendo em vista que constitui crime inafiançável e imprescritível, nos termos do art. 5.º, inciso XLII, da CRFB, além de ir contra os valores protegidos pelo Estado Democrático de Direito.

---

213 SARMENTO, Daniel. Comentário ao artigo 5º, IV. *In*: CANOTILHO, José Joaquim Gomes; MENDES, Gilmar Ferreira; SARLET, Ingo Wolfgang; *et al.* (Coord.). **Comentários à Constituição do Brasil**. São Paulo: Saraiva, 2018. p. 287.

214 DSALL, John T. **Scientific freedom and responsibility**. A Report of the AAAS Committee on Scientific Freedom and Responsibility. Washington, D. C.: American Association for the Advancement of Science, 1975. p. 15. Disponível em: aaas.org/sites/default/files/SRHRL/PDF/1975-ScientificFreedomResponsibility.pdf. Acesso em: 20 ago. 2018.

215 O caso envolve a condenação, pelo STF, do editor Siegfried Ellwanger por racismo contra judeus, em razão da edição de um livro de conteúdo antissemita.

216 SARMENTO, Daniel. Comentário ao artigo 5º, IV. *In*: CANOTILHO, José Joaquim Gomes; MENDES, Gilmar Ferreira; SARLET, Ingo Wolfgang; *et al.* (Coord.). **Comentários à Constituição do Brasil**. São Paulo: Saraiva, 2018. p. 287.

Especificamente no que toca a liberdade de pesquisa científica, é importante considerar que é utópico defender que se possa controlar ou proibir investigações e a própria escrita de conteúdos discriminatórios. A seu turno, é viável e extremamente legítimo vedar o financiamento e apoio a pesquisas discriminatórias, bem como a divulgação dessas pesquisas, sempre em observância ao princípio da proporcionalidade. Pensar em controlar a escrita ou o processo intelectual do pesquisador é algo que notoriamente ficará apenas em plano abstrato. Mostra-se cabível e executável no plano concreto, por exemplo, recomendações normativas sobre o tema quanto à imprescindibilidade do respeito à honra, igualdade e dignidade da pessoa humana no âmbito das investigações científicas, sob pena de responsabilização.

Frisa-se que cada vez mais a liberdade de expressão, comunicação e pesquisa estão sob a vigilância do politicamente correto[217], prejudicando o dinamismo da esfera comunicativa[218]. Sublinha-se, ainda assim, que a garantia da liberdade de pesquisa científica tem proporcionado desafios e rompimentos com crenças antigas amplamente aceitas[219], ou seja, é a partir do diálogo, do contraponto de posicionamentos políticos, ideológicos e sociais que se constrói uma sociedade livre e plural, sem se desconsiderar os valores e bens jurídicos fundamentais[220].

Em face disso, percebe-se que as restrições ao direito à liberdade de pesquisa científica podem ser das mais variadas espécies, e, longe de esgotar o tema, estando aqui inseridas brevemente apenas possíveis restrições que o referido direito possa vir a sofrer. Deste modo, enfatiza-se que eventuais limites à liberdade de pesquisa científica devem ser sempre em casos extremos, e após uma detida ponderação dos interesses contrapostos[221], sob pena de esvaziar tantos outros direitos fundamentais, como a liberdade de expressão, a manifestação do pensamento, a educação etc.

---

217 SARLET, Ingo Wolfgang; MOLINARO, Carlos Alberto. Liberdade de expressão! Superando os limites do "politicamente (in)correto". **Revista da AJURIS**. Porto Alegre, v. 39, n. 126, pp. 39-62, jun. 2012. p. 50.

218 SARMENTO, Daniel. Comentário ao artigo 5º, IV. *In*: CANOTILHO, José Joaquim Gomes; MENDES, Gilmar Ferreira; SARLET, Ingo Wolfgang; *et al.* (Coord.). **Comentários à Constituição do Brasil**. São Paulo: Saraiva, 2018. p. 287.

219 KITCHER, Philip. An argument about free inquiry. **Noûs.** [*S.l.*], v. 31, n. 3, pp. 279-306, 1997. p. 289.

220 RESCHER, Nicholas; GONZÁLEZ, Wenceslao J. Razón y valores en la era científico-tecnológica. Barcelona: Paidós, 1999. pp. 160-162.

221 SARMENTO, Daniel. Comentário ao artigo 5º, IV. *In*: CANOTILHO, José Joaquim Gomes; MENDES, Gilmar Ferreira; SARLET, Ingo Wolfgang; *et al.* (Coord.). **Comentários à Constituição do Brasil**. São Paulo: Saraiva, 2018. p. 287.

Para tanto, é indispensável que se tenha por aporte a teoria dos limites às restrições dos direitos fundamentais, a qual parte do pressuposto que "[...] eventuais limitações dos direitos fundamentais somente serão tidas como justificadas se guardarem compatibilidade formal e material com a Constituição", possuindo, dentre os critérios de controle dessa compatibilidade, os princípios da proporcionalidade e razoabilidade, bem como a garantia do núcleo essencial[222].

Assim sendo, verifica-se que em relação à liberdade de pesquisa científica, como mecanismo de limitar suas possíveis restrições, é indispensável que haja um procedimento adequado, com o diálogo entre os pesquisadores e os demais membros da sociedade que possam vir a ter seus direitos ou interesses violados pela atividade científica, ao mesmo tempo em que é necessária uma posição mais ativa da comunidade científica[223] no contexto político, jurídico, e social na defesa dos seus interesses primordiais, que estão paulatinamente sendo escamoteados por interesses secundários.

222 SARLET, Ingo Wolfgang. **A eficácia dos direitos fundamentais:** uma teoria geral dos direitos fundamentais na perspectiva constitucional. 12. ed. rev. atual. e ampl. Porto Alegre: Livraria do Advogado, 2015. p. 412-422.

223 DSALL, John T. **Scientific freedom and responsibility.** A Report of the AAAS Committee on Scientific Freedom and Responsibility. Washington, D. C.: American Association for the Advancement of Science, 1975. p. 37-39. Disponível em: aaas.org/sites/default/files/SRHRL/PDF/1975-ScientificFreedomResponsibility.pdf. Acesso em: 20 ago. 2018.

Capítulo 2

DIREITO, INOVAÇÃO E PESQUISA CIENTÍFICA: A SOCIEDADE DO CONHECIMENTO E A REGULAÇÃO JURÍDICO-CONSTITUCIONAL DA INOVAÇÃO NO BRASIL

No capítulo anterior, verificou-se que o exercício e a regulação da liberdade de pesquisa científica são ritmados com outro compromisso constitucional, qual seja o da promoção, do incentivo e do fomento à inovação, que passa a figurar no programa constitucional brasileiro a partir da EC n.º 85/2015. Por conseguinte, ao esmiuçar a faceta prestacional da referida liberdade, notou-se que esta se correlaciona diretamente à tarefa-dever direcionada ao Estado de incentivar e promover a Ciência, Tecnologia e Inovação, tendo como um de seus objetivos a oferta ao pesquisador de condições que viabilizem a fruição do seu direito. Não por outra razão, dar-se-á foco no estudo das relações de coexistência entre direito, inovação e pesquisa científica, bem como da promoção jurídico-constitucional da inovação no Brasil.

Para tanto, é imprescindível, a título introdutório, delinear dois pontos, sendo que o segundo decorre do primeiro. O primeiro ponto consiste naquele em que a leitura conjunta da liberdade de pesquisa científica com a inovação justifica-se pela própria lógica da Sociedade do Conhecimento, a qual pauta seu programa político, social e econômico na racionalidade da ciência e no conhecimento, crendo-se que o resultado inexorável do progresso científico e tecnológico será o desenvolvimento econômico, social e político[1]. Isso que faz com que a inovação passe a ser pauta no cenário jurídico a nível nacional e internacional, sendo esse o segundo ponto a ser delineado.

Deste modo, sem pretensão de realizar um estudo de direito comparado sobre o tratamento jurídico da inovação, visto que se foca tão somente

1 PARDO, Rubén H. Verdad e historicidad. El conocimiento científico y sus fracturas. *In*: DÍAZ, Esther (Org.). **La posciencia: el conocimiento científico en las postrimerías de la modernidad**. Argentina: Biblos, 2000. p. 48.

no cenário jurídico nacional, exemplifica-se, a seguir, a importância que se vem atribuindo à inovação em sede internacional e como normalmente ela vem associada com a pesquisa científica. Assim, ressalta-se que, por meio da investigação realizada no *Google Constitute*, observou-se que, das 119 (cento e dezenove) Constituições que fazem referência, explicitamente ou implicitamente, à liberdade de pesquisa científica, 31 (trinta e uma) delas vinculam o fomento à ciência ao desenvolvimento do Estado, seja ele político, econômico ou social. Desse grupo, as Constituições de sete países – Brasil, Equador, Irã, Portugal, República Dominicana, Tailândia e Venezuela – contemplam expressamente a inovação como uma tarefa a ser implementada pelo Poder Público.

Para além disso, a inovação ainda aparece em outras cinco Constituições – Congo, Costa do Marfim, Eritreia, Marrocos e Suíça – que não a vinculam com o plano de desenvolvimento político, econômico ou social do Estado, mas a relacionam diretamente com a produção científica e com o ensino. Das Constituições pesquisadas, afora a CRFB, que mais adiante será objeto de pormenorizada análise, destaca-se a Constituição da Venezuela, que resume no art. 110[2], a tendência atual dos Estados de conceberem ciência e inovação como fatores primordiais do desenvolvimento econômico, social e político.

Atenta-se, também, para o caso da Constituição de Portugal, que dispõe no seu art. 73, item 4, "que a inovação tecnológica, a investigação científica e a criação serão estimuladas e apoiadas pelo Estado, de modo a assegurar a respectiva liberdade e autonomia". Em outros termos, o incentivo e apoio à criação, à investigação científica, bem como à inovação tecnológica, "[...] são considerados como garantias positivas da liberdade de criação e investigação científicas"[3].

De outra parte, realça-se que a ausência de previsão da inovação ou da liberdade de pesquisa científica em algumas Constituições não

---

2 "Artículo 110. El Estado reconocerá el interés público de la ciencia, la tecnología, el conocimiento, la innovación y sus aplicaciones y los servicios de información necesarios por ser instrumentos fundamentales para el desarrollo económico, social y político del país, así como para la seguridad y soberanía nacional. Para el fomento y desarrollo de esas actividades, el Estado destinará recursos suficientes y creará el sistema nacional de ciencia y tecnología de acuerdo con la ley. El sector privado deberá aportar recursos para los mismos. El Estado garantizará el cumplimiento de los principios éticos y legales que deben regir las actividades de investigación científica, humanística y tecnológica. La ley determinará los modos y medios para dar cumplimiento a esta garantía". Cf. VENEZUELA. [Constitución (1999)]. **Constitución de la República Bolivariana de Venezuela de 1999**. Caracas: Presidência da República. Disponível em: <inea.gob.ve/marco/pdf/1legislacion_nacional/1Constitucion_dela_Republica_BolivarianadeVenezuela/Constitucion_de_la_Republica_Bolivariana_de_Venezuela.pdf>. Acesso em: 10 ago. 2018.

3 CANOTILHO, José Joaquim Gomes; MOREIRA, Vital. **Constituição da República portuguesa anotada**. 3. ed. Coimbra: Coimbra Editora, 2007. p. 891.

significa por si que esses países não tutelam juridicamente o tema. Exemplificativamente, na Alemanha, que, a despeito de contemplar expressamente o direito à liberdade de pesquisa científica, nada trata sobre a inovação. Conquanto o tema da inovação seja pauta constante no debate político, econômico e social alemão – tendo em vista que o Estado alemão se baseia na premissa segundo a qual a principal estratégia para a manutenção dos padrões sociais e econômicos do país, bem como para o reforço na sua inserção internacional, dependem do investimento em educação, ciência, tecnologia e inovação. À vista disso, salienta-se que o Ministério da Economia e Energia alemão (*BundesministeriumsfürWirtschaftundEnergie* – BMWi) lançou, em fevereiro de 2011, um documento que contemplava as diretrizes da nova política industrial da Alemanha, lastreada na inovação, tendo como uma de suas principais características o incentivo a adaptação das Instituições de ensino e pesquisa ao progresso tecnológico e às mudanças estruturais[4].

De modo semelhante, a Constituição francesa não versa sobre a liberdade de pesquisa científica, já que também é silente quanto à temática da inovação; nada obstante, em sede infraconstitucional, há lei específica que versa sobre a inovação, cujas regras estipulam sobre a relação público-privada e a criação de mecanismos que estimulem a inovação tecnológica no ambiente universitário, a fim de fortificar a relação entre as Universidades e as empresas. Realça-se, ademais, que a Lei de Inovação francesa (Lei n.º 99.587/1999) influenciou de modo decisivo o marco normativo brasileiro sobre o tema[5].

Destarte, note-se que a inovação é concebida na sociedade contemporânea como um dos principais mecanismos para o desenvolvimento social, econômico e cultural, já que eleva o patamar dos conhecimentos gerados e utilizados pelos indivíduos, oferecendo um constante estímulo de aprendizagem e mudança[6]. Assim, as inovações e os descobrimentos associados ao progresso científico incidem e alteram a realidade, pois possuem o condão de provocar transformações, ou mesmo de acelerar

---

4 VARGAS, Everton; CID, Marcelo; BESSA, Carla. Ciência, tecnologia e inovação na Alemanha. *In*: **Mundo afora**: políticas de incentivo à inovação. BRASIL. Ministério das Relações Exteriores. Brasília, 2013. pp. 34-36. Disponível em: <ses.sp.bvs.br/wp-content/uploads/2016/07/Mundo_Afora_10_incentivo-%C3%A0-inova%C3%A7%C3%A3o.pdf>. Acesso em: 20 fev. 2018.

5 KRUGLIANSKAS, Isak; MATIAS-PEREIRA, José. Um enfoque sobre a Lei de Inovação Tecnológica do Brasil. **Revista de Administração Pública**. Rio de Janeiro, v. 39, n. 5, p. 1011-1029, set/out. 2005. p. 1018. Disponível em: <repositorio.unb.br/bitstream/10482/926/1/ARTIGO_EnfoqueLeiInovacaoTecnologica.pdf>. Acesso em: 20 jun. 2018.

6 WERTHEIN, Jorge. A sociedade da informação e seus desafios. **Ciência da Informação**. Brasília, v. 29, n. 2, pp. 71-77. 2000. Disponível em: <basessibi.c3sl.ufpr.br/brapci/v/a/967>. Acesso em: 20 jun. 2018. p. 75.

transformações pré-existentes[7]. À vista disso, afirma-se que a inovação na contemporaneidade não se dirige apenas para atingir uma única finalidade dentro do contexto social; ao contrário, ela detém um caráter dinâmico e amplo, tendo por escopo o progresso da Sociedade como um todo[8].

Nesse sentido, concebe-se que a ordem social na qual a inovação adquire status jurídico, por ter uma função de centralidade no seu avanço, é a intitulada Sociedade do Conhecimento. Isso ocorre de tal maneira que essa sociedade é operada por tecnologias de comunicação que geram, processam e distribuem conhecimento e informação, os quais são dependentes de um ininterrupto processo de inovação, para manter contínua a sua produção, já que a referida sociedade é alicerçada no conhecimento[9].

Com efeito, o capítulo que segue busca inicialmente traçar algumas notas sobre a nova dinâmica social lastreada na inovação, já que nesse contexto surge a inevitabilidade de se regular juridicamente a inovação no sentido de sua promoção. Para tanto, inicia-se pelas características da Sociedade do Conhecimento, os seus influxos no direito e a delimitação da definição, espécies e o conceito jurídico da inovação no Brasil. A partir disso, foca-se na previsão e promoção da inovação na ordem jurídica brasileira, analisando a legislação constitucional e infraconstitucional sobre o tema, para, posteriormente, se debruçar no estudo do Sistema Nacional de Inovação, evidenciando tanto seus fundamentos teóricos como seus atores, a fim de demonstrar a sua vinculação aos interesses de mercado, já aproximando o tema do *academic capitalism*, objeto do terceiro capítulo.

2.1. NOTAS SOBRE A RELEVÂNCIA JURÍDICA DA INOVAÇÃO NA SOCIEDADE DO CONHECIMENTO

A inserção de tecnologias de comunicação e informação na ordem social, alicerçada na força motriz da inovação, fez com que a Sociedade do Conhecimento fosse ganhando seus contornos. Desse modo, há uma

---

7 DE LA CUEVA, Murillo; LUCAS, Pablo. Derechos fundamentales y avances tecnológicos: Los riesgos del progreso. **Boletín mexicano de derecho comparado**. Ciudad de México, v. 37, n. 109, p. 71-110, jan./abr. 2004. p. 75.

8 DONEDA, Danilo. **Da privacidade à proteção de dados pessoais**. Rio de Janeiro: Renovar, 2006. p. 42.

9 CASTELLS, Manuel. A Sociedade em rede: do conhecimento à política. *In*: CASTELLS, Manuel; CARDOSO, Gustavo. **A Sociedade em Rede** – Do conhecimento à acção política. Lisboa: Imprensa Nacional, 2005. p. 17. Disponível em: <eco.imooc.uab.pt/elgg/file/download/51670>. Acesso em: 20 jun. 2018.

relação de mão dupla entre a inovação e a sociedade, tendo em vista que a inovação surge das necessidades do contexto social, ao passo que, concomitantemente, molda as diversas relações que perpassam por esse contexto, sejam elas políticas, econômicas, sociais ou jurídicas. Por essa razão, afirma-se que o processo dinâmico inovativo faz surgir a alcunha dessa ordem social, de Sociedade do Conhecimento, a qual também é intitulada como de Sociedade da informação, Sociedade em rede[10], Sociedade do risco[11], Sociedade da vigilância[12], a depender da perspectiva de análise que se adote. Salienta-se, a título de acordo semântico, que, no presente estudo, a nomenclatura utilizada será a de Sociedade do Conhecimento[13].

Em face disso, observa-se que a inovação não consubstancia apenas um instrumento de independente produção e de regulação sobre o mundo natural ou cultural. Em verdade, é um instituto dinâmico dedicado "[...] a criar uma ordem social e epistemológica na moderna sociedade democrática"[14]. E se assim o é, estando o direito inserido na lógica social, ele não só é afetado por esse instituto como o atribui relevância jurídica. Deste modo, "[...] o direito atua onde as inovações ocorrem ou são desejadas e é também substancialmente inovação"[15]. Dessa forma, sabendo-se que é na Sociedade do Conhecimento que a inovação passa a ter status jurídico, faz-se imprescindível: (a.) traçar os contornos da referida sociedade; (b.) perquirir a forma através da qual o direito é afetado, enquanto sistema da ordem social; (c.) analisar o conceito jurídico de inovação na ordem brasileira, para somente então (d.) adentrar no estudo da previsão jurídica da inovação no Brasil.

---

10 CASTELLS, Manuel. **A sociedade em rede**. Tradução: Ronei de Venancio Majer. 8. ed. rev. e ampl. São Paulo: Paz e Terra, 2005. v. 1. p. 17.

11 BECK, Ulrich. **La sociedad del riesgo**: hacia una nueva modernidad. Barcelona: Paidós, 2002.

12 RODOTÀ, Stefano. **A vida na sociedade de vigilância**: a privacidade hoje. Rio de Janeiro: Renovar, 2008.

13 Considerando que, nessa sociedade, mais do que nas outras, o indivíduo busca investigar e explicar as suas crenças, a natureza e a sociedade, com base em padrões objetivos e científicos. Investe-se, por conseguinte, em pesquisa científica, ensejando um amplo acesso ao conhecimento e à informação, v. LANE, Robert E. The decline of politics and ideology in a knowledgeable society. **American sociological review**. [*S.l.*], pp. 649-662, 1966. p. 650. Disponível em: <jstor.org/stable/2091856>. Acesso em: 20 ago. 2018.

14 MOLINARO, Carlos Alberto; SARLET, Ingo Wolfgang. Apontamentos sobre direito, ciência e tecnologia na perspectiva de políticas públicas sobre regulação em ciência e tecnologia. *In*: MENDES, Gilmar Ferreira; SARLET, Ingo Wolfgang; COELHO, Alexandre Zavaglia P. (Coord.). **Direito, inovação e tecnologia**. São Paulo: Saraiva, 2015. v. 1. p. 87.

15 WOLFGANG, Hoffmann-Riem. Direito, tecnologia e inovação. *In*: **Direito, inovação e tecnologia**. MENDES, Gilmar Ferreira Mendes; SARLET, Ingo Wolfgang; COELHO, Alexandre Zavaglia P. (Coord.). São Paulo: Saraiva, 2015. p. 21.

2.1.1. Características da sociedade do conhecimento

Conceituar e caracterizar a Sociedade do Conhecimento consiste em compreender, como ressalta Ulrich Beck, que ela é fruto não apenas de um processo de mudança, mas de verdadeira metamorfose. Com efeito, "[...] há uma transformação muito mais radical, em que as velhas certezas da sociedade moderna estão desaparecendo e algo inteiramente novo emerge"[16].

Há quem repute, como Klaus Schwab, que essas transformações representam uma quarta revolução industrial[17], uma vez que traduz em modificação radical sob diversas perspectivas do contexto social, em razão da fusão e interação das tecnologias nos domínios físicos, digitais e biológicos[18]. Em vista disso, sublinha-se que o progresso científico e tecnológico tem sido o motor dos novos contornos que a sociedade moderna vem adquirindo.

A referida revolução é, portanto, dependente da produção de conhecimento e informação, determinantes para o processo contínuo de mudança tecnológica[19]. Assim sendo, a *techne* possui, nos dias atuais, lugar fulcral para a realização dos fins da vida humana, transmudando-se em impulso infinito do homem para a sua evolução, pois o indivíduo é tentado a crer que a sua vocação se encontra em se dedicar ao contínuo aperfeiçoamento do empreendimento tecnológico, devendo superar sempre a si mesmo, rumo a feitos cada vez maiores[20].

Nessa linha, ressalta-se que há duas teorias que adotam compreensões opostas: a teoria do determinismo tecnológico e a teoria da construção social da tecnologia[21]. Para os adeptos do determinismo tecnológico, a tecnologia consiste em um conjunto de técnicas, métodos, meios e instrumentos, decorrentes da produção do conhecimento, que obedecem a uma lógica e a um regramento próprio, fazendo com que a evolução

---

16 BECK, Ulrich. **A metamorfose do mundo**: os novos conceitos para uma nova realidade. 1. ed. Rio de Janeiro: Zahar, 2018. p. 15.

17 Sobre o tema, afirmando que a sociedade vivenciou quatro revoluções industriais e que por revolução entende-se "mudança abrupta e radial", v. SCHWAB, Klaus. **A quarta revolução industrial.** Tradução: Daniel Moreira Miranda. São Paulo: Edipro, 2016. pp. 15-17.

18 SCHWAB, Klaus. **A quarta revolução industrial.** Tradução: Daniel Moreira Miranda. São Paulo: Edipro, 2016. p. 16.

19 CASTELLS, Manuel. **La era de la información**: economía, sociedad y cultura. La sociedad red. México: Siglo veintiuno, 2008. v. 1. p. 58.

20 JONAS, Hans. **O princípio responsabilidade**: ensaio de uma ética para a civilização tecnológica. Tradução: Marijane Lisboa e Luiz Barros Montez. Rio de janeiro: Contraponto, 2006. p. 43.

21 WINNER, Langdon. Technology today: Utopia or dystopia? **Social research.** [*S.l*], v. 64, n. 3, p. 989-1017, outono 1997. p. 998.

da tecnologia ocorra de forma independente das influências sociais, a despeito de serem fundamentais para a mudança social, ou seja, "[...] o fator tecnológico é determinante de um sistema cultural com um todo"[22]. Sob essa perspectiva, a tecnologia restringe as opções de escolha do ser humano apenas àquelas que estão enquadradas e em consonância com as regras tecnológicas, guiando o indivíduo a uma única direção, não abrindo margem para modificações derivadas do meio externo[23].

Sob outra perspectiva, há a teoria da construção social da tecnologia, cuja premissa estabelece que as escolhas tecnológicas possam ser direcionadas pelos interesses humanos[24]. Tal teoria parte do postulado segundo o qual "[...] a ação humana é a responsável pela produção da tecnologia". Logo, implica em afirmar-se que as escolhas das técnicas, métodos, meios e instrumentos tecnológicos não são fixadas apenas pelo regramento da *techne*, sendo motivadas pelo meio no qual elas são produzidas[25]. Não há, portanto, um avanço da tecnologia em um processo unilinear, e, por via consequencial, tanto a criação e aperfeiçoamento dos instrumentos tecnológicos, como a forma pela qual eles serão utilizados e interpretados, sujeitam-se a uma "[...] modelagem ou construção social"[26].

A compreensão da relação entre o homem e a tecnologia perpassa por aproximações do determinismo tecnológico e da construção social da tecnologia, "[...] não como condições imperativas, mas como protagonistas de um jogo de interações que se articulam na acomodação dos anseios sociais"[27]. Concebe-se que a referida relação é alicerçada em um processo que envolve duas tendências relativamente autônomas: a criação e desenvolvimento de novas tecnologias, de um lado, e a tentativa da

22 MOLINARO, Carlos Alberto; SARLET, Ingo Wolfgang. Apontamentos sobre direito, ciência e tecnologia na perspectiva de políticas públicas sobre regulação em ciência e tecnologia. *In*: MENDES, Gilmar Ferreira; SARLET, Ingo Wolfgang; COELHO, Alexandre Zavaglia P. (Coord.). **Direito, inovação e tecnologia**. São Paulo: Saraiva, 2015. v. 1. p. 91.

23 WINNER, Langdon. Technology today: Utopia or dystopia? **Social research**. [*S.l*], v. 64, n. 3, p. 989-1017, outono 1997. p. 996.

24 WINNER, Langdon. Technology today: Utopia or dystopia? **Social research**. [*S.l*], v. 64, n. 3, p. 989-1017, outono 1997. p. 995.

25 MOLINARO, Carlos Alberto; SARLET, Ingo Wolfgang. Apontamentos sobre direito, ciência e tecnologia na perspectiva de políticas públicas sobre regulação em ciência e tecnologia. *In*: MENDES, Gilmar Ferreira; SARLET, Ingo Wolfgang; COELHO, Alexandre Zavaglia P. (Coord.). **Direito, inovação e tecnologia**. São Paulo: Saraiva, 2015. v. 1. p. 91.

26 WINNER, Langdon. Technology today: Utopia or dystopia? **Social research**. [*S.l*], v. 64, n. 3, p. 989-1017, outono 1997. p. 998.

27 MOLINARO, Carlos Alberto; SARLET, Ingo Wolfgang. Apontamentos sobre direito, ciência e tecnologia na perspectiva de políticas públicas sobre regulação em ciência e tecnologia. *In*: MENDES, Gilmar Ferreira; SARLET, Ingo Wolfgang; COELHO, Alexandre Zavaglia P. (Coord.). **Direito, inovação e tecnologia**. São Paulo: Saraiva, 2015. v. 1. p. 91.

sociedade de reaparelhar-se com a utilização do poder da tecnologia, de outro. Esse processo, a seu turno, é condicionado ou, ao menos, impactado pelas variáveis do local em que ele acontece, as quais além de serem parcialmente independentes, podem também ser de cunho político, econômico, cultural, histórico, entre outros[28].

A sociedade, então, atribui forma à tecnologia, com base nas suas necessidades, valores, interesses, assim como pela forma de emprego dos instrumentos tecnológicos. A tecnologia torna-se, portanto, condição fundamental, mas não suficiente, para uma nova forma de organização social[29]. Frisa-se, contudo, que a fundamentalidade da tecnologia se apoia no seu caráter invasivo, uma vez que "[...] apodera-se das relações sociais e pessoais, das transações comerciais, atividades políticas, vida privada, mercado, democracia", transformando-os diariamente[30].

Não por outra razão, Klaus Schwab defende que a quarta revolução industrial não se reduz apenas a sistemas e máquinas, inteligentes e conectados. Ao contrário, tal revolução é caracterizada de maneira correlacionada pela amplitude, profundidade, velocidade, e impactos sistêmicos. Um dos traços diferenciais dessa revolução é a combinação de várias tecnologias, as quais desencadeiam mudanças na economia, na esfera pessoal, na cultura, e nos próprios indivíduos, ou seja, "[...] a revolução não está modificando apenas 'o que' e 'como' fazemos as coisas, mas também 'quem' somos". Essas modificações, ao seu passo, são distintas das que aconteceram em revoluções anteriores, pela velocidade na qual vêm ocorrendo, em um ritmo exponencial e não linear, decorrente de um mundo que se torna cada vez mais multifacetado e interconectado[31].

A Sociedade do Conhecimento, então, resulta da interação incessante entre o sistema tecnológico com os contextos culturais e institucionais já existentes. Tal sistema possui sua própria lógica, que remodela os referidos contextos[32], de forma que o caráter de amplitude, profundidade

28 CASTELLS, Manuel. **La era de la información**: economía, sociedad y cultura. La sociedad red. México: Siglo veintiuno, 2008. v. 1. p. 79.

29 CASTELLS, Manuel. A Sociedade em rede: do conhecimento à política. *In*: CASTELLS, Manuel; CARDOSO, Gustavo. **A Sociedade em Rede** – Do conhecimento à acção política. Lisboa: Imprensa Nacional, 2005. p. 16. Disponível em: <eco.imooc.uab.pt/elgg/file/download/51670>. Acesso em: 20 jun. 2018.

30 RODOTÀ, Stefano. **A vida na sociedade de vigilância**: a privacidade hoje. Rio de Janeiro: Renovar, 2008. p. 142.

31 SCHWAB, Klaus. **A quarta revolução industrial.** Tradução: Daniel Moreira Miranda. São Paulo: Edipro, 2016. p. 13.

32 CASTELLS, Manuel. **La era de la información**: economía, sociedad y cultura. La sociedad red. México: Siglo veintiuno, 2008. v. 1. p. 59.

e velocidade provocam transformação de sistemas inteiros – jurídicos, sociais, e econômicos, entre outros –, repercutindo em todo o organismo social e gerando o que se denomina de impacto sistêmico[33].

Conquanto as características de amplitude, de profundidade, de velocidade e de impacto sistêmico da quarta revolução industrial não decorram apenas da importância que a *techne* tem atualmente, já que as revoluções industriais anteriores também são marcadas pelo desenvolvimento e implementação de novas tecnologias[34], a natureza das tecnologias utilizadas atualmente a diferencia das demais. As tecnologias que surgem na aludida revolução, próprias da Sociedade do Conhecimento, correspondem às tecnologias da informação e comunicação, as quais têm por finalidade processar e comunicar informação e conhecimento[35]. Com efeito, a Sociedade do Conhecimento é marcada pelo fato de que o conhecimento se transforma em verdadeiro fator de produção. Em outros termos, o conhecimento e informação consistem na própria mercadoria, que coloca em funcionamento a sociedade, seja pelo aspecto econômico, pelo político, ou mesmo pelo cultural etc. [36] Importa reconhecer, à vista disso, que, pela primeira vez, a mente humana figura não como fator decisivo no sistema de produção, mas como força direta da produção[37].

Nesse sentido, visto que a inovação sempre moveu a sociedade, fazendo com que paradigmas fossem rompidos, em uma sociedade marcada por tecnologias voltadas para a difusão e processamento de informação, há uma necessidade constante em inovar tais tecnologias para manter-se em movimento e em evolução. Assim, as tecnologias de informação e comunicação são originadas por inovações, que, por sua vez, também são promotoras de tantas outras inovações. Há, desta maneira, uma retroalimentação da inovação e o seu uso[38]. Isso quer dizer, em

33 SCHWAB, Klaus. **A quarta revolução industrial.** Tradução: Daniel Moreira Miranda. São Paulo: Edipro, 2016. p. 13.

34 SCHWAB, Klaus. **A quarta revolução industrial.** Tradução: Daniel Moreira Miranda. São Paulo: Edipro, 2016. p. 15.

35 CASTELLS, Manuel. **La era de la información**: economía, sociedad y cultura. La sociedad red. México: Siglo veintiuno, 2008. v. 1. p. 58.

36 ASCENSÃO, José Oliveira. Direito intelectual, exclusivo e liberdade. Revista da Esmafe. Escola de Magistratura Federal da 5. Região. Recife, n. 3, pp. 125-145, mar. 2002.

37 CASTELLS, Manuel. **La era de la información**: economía, sociedad y cultura. La sociedad red. México: Siglo veintiuno, 2008. v. 1. p. 58.

38 CASTELLS, Manuel. **La era de la información**: economía, sociedad y cultura. La sociedad red. México: Siglo veintiuno, 2008. v. 1. p. 58.

verdade, que é a inovação, influenciada pelo meio no qual está inserida, que determina a transformação sociocultural[39].

Nessa linha, reputa-se que a Sociedade do Conhecimento se ajusta à teoria da destruição criadora, segundo a qual o impulso fundamental que mantém e coloca em funcionamento o sistema capitalista consiste na produção de novos bens, serviços, métodos de produção, mercados e formas de organização, que são criados por meio do processo de inovação[40]. O referido modelo de crescimento econômico de Joseph Schumpeter, o qual, apesar de se relacionar com uma narrativa econômica, espraia-se por toda a dinâmica social. A teoria da destruição criadora é alicerçada na premissa de que "[...] o motor do crescimento é a inovação, que torna, aos poucos obsoletos os restos do passado, sejam produtos, modos de vida ou organizações tecnicamente ultrapassadas"[41]. Por conseguinte, uma sociedade baseada em conhecimento e informação está estritamente ligada a fontes de novos conhecimentos e informações, além de sujeita à contínua transformação, não estando presa a arranjos estáveis[42].

Importa, nessa senda, considerar dois aspectos na correlação entre a inovação e as tecnologias de informação e comunicação. De acordo com o primeiro aspecto, as tecnologias informacionais e comunicacionais não conhecem fronteiras geográficas[43]. Deste modo, mediante a circulação acelerada de informações, há uma troca sucessiva de valores, modelos de comportamentos políticos, econômicos e sociais entre nações de todo o mundo, desencadeando a chamada cidadania global – mencionada por Stefano Rodotà – em que há o abandono do vínculo entre o indivíduo e o seu território[44]. Dessa forma, as ações das pessoas não se enquadram mais em um cenário nacional e integrado, mas global e desintegrado. Além disso, os indivíduos são dotados de criatividade e movidos pelo

39 MOLINARO, Carlos Alberto; SARLET, Ingo Wolfgang. Apontamentos sobre direito, ciência e tecnologia na perspectiva de políticas públicas sobre regulação em ciência e tecnologia. *In*: MENDES, Gilmar Ferreira; SARLET, Ingo Wolfgang; COELHO, Alexandre Zavaglia P. (Coord.). **Direito, inovação e tecnologia**. São Paulo: Saraiva, 2015. v. 1. p. 93.

40 SCHUMPETER, Joseph Alois; GARCÍA, José Díaz. **Capitalismo, socialismo y democracia**. Barcelona: Orbis, 1983. p. 121.

41 FERRY, Luc. **A inovação destruidora:** ensaio sobre a lógica das sociedades modernas. Rio de Janeiro: Objetiva, 2015. p. 15.

42 ETZKOWITZ, Henry. **The triple helix**: university-industry-government innovation in action. Abingdon: Routledge, 2008. p. 5.

43 SCHWAB, Klaus. **A quarta revolução industrial.** Tradução: Daniel Moreira Miranda. São Paulo: Edipro, 2016. p. 78.

44 RODOTÀ, Stefano. Cual derecho para el nuevo mundo. **Rev. Derecho Privado**. Bogotá, v. 9, pp. 5-20, jul./dez. 2005. p. 14. Disponível em: <redalyc.org/pdf/4175/417537584001.pdf>. Acesso em: 20 jul. 2018.

ímpeto de inovar, a fim de que a ausência de barreiras entre as nações se mantenha e que seja garantida a internacionalização do mundo[45].

O segundo aspecto a ponderar, intimamente relacionado com o primeiro, relaciona-se com as tecnologias de informação e comunicação, as quais viabilizam novidades em diversos setores da sociedade, como na economia, organização do trabalho, serviço público, meios de transportes, entre outros[46]. Tais novidades possuem por finalidade precípua tornar mais eficientes os respectivos setores e trazer maior comodidade ao ser humano[47]. Não por outra razão, afirma-se que as tecnologias modernas possuem por objetivo principal a busca implacável pela eficiência[48]. Quanto a esse ponto, Hans Jonas ressalta que as tecnologias ofertam ao ser humano poderes especiais, compreendidos como novas possibilidades de relação com o meio externo e com o máximo da sua eficiência. Para que essa eficiência seja mantida de tal maneira, exige-se, por fim, incessante inovação para o aperfeiçoamento e manutenção de tais poderes[49].

É imprescindível ter por pressuposto que a inovação aqui traçada é aquela baseada em conhecimentos científicos, pois somente a ciência é passível de dar azo para o progresso tecnológico. Com efeito, ocorre o fenômeno da tecnociência, o qual é desencadeado por um entrelaçamento entre ciência, tecnologia e inovação[50], correspondendo a um conjunto de meios e instrumentos que dão lastro à produção científica e tecnológica guiada para satisfazer as necessidades do homem. A principal delas, vale dizer, é a inovação, a fim de manter em circulação e constante avanço a Sociedade do Conhecimento[51]. À vista disso, a ciência, essencialmente vinculada à inovação, também é por ela impactada no cenário da quarta revolução industrial. Com isso, ela se torna mais sofisticada e deixa de

---

45 BECK, Ulrich. **A metamorfose do mundo**: os novos conceitos para uma nova realidade. 1. ed. Rio de Janeiro: Zahar, 2018. pp. 23-28.

46 FERRY, Luc. **A inovação destruidora**: ensaio sobre a lógica das sociedades modernas. Rio de Janeiro: Objetiva, 2015. p. 18.

47 Sobre o tema, exemplificando e discorrendo acerca das inovações trazidas pelas tecnologias modernas em vários setores da sociedade, v. SCHWAB, Klaus. **A quarta revolução industrial**. Tradução: Daniel Moreira Miranda. São Paulo: Edipro, 2016.

48 WINNER, Langdon. Technology today: Utopia or dystopia? **Social research**. [*S.l*], v. 64, n. 3, pp. 989-1017, outono 1997. p. 997.

49 JONAS, Hans. **O princípio responsabilidade**: ensaio de uma ética para a civilização tecnológica. Tradução: Marijane Lisboa e Luiz Barros Montez. Rio de janeiro: Contraponto, 2006. p. 43.

50 JOVER, Jorge Núñez. Ética, Ciencia y Tecnología: Sobre la función social de la tecnología. **Llull: Revista de la Sociedad Española de Historia de las Ciencias y de las Técnicas**. [*S.l.*], v. 25, n. 53, pp. 459-484, 2002. p. 462.

51 HOTTOIS, Gilbert. **El paradigma bioético**: una ética para la tecnociencia. Barcelona: Anthropos, 1991. p. 49.

ser uma atividade desinteressada, passando a ser instrumentalizada para fins específicos, tais como políticos, econômicos e sociais[52].

Além disso, importa realçar que a própria inovação não é, em si, desinteressada, pois se molda a partir de interesses humanos. Nessa linha, realça-se que a inovação, em nível global, tem sido essencialmente conduzida por interesses econômicos[53]. Portanto, ela consiste na energia que não apenas movimenta a Sociedade do Conhecimento no seu caráter mercadológico, mas também se ramifica para esferas além da econômica[54].

Dessa forma, na dinâmica da Sociedade do Conhecimento, há a prevalência de determinados fatores sobre outros. Exemplificativamente, a economia sobrepõe-se à política; a velocidade prevalece sobre a lentidão; o virtual sobrepõe-se ao tangível; a produção de bens imateriais prevalece sobre os bens materiais (como serviços, informações, conhecimentos, valores estéticos etc.); os setores econômicos de fornecimento de serviços sobrepõem-se aos de fornecimento de produtos[55]. Ademais, a nova organização social, pautada na informação e no conhecimento, valoriza a inteligência, a criatividade e conta com técnicos, artistas, gestores de informação, intelectuais e pesquisadores como atores centrais[56].

Torna-se cada vez mais difícil a previsibilidade dos riscos[57], tendo em vista a alta velocidade na qual o progresso técnico-científico avança. Como resultado, as inovações vão adquirindo – ou fortalecendo – o efeito de desestabilizar o plano econômico e social[58]. Não por outra razão, Ulrich Beck afirma que a sociedade moderna é também uma Sociedade dos riscos[59], enaltecendo que a modernização avançada é acompanhada

52 PARDO, José Esteve. **El desconcierto del Leviatán**: política y derecho ante las incertidumbres de la ciencia. Madrid: Marcial Pons, 2009. p. 54.

53 CASTELLS, Manuel. **La era de la información**: economía, sociedad y cultura. La sociedad red. México: Siglo veintiuno, 2008. v. 1. p. 87.

54 FERRY, Luc. **A inovação destruidora:** ensaio sobre a lógica das sociedades modernas. Rio de Janeiro: Objetiva, 2015. p. 7.

55 Recebendo, por essa razão, a alcunha de sociedade dos serviços, v. RODOTÀ, Stefano. **A vida na sociedade de vigilância**: a privacidade hoje. Rio de Janeiro: Renovar, 2008. p. 92.

56 DE MASI, Domenico. **O futuro chegou**. Tradução: Marcelo Costa Sievens. 1. ed. Rio de Janeiro: Casa da Palavra, 2014. p. 539.

57 RODOTÀ, Stefano. **A vida na sociedade de vigilância**: a privacidade hoje. Rio de Janeiro: Renovar, 2008. p. 41.

58 FERRY, Luc. **A inovação destruidora:** ensaio sobre a lógica das sociedades modernas. Rio de Janeiro: Objetiva, 2015. p. 17.

59 Para efeitos de compreensão do presente estudo, considera-se risco "[...] qualquer incidente que determine uma probabilidade de perigo, lesão, ou ameaça de lesão, dano, prejuízo ou malogro de condição estável", v. MOLINARO, Carlos Alberto; SARLET, Ingo Wolfgang. Apontamentos sobre direito, ciência e tecnologia na perspectiva de políticas públicas sobre regulação em ciência e tecnologia. *In*:

irremediavelmente da produção social de riscos, de modo que os problemas e conflitos próprios desse novo contexto são baseados na produção, definição e compartilhamento da responsabilidade de tais riscos[60].

À vista disso, retoma-se o já exposto a fim de reforçar a ideia segundo a qual o mundo está se metamorfoseando. Com efeito, a relevância de esboçar algumas notas sobre a Sociedade do Conhecimento reside no aspecto de que as mudanças que estão sendo processadas nos diversos sistemas integrantes do cenário social têm como pano de fundo a metamorfose do mundo, decorrente do natural avanço da relação complexa entre inovação, tecnologias – de informação e comunicação – e sociedade[61]. Essa metamorfose implica, por via consequencial, na transformação das coordenadas de ação do homem, dissolvendo a realidade sociopolítica até então posta, a qual resulta na necessidade de "[...] focar nos novos começos, naquilo que está emergindo e nas estruturas e normas futuras"[62].

2.1.2. O direito na sociedade do conhecimento

As notas anteriores sobre a Sociedade do Conhecimento servem para aclarar não apenas que há uma relação de coexistência entre ciência e tecnologia com a sociedade, mas também, e de forma mais profunda, que há a coexistência entre inovação e sociedade. Com efeito, a ciência, tecnologia e inovação, as quais usufruem de uma influência mútua entre elas[63], não correspondem a forças externas, sobre as quais não se possui qualquer controle. Nesse ponto, é importante clarificar, desde logo, que apesar de a Sociedade do Conhecimento ser baseada na inovação e em tecnologias de informação e comunicação, as inovações que engendra não são reduzidas apenas ao caráter tecnológico. Pelo contrário, em virtude dos impactos sistêmicos gerados pelas novas tecnologias, há

MENDES, Gilmar Ferreira; SARLET, Ingo Wolfgang; COELHO, Alexandre Zavaglia P. (Coord.). **Direito, inovação e tecnologia**. São Paulo: Saraiva, 2015. v. 1. p. 99.

60 BECK, Ulrich. **La sociedad del riesgo**: hacia una nueva modernidad. Barcelona: Paidós, 2002. p. 25-26.

61 Nesse ponto, Ulrich Beck ressalta que o conceito de "[...] metamorfose do mundo não visa substituir tipologias existentes acerca das mudanças na sociedade e na política, mas complementar essas tipologias com uma nova que até agora passou despercebida". Por essa razão, o conceito de metamorfose do mundo não é um programa sob a bandeira do neoliberalismo, socialismo, ou qualquer outra, mas, na verdade, é apenas descritivo da situação atual do mundo, v. BECK, Ulrich. **A metamorfose do mundo:** os novos conceitos para uma nova realidade. 1. ed. Rio de Janeiro: Zahar, 2018. p. 33-35.

62 BECK, Ulrich. **A metamorfose do mundo:** os novos conceitos para uma nova realidade. 1. ed. Rio de Janeiro: Zahar, 2018. p. 33-35.

63 SCHWAB, Klaus. **A quarta revolução industrial.** Tradução: Daniel Moreira Miranda. São Paulo: Edipro, 2016. p. 13.

uma demanda por inovações que não são somente as tecnológicas como também, e principalmente, inovações de caráter social[64].

Busca-se demonstrar, de tal sorte, que a metamorfose à qual se refere Ulrich Beck faz com que modelos e sistemas sociais sejam afetados, sendo um deles o jurídico. Assim sendo, como ensina Pontes de Miranda, é necessário "[...] observar os fatos sociais, sem os abstrair dos outros fatos universais, estudar o direito como relação entre relações, fato entre fatos"[65]. Em outros termos, faz-se imprescindível compreender como o direito se modifica e se enquadra na Sociedade do Conhecimento, valendo ressaltar-se que as próprias transformações sofridas pelo sistema jurídico são verdadeiras inovações sociais[66].

Para tanto, é necessário o estabelecimento de algumas premissas basilares. A primeira consiste na exigência de partir do pressuposto de que há uma íntima relação entre ciência e direito para delinear os influxos da Sociedade do Conhecimento no âmbito jurídico. Tem-se que se o direito regula as relações sociais. A ciência, por sua vez, oportuniza o manejo da realidade que rodeia o homem, isto é, ciência e direito não "[...] funcionarão em paralelo, mas interligados, sendo o próprio direito uma espécie de ciência"[67]. A justificativa dessa premissa reside no fato de que se o resultado da atividade científica pode ser uma inovação ou tecnologia e essas, por sua vez, são os traços diferenciais da Sociedade do Conhecimento, pelo que estudar os influxos dessa sociedade no sistema jurídico é estudar, por um aspecto, a correlação entre ciência e direito.

A segunda premissa, que decorre da primeira, é que o estudo da relação entre direito, ciência, tecnologia e inovação perpassa forçosamente pelo exame "[...] do fenômeno do risco, da incerteza e da insegurança que a ciência e a inovação trazem consigo"[68]. Nessa linha, e de acordo

64 HOFFMANN-RIEM, Wolfgang. Innovaciones en la Jurisprudencia del Tribunal Constitucional Alemán, a Propósito de la Garantía de los Derechos Fundamentales en Respuesta a los Cambios que Conducen a la Sociedad de la Información. **Direito Público**. São Paulo, v. 12, n. 64, pp. 40–61, jul./ago. 2015. p. 42.

65 MIRANDA, Pontes de. **Sistema de Ciência Positiva do Direito**. Campinas: Brookseller, 2000. p. 130.

66 HOFFMANN-RIEM, Wolfgang. Innovaciones en la Jurisprudencia del Tribunal Constitucional Alemán, a Propósito de la Garantía de los Derechos Fundamentales en Respuesta a los Cambios que Conducen a la Sociedad de la Información. **Direito Público**. São Paulo, v. 12, n. 64, pp. 40–61, jul./ago. 2015. p. 42.

67 MOLINARO, Carlos Alberto; SARLET, Ingo Wolfgang. Apontamentos sobre direito, ciência e tecnologia na perspectiva de políticas públicas sobre regulação em ciência e tecnologia. *In*: MENDES, Gilmar Ferreira; SARLET, Ingo Wolfgang; COELHO, Alexandre Zavaglia P. (Coord.). **Direito, inovação e tecnologia**. São Paulo: Saraiva, 2015. v. 1. p. 97.

68 MOLINARO, Carlos Alberto; SARLET, Ingo Wolfgang. Apontamentos sobre direito, ciência e tecnologia na perspectiva de políticas públicas sobre regulação em ciência e tecnologia. *In*: MENDES,

com a última premissa, tendo em vista que o móvel da Sociedade do Conhecimento é a inovação, e o direito regula essa sociedade, é inconteste que ele irá atuar "[...] onde as inovações ocorrem ou são desejadas", seja para incentivar a inovação, seja para proteger os bens jurídicos que podem ser violados pela incerteza e insegurança inerentes a inovação[69].

À luz das aludidas premissas, as implicações da Sociedade do Conhecimento no direito podem ser delineadas sistematicamente da seguinte forma: (a.) os novos parâmetros fáticos para aplicação do direito já posto, exigindo sua readequação; (b.) a existência de fatos que passam a ter relevância jurídica pelo avanço técnico-científico; (c.) a necessidade da tomada de decisão jurídica em um cenário de incerteza e risco; bem como (d.) a elaboração de normas jurídicas gradativamente vem sendo condicionada para atender os interesses de uma inovação guiada pela economia[70].

Sem pretensão de esgotar o tema, passa-se a analisar cada uma dessas implicações, tendo como contexto o cenário jurídico brasileiro e como enfoque o direito fundamental à liberdade de pesquisa científica. No tocante aos novos parâmetros fáticos para aplicação do direito posto, vislumbra-se que essa implicação é consequência do impacto sistêmico da Sociedade do Conhecimento, porquanto na medida em que o direito regula as relações sociais, as quais são impactadas pela inovação e tecnologias de informação e comunicação, inevitavelmente os parâmetros de regulação e de decisões jurídicas se modificam[71]. Há, então, um processo de readaptação do direito, em virtude das atuais possibilidades da Sociedade do Conhecimento, para proteger e reinterpretar bens jurídicos em face das potencialidades científicas e tecnológicas[72].

Gilmar Ferreira; SARLET, Ingo Wolfgang; COELHO, Alexandre Zavaglia P. (Coord.). **Direito, inovação e tecnologia**. São Paulo: Saraiva, 2015. v. 1. p. 99.

69 WOLFGANG, Hoffmann-Riem. Direito, tecnologia e inovação. *In*: **Direito, inovação e tecnologia**. MENDES, Gilmar Ferreira Mendes; SARLET, Ingo Wolfgang; COELHO, Alexandre Zavaglia P. (Coord.). São Paulo: Saraiva, 2015. p. 12, 14.

70 Essa sistematização baseia-se na leitura conjunta das seguintes obras: PARDO, José Esteve. **El desconcierto del Leviatán**: política y derecho ante las incertidumbres de la ciencia. Madri: Marcial Pons, 2009.; RODOTÀ, Stefano. Cual derecho para el nuevo mundo. **Rev. Derecho Privado**. Bogotá, v. 9, p. 5-20, jul./dez. 2005. p. 5. Disponível em: <redalyc.org/pdf/4175/417537584001.pdf>. Acesso em: 20 jul. 2018.; WOLFGANG, Hoffmann-Riem. Direito, tecnologia e inovação. *In*: **Direito, inovação e tecnologia**. MENDES, Gilmar Ferreira Mendes; SARLET, Ingo Wolfgang; COELHO, Alexandre Zavaglia P. (Coord.). São Paulo: Saraiva, 2015.

71 PARDO, Rubén H. Verdad e historicidad. El conocimiento científico y sus fracturas. *In*: DÍAZ, Esther (Org.). **La posciencia: el conocimiento científico en las postrimerías de la modernidad**. Argentina: Biblos, 2000.

72 DE LA CUEVA, Murillo; LUCAS, Pablo. Derechos fundamentales y avances tecnológicos: Los riesgos del progreso. **Boletín mexicano de derecho comparado**. Ciudad de México, v. 37, n. 109, p. 71-110,

É possível verificar a ocorrência de tal fenômeno, por exemplo, com as pesquisas em seres humanos. Com efeito, uma das potencialidades científicas e tecnológicas é fazer com que áreas até então inexploradas pela racionalidade humana passem a ser perquiridas. Uma delas é o próprio homem, que, além de ser promotor e beneficiário da ciência e tecnologia, transforma-se, de igual modo, em objeto, uma vez que as atuações científicas e tecnológicas são projetadas sobre ele[73]. Assim, "[...] o *homo faber* aplica sua arte sobre si mesmo e se habilita a refabricar inventivamente o inventor e confeccionador de todo o resto"[74] [grifos do autor]. A partir disso, nota-se que o direito à liberdade de pesquisa científica passa a contar com novos parâmetros de aplicação, o ser humano, enquanto objeto da ciência, oportuniza um leque maior de escolha para o pesquisador no tocante ao objeto de pesquisa, métodos e instrumentos a serem utilizados. Por outro viés, essas pesquisas também apresentam riscos para os direitos fundamentais, como o caso dos direitos à vida, à integridade física, à privacidade, à igualdade[75] etc.

Nesse contexto, surge a indispensabilidade de o direito posicionar-se acerca das atuais relações que se instauram em torno do homem, objeto da sua própria racionalidade. Acerca do tema, no direito brasileiro, além da Lei de Biossegurança, que já regula as pesquisas com células-tronco embrionárias de seres humanos, está em tramitação no Congresso Nacional o PL n.º 7.082/2017, que dispõe sobre as regras e princípios aplicáveis a pesquisa clínica com seres humanos e institui o Sistema Nacional de Ética para essas pesquisas. Entre as normas fixadas, frisam-se as dispostas no art. 3.º do aludido projeto, no qual estão contempladas as exigências éticas e científicas aplicáveis às pesquisas em seres humanos, entre as quais destacam-se o respeito à dignidade, à segurança e ao bem-estar do participante da pesquisa[76].

---

jan./abr. 2004. p. 92.

73 PARDO, José Esteve. **El desconcierto del Leviatán**: política y derecho ante las incertidumbres de la ciencia. Madri: Marcial Pons, 2009. p. 48.

74 JONAS, Hans. **O princípio responsabilidade**: ensaio de uma ética para a civilização tecnológica. Tradução: Marijane Lisboa e Luiz Barros Montez. Rio de janeiro: Contraponto, 2006. p. 57.

75 SARLET, Ingo Wolfgang; PETTERLE, Selma Rodrigues. Liberdade de pesquisa como direito humano e fundamental e seus limites: a pesquisa com seres humanos e os parâmetros protetivos estabelecidos pelo direito internacional e sua recepção no Brasil. **EJJL – Espaço Jurídico: Journal of Law**. Chapecó. v. 15, n. 1, p. 13-38, jan./jun. 2014. p. 14.

76 BRASIL. Câmara dos Deputados. **Projeto de Lei n.º 7082/2017**. Dispõe sobre a pesquisa clínica com seres humanos e institui o Sistema Nacional de Ética em Pesquisa Clínica com Seres Humanos. Disponível em: <camara.gov.br/proposicoesWeb/fichadetramitacao?idProposicao=2125189>. Acesso em: 23 out. 2018.

Ao se tratar da existência de fatos que adquirem relevância jurídica, cabe dizer que a evolução científica e tecnológica acarreta a produção de novos conhecimentos, os quais podem afetar – positivamente ou negativamente – bens jurídicos, sejam eles particulares ou de interesse público. Em face disso, requer-se do direito e de seus aplicadores a adoção de decisões que conciliem os benefícios das descobertas científicas e tecnológicas com os interesses jurídicos pré-existentes[77].

Nesse cenário, chama-se a atenção para a denominada Internet das coisas, do inglês *Internet of Things* (IoT), que, de maneira simplória, consiste na conexão entre coisas – produtos, serviços, lugares etc. – e pessoas, por meio de plataformas e tecnologias[78]. Em suma, "[...] todos os objetos do mundo real se tornam parte de um sistema de informação e comunicação – o mundo real e o virtual se sobrepõem e se mesclam"[79]. A IoT tem alterado, e alterará ainda mais, a maneira de executar diversas atividades, dentre elas a própria pesquisa científica[80]. Nessa linha, tem-se que a interação entre objetos do dia a dia, conectados à Internet, oportuniza ao pesquisador ter acesso de forma acelerada e ilimitada – em tempo e espaço – a uma variada gama de informações e conhecimentos. Estes servirão de substrato para o desenvolvimento de pesquisas, facilitando também o contato entre pesquisadores em nível global. Abre-se, então, o horizonte para inovadores métodos de pesquisa que se utilizam da IoT, do mesmo modo que a própria IoT consiste em uma nova área de pesquisa a ser explorada[81].

Assim, a IoT é uma realidade que se incorpora à vida cotidiana, trazendo benefícios potenciais em nível de promoção de muitos direitos fundamentais, como é o caso da saúde, sustentabilidade, transportes, e, no que aqui toca à presente análise, a liberdade de pesquisa científica[82].

---

77 PARDO, José Esteve. **El desconcierto del Leviatán**: política y derecho ante las incertidumbres de la ciencia. Madri: Marcial Pons, 2009. pp. 27, 40.

78 SCHWAB, Klaus. **A quarta revolução industrial**. Tradução: Daniel Moreira Miranda. São Paulo: Edipro, 2016. p. 26.

79 MOLINARO, Carlos Alberto; SALES, Gabrielle Bezerra. Impactos da computação pervasiva na esfera da privacidade e da ética. **Revista de Estudos e Pesquisas Avançadas do Terceiro Setor**, v. 4, n. 2. pp. 328-351, jul./dez., 2018. p. 332. Disponível em: <portalrevistas.ucb.br/index.php/REPATS/article/view/8670>. Acesso em: 20 jun. 2018.

80 SCHWAB, Klaus. **A quarta revolução industrial**. Tradução: Daniel Moreira Miranda. São Paulo: Edipro, 2016. p. 27.

81 ALDOWAH, Hanan; REHMAN, ShafiqUl; *et al*. Internet of Things in Higher Education: A Study on Future Learning. **Journal of Physics**: Conference Series. IOP Publishing, p. 12-17, 2017. p. 8.

82 MOLINARO, Carlos Alberto; SALES, Gabrielle Bezerra. Impactos da computação pervasiva na esfera da privacidade e da ética. **Revista de Estudos e Pesquisas Avançadas do Terceiro Setor**, v. 4, n. 2 p. 328-351, jul./dez., 2018. p. 338. Disponível em: <portalrevistas.ucb.br/index.php/REPATS/article/view/8670>. Acesso em: 20 jun. 2018.

Não por outra razão, tramita no Congresso Nacional o PL n.º 7.656/2017, que objetiva modificar a Lei n.º 12.715/2012, a fim de reduzir a zero as taxas e as contribuições que incidem "[...] sobre as estações móveis de serviços de telecomunicações que integrem sistemas de comunicação máquina a máquina". Tendo como escopo estimular a IoT no Brasil, o aludido projeto já evidencia os primeiros passos do direito brasileiro em regular o tema. Tal preocupação reflete a influência que a internet das coisas possui na efetivação de bens juridicamente protegidos. Ressalta-se que, na justificativa do projeto, restou mencionado o potencial de inovação da IoT em variadas esferas da vida humana – como economia, saúde, entre outros –, bem como fez constar, como um dos fundamentos da proposta, o comprometimento do Estado brasileiro com a promoção da inovação e do desenvolvimento científico e tecnológico[83].

É importante frisar, ainda nesse contexto, que, apesar dos inúmeros benefícios que podem ser proporcionados pela IoT, os riscos a ela relacionados não são menos impactantes, principalmente quanto às possíveis violações ao direito à privacidade. No entanto, não se limita apenas a isso, a penetração em larga escala dessas referidas tecnologias gera, a longo prazo, novos riscos e novas responsabilidades ao ser humano[84], afetando a sociedade como um todo.

Nessa linha, observa-se que um dos impactos de maior relevância na Sociedade do Conhecimento sobre o direito é de ser cada vez a maior necessidade de tomada de decisões em um cenário de incerteza e risco. Os riscos científicos ou tecnológicos são cada vez mais sofisticados, sendo, por essa razão e na maioria das vezes, irreversíveis, invisíveis e imprevisíveis[85]. Portanto, não há como desconsiderar que a produção e a aplicação da ciência e tecnologia contam com proveitos e, do mesmo modo, com a presença de efeitos colaterais (intencionais e não inten-

83 BRASIL. Câmara dos Deputados. **Projeto de Lei n.º 7656/2017.** Altera a Lei n.º 12.715, de 17 de setembro de 2012, reduzindo a zero o valor da Taxa de Fiscalização de Instalação, da Taxa de Fiscalização de Funcionamento, da Contribuição para o Fomento da Radiodifusão Pública e da Contribuição para o Desenvolvimento da Indústria Cinematográfica incidentes sobre as estações móveis de serviços de telecomunicações que integrem sistemas de comunicação máquina a máquina. Disponível em: <camara.gov.br/proposicoesWeb/fichadetramitacao?idProposicao=2137811>. Acesso em: 23 out. 2018.

84 MOLINARO, Carlos Alberto; SALES, Gabrielle Bezerra. Impactos da computação pervasiva na esfera da privacidade e da ética. **Revista de Estudos e Pesquisas Avançadas do Terceiro Setor**, v. 4, n. 2 p. 328-351, jul./dez., 2018. p. 339. Disponível em: <portalrevistas.ucb.br/index.php/REPATS/article/view/8670>. Acesso em: 20 jun. 2018.

85 BECK, Ulrich. **La sociedad del riesgo**: hacia una nueva modernidad. Barcelona: Paidós, 2002. p. 28.

cionais) que podem ser ética, social, estética e, até, economicamente inaceitáveis[86].

Esses efeitos, por outro lado, são intensificados pela inovação incessante, que aumenta as zonas de incerteza, gerando o que José Pardo compreende como incertezas originárias e incertezas imprevistas. Na primeira hipótese, há um descompasso entre a evolução da técnica e do conhecimento científico, ou seja, produz-se uma nova atividade, serviço ou produto. Nada obstante, não há estudos suficientes acerca dos seus riscos. Por outro lado, existe a incerteza imprevista, a qual reside no fato de que o estado atual da arte não possibilita ter conhecimento sobre determinados riscos científicos de uma atividade, produto ou serviço, os quais são apenas descobertos com o avanço da ciência[87].

Por conseguinte, vislumbra-se que, no bojo da Sociedade do Conhecimento, trabalha-se com distintos níveis de incerteza. É possível que, num primeiro momento, a ciência e a tecnologia aplicada apresentem riscos certos, previsíveis e controláveis, ou, de outro lado, sequer apresentem riscos, e, com o constante processo de inovação e o avanço científico e tecnológico, tornem-se demasiadamente arriscadas para o bem coletivo e individual, a ponto de serem incontroláveis e até irreversíveis[88].

Em vista disso, considera-se que um dos principais fatores que marca as relações entre direito, ciência, tecnologia e inovação é a administração dos riscos. Com efeito, uma parte considerável das decisões jurídicas é direcionada ao controle, prevenção, imputação e compartilhamento da responsabilidade pela produção desses riscos[89]. Logo, não há espaço para uma inércia jurídica em situações de incertezas, pautadas no déficit de conhecimento científico ou tecnológico[90]. Assim sendo, a

86 SARLET, Ingo Wolfgang; MOLINARO, Carlos Alberto. Sociedade da Informação? Inquietudes e Desafios. **Revista de Estudos e Pesquisas Avançadas do Terceiro Setor**.brasília, v. 4, n. 1, pp. 440-480, jan./jun. 2017. p. 458. Disponível em: <bdtd.ucb.br/index.php/REPATS/article/view/8214>. Acesso em: 20 ago. 2018.

87 PARDO, José Esteve. **El desconcierto del Leviatán**: política y derecho ante las incertidumbres de la ciencia. Madri: Marcial Pons, 2009. p. 144.

88 WOLFGANG, Hoffmann-Riem. Direito, tecnologia e inovação. *In*: **Direito, inovação e tecnologia**. MENDES, Gilmar Ferreira Mendes; SARLET, Ingo Wolfgang; COELHO, Alexandre Zavaglia P. (Coord.). São Paulo: Saraiva, 2015. pp. 16-17.

89 MOLINARO, Carlos Alberto; SARLET, Ingo Wolfgang. Apontamentos sobre direito, ciência e tecnologia na perspectiva de políticas públicas sobre regulação em ciência e tecnologia. *In*: MENDES, Gilmar Ferreira; SARLET, Ingo Wolfgang; COELHO, Alexandre Zavaglia P. (Coord.). **Direito, inovação e tecnologia**. São Paulo: Saraiva, 2015. v. 1. p. 100.

90 WOLFGANG, Hoffmann-Riem. Direito, tecnologia e inovação. *In*: **Direito, inovação e tecnologia**. MENDES, Gilmar Ferreira Mendes; SARLET, Ingo Wolfgang; COELHO, Alexandre Zavaglia P. (Coord.). São Paulo: Saraiva, 2015. p. 27.

imprescindibilidade de se tomar decisões de natureza jurídica tem como reflexo o fato de que as decisões atualmente repercutem não só nas atuais gerações, mas também, e principalmente, nas futuras gerações[91]. Por isso, uma das medidas utilizadas pelo direito é aquela na qual se adota uma intervenção regulatória de cunho preventivo, cuja característica marcante consiste em "[...] uma posterior supressão das consequências negativas do desenvolvimento tecnológico". Todavia, pondera-se que tanto os mecanismos regulatórios preventivos, quanto a sua eficácia são insuficientes; algo resultante da natureza estática do sistema jurídico, na contramão da dinâmica da ciência, inovação e tecnologia[92].

Diante disso, com o propósito de contornar a ineficácia dos mecanismos regulatórios preventivos, percebe-se que uma das tendências do sistema jurídico, bem como dos demais sistemas na Sociedade do Conhecimento, é serem dotados de flexibilidade[93], significa que "[...] ele deve estar alinhado para se adaptar às necessidades práticas, na medida em que ajuda a alcançar (melhor) os objetivos de interesse público"[94]. Nessa senda, a intervenção regulatória limita-se a "[...] estabelecer uma decisão quadro", tendo por objetivo, ao menos no plano ideal, resguardar a liberdade de pesquisa científica e o processo aberto de inovação[95]. Em outros termos, as normas jurídicas precisam ser elaboradas de forma a "[...] deixar um espaço adequado para a solução inovadora dos problemas"[96].

O objetivo, com isso, é construir um paradigma jurídico capaz de fazer frente a um processo de inovação cada vez mais expansivo e acelerado[97], que possa ao mesmo tempo permiti-la e estimulá-la, mas

91 PARDO, José Esteve. **El desconcierto del Leviatán**: política y derecho ante las incertidumbres de la ciencia. Madri: Marcial Pons, 2009. p. 45.

92 MOLINARO, Carlos Alberto; SARLET, Ingo Wolfgang. Apontamentos sobre direito, ciência e tecnologia na perspectiva de políticas públicas sobre regulação em ciência e tecnologia. *In*: MENDES, Gilmar Ferreira; SARLET, Ingo Wolfgang; COELHO, Alexandre Zavaglia P. (Coord.). **Direito, inovação e tecnologia**. São Paulo: Saraiva, 2015. v. 1. p. 100.

93 CASTELLS, Manuel. **A sociedade em rede**. Tradução: Ronei de Venancio Majer. 8. ed. rev. e ampl. São Paulo: Paz e Terra, 2005. v. 1. p. 89.

94 WOLFGANG, Hoffmann-Riem. Direito, tecnologia e inovação. *In*: **Direito, inovação e tecnologia**. MENDES, Gilmar Ferreira Mendes; SARLET, Ingo Wolfgang; COELHO, Alexandre Zavaglia P. (Coord.). São Paulo: Saraiva, 2015. p. 27.

95 MOLINARO, Carlos Alberto; SARLET, Ingo Wolfgang. Apontamentos sobre direito, ciência e tecnologia na perspectiva de políticas públicas sobre regulação em ciência e tecnologia. *In*: MENDES, Gilmar Ferreira; SARLET, Ingo Wolfgang; COELHO, Alexandre Zavaglia P. (Coord.). **Direito, inovação e tecnologia**. São Paulo: Saraiva, 2015. v. 1. p. 111.

96 WOLFGANG, Hoffmann-Riem. Direito, tecnologia e inovação. *In*: **Direito, inovação e tecnologia**. MENDES, Gilmar Ferreira Mendes; SARLET, Ingo Wolfgang; COELHO, Alexandre Zavaglia P. (Coord.). São Paulo: Saraiva, 2015. p. 29.

97 RODOTÀ, Stefano. Derecho, ciencia, tecnología. Modelos y decisiones de regulación. **Derecho PUCP.** Lima, v. 57, p. 105-121, 2004. p. 105, 107. Disponível em: <revistas. pucp.edu.pe/index.php/

sem desproteger bens jurídicos que por ela são colocados em risco. Assim, em virtude da natureza estática do Direito, lida em conjunto com a aceleração e autonomia do processo de inovação, a construção desse paradigma está centrada em uma intervenção regulamentar que induz a uma autorregulação pelos sujeitos interessados e participantes do desenvolvimento científico e tecnológico[98].

No entanto, o modelo de autorregulação – em uma ordem social na qual a inovação é guiada essencialmente por uma economia – deságua, por via consequencial, na elaboração de normas que atendem exclusivamente aos interesses econômicos[99], escamoteando a proteção de outros bens e interesses juridicamente protegidos. Isso ocorre porque os sujeitos do setor econômico não buscam um diálogo com os demais sujeitos envolvidos no processo de inovação, como, por exemplo, as Instituições políticas e de pesquisa. Ao contrário, eles atuam de forma direta na elaboração das normas, transmudando-se em um poder econômico que atua ao mesmo tempo na função de produtor e aplicador do direito[100]. Não por outra razão, afirma-se que a intervenção regulamentar no contexto da Sociedade do Conhecimento tanto não pode ser limitada a uma decisão-quadro que induza a autorregulação como também deve "[...] estipular medidas adequadas para impedir a transformação do processo de autorregulação em uma dominação unilateral e, acima de tudo, de domínio exclusivo por parte dos interesses econômicos"[101].

Ocorre que essas medidas de contenção do interesse econômico não estão sendo concretizadas, pois as estruturas empresariais estão organizadas de modo a condicionar o desenvolvimento científico e tecnológico em prol dos seus interesses; e este, por sua vez, influencia diretamente nas decisões jurídicas que são adotadas de forma a não representarem um

---

derechopucp/article/view/10328>. Acesso em: 20 jun. 2018.

98 MOLINARO, Carlos Alberto; SARLET, Ingo Wolfgang. Apontamentos sobre direito, ciência e tecnologia na perspectiva de políticas públicas sobre regulação em ciência e tecnologia. *In*: MENDES, Gilmar Ferreira; SARLET, Ingo Wolfgang; COELHO, Alexandre Zavaglia P. (Coord.). **Direito, inovação e tecnologia**. São Paulo: Saraiva, 2015. v. 1. p. 113.

99 Nada mais são do que interesses pautados em um modelo econômico liberal capitalista, regulado pelo *laissez-faire*, o qual parte do pressuposto que o crescimento da economia e o bem-estar da sociedade assentam-se no livre desenvolvimento das faculdades pessoais, movidas pelo lucro, sobre o tema, v. MOREIRA, Vital. **A ordem jurídica do capitalismo**. 4. ed. Lisboa: Caminho, 1987. pp. 39-40.

100 RODOTÀ, Stefano. Cual derecho para el nuevo mundo. **Rev. Derecho Privado**. Bogotá, v. 9, pp. 5-20, jul./dez. 2005. p. 15. Disponível em: <redalyc.org/pdf/4175/417537584001.pdf>. Acesso em: 20 jul. 2018.

101 MOLINARO, Carlos Alberto; SARLET, Ingo Wolfgang. Apontamentos sobre direito, ciência e tecnologia na perspectiva de políticas públicas sobre regulação em ciência e tecnologia. *In*: MENDES, Gilmar Ferreira; SARLET, Ingo Wolfgang; COELHO, Alexandre Zavaglia P. (Coord.). **Direito, inovação e tecnologia**. São Paulo: Saraiva, 2015. v. 1. p. 113.

entrave a esse desenvolvimento[102]. O direito, então, perde sua autonomia e legitimação em um mundo modificado pela ciência e pela técnica, as quais são direcionadas pela economia, havendo, em última linha, uma certa privatização da produção jurídica[103]. Esse contexto aponta para outro impacto da Sociedade do Conhecimento sobre o direito, em que a elaboração de normas jurídicas vem gradativamente sendo condicionada a atender os interesses de uma inovação guiada pela economia.

Tal cenário afeta tanto o processo aberto de inovação como a liberdade de pesquisa científica, sendo certo que há uma leitura restrita da inovação apenas vinculada ao critério mercadológico. Desta forma, inibem-se inovações que são de grande valia ao aspecto social, já que os incentivos governamentais, principalmente no que toca ao financiamento de pesquisas, restam direcionados a áreas que atendem diretamente a economia. Como resultado, inibem-se também a criatividade e a liberdade de pesquisa científica do pesquisador[104].

Assim sendo, e delineadas as principais modificações sofridas pelo direito na Sociedade do Conhecimento, percebe-se que elas perpassam necessariamente pela inovação – fenômeno que movimenta toda essa sociedade –, tornando-se imprescindível explorar sua definição, espécies e conceito jurídico.

2.1.3. Em busca da definição de inovação, espécies e o seu conceito jurídico

A inovação pode ser definida de diversas maneiras a depender da área que busca defini-la, tal como a economia, gestão, educação[105], etc. Nessa linha, é importante ressaltar um dos documentos a nível internacional que define a inovação: o Manual de Oslo da Organização para Cooperação Econômica e Desenvolvimento (OCDE), que visa orientar, padronizar conceitos e indicar metodologias, além de construir estatísticas e indicadores de P&D de países industrializados. O referido

102 PARDO, José Esteve. **El desconcierto del Leviatán**: política y derecho ante las incertidumbres de la ciencia. Madri: Marcial Pons, 2009. p. 61.

103 RODOTÀ, Stefano. Derecho, ciencia, tecnología. Modelos y decisiones de regulación. **Derecho PUCP**. Lima, v. 57, p. 105-121, 2004. p. 105, 107. Disponível em: <revistas.pucp.edu.pe/index.php/derechopucp/article/view/10328>. Acesso em: 20 jun. 2018.

104 PARDO, José Esteve. **El desconcierto del Leviatán**: política y derecho ante las incertidumbres de la ciencia. Madri: Marcial Pons, 2009. p. 74.

105 AUDY, Jorge. A inovação, o desenvolvimento e o papel da universidade. **Estudos Avançados**. São Paulo. v. 31, n. 90, p. 75-87, 2017. p. 76. Disponível em: <scielo.br/scielo.php?pid=S0103401420170002000 75&script=sci_arttext&tlng=pt>. Acesso em: 1 maio 2018.

Manual define inovação como a implementação de um produto, bem ou serviço novo, ou significativamente melhorado, bem como um novo método de marketing, método organizacional nas práticas de negócios, na organização no local de trabalho ou nas relações externas[106]. Note-se que tal definição não parece suficiente, porquanto contemple exemplos de inovações, mas essencialmente não a define. Com exceção disso, o documento busca delinear o que é inovação tendo como pano de fundo tão somente o cenário econômico.

A inovação representa uma ruptura não apenas na economia como também em outras esferas – como social, cultural, trabalhista, entre outras –, ao que não há viabilidade de se partir de uma definição apenas economicista da inovação. Nessa senda, entende-se que inovação consiste em uma ideia que é identificada como nova por um indivíduo ou um sistema social, cujo caráter inovador é determinado pela percepção de novo[107]. Para tanto, é imprescindível a efetiva execução dessas ideias, com valor agregado em um determinado contexto. A efetiva execução consiste em agir, realizar e colocar em prática a ideia. Por sua vez, o valor agregado atrela-se ao fato de que a inovação gerou um resultado, tendo agregado valor no contexto em que foi implementada. Esse valor pode ser econômico, social, científico, cultural[108] etc. Destarte, a indispensabilidade da aplicação prática e o valor agregado são os aspectos essenciais que distinguem a inovação da invenção. Em outros termos, enquanto não colocadas em prática, as ideias perceptivelmente novas serão apenas invenções[109].

Nesse ponto, é importante esclarecer dois aspectos. Primeiramente, inovação não é sinônimo de novo. Em segundo lugar, a expressão "ideias novas" utilizada na definição de inovação não corresponde obrigatoriamente a um ineditismo. Explicitando de modo pormenorizado, pode haver algo novo que não represente uma inovação[110], seja por não ter

---

106 ORGANIZAÇÃO PARA A COOPERAÇÃO E DESENVOLVIMENTO ECONÔMICO. **Manual de Oslo**. Proposta de Diretrizes para Coleta e Interpretação de Dados sobre Inovação Tecnológica. Tradução: Paulo Garchet OECD: OCDE, 2005. Disponível em: <download.finep.gov.br/imprensa/manual_de_oslo.pdf>. Acesso em: 10 maio 2018.

107 ROGERS, Everett M. **Diffusion of innovations**. 5. ed. New York: Free Press, 2003. p. 37.

108 AUDY, Jorge. A inovação, o desenvolvimento e o papel da universidade. **Estudos Avançados**. São Paulo. v. 31, n. 90, p. 75-87, 2017. p. 76. Disponível em: <scielo.br/scielo.php?pid=S010340142017000200075&script=sci_arttext&tlng=pt>. Acesso em: 1 maio 2018.

109 SCHUMPETER, Joseph Alois. **Teoría del desenvolvimiento económico**: una investigación sobre ganancias, capital, crédito, interés y ciclo económico. México: Fondo de Cultura Económica, 1957. p. 62.

110 MOLINARO, Carlos Alberto; SARLET, Ingo Wolfgang. Apontamentos sobre direito, ciência e tecnologia na perspectiva de políticas públicas sobre regulação em ciência e tecnologia. *In*: MENDES,

sido colado em prática, seja pelo fato de, apesar de ter sido executado, não ter agregado valor a um dado cenário. Dito de outro modo, a ideia não precisa ser objetivamente nova, mas, sim, perceptível enquanto tal[111]. Isso implica em dizer que "[...] uma ideia pode ser inteiramente nova ou envolver a reformulação de ideias já existentes, mas que são novas para um determinado contexto"[112]. De logo, observa-se que a inovação é um processo social, e que não há como abstratamente afirmar a existência de uma inovação sem levar em conta o contexto no qual se está inserida. Tendo por certo, nessa linha, que uma determinada sociedade poderá diferir de outra naquilo que se entende como inovação[113].

Por essa razão, aduz-se que existem as designadas inovações incrementais, que correspondem na melhoria de um desempenho de situações pré-existentes[114], "gerando melhorias contínuas e sustentação nas diversas fases do ciclo de vida de um produto ou processo"[115]. Em contraponto, há as inovações de ruptura, que rompem com um paradigma existente em uma específica sociedade[116]. Estas são também denominadas de inovações disruptivas, e possuem o condão de criar "[...] novas demandas, indústrias, mercados, aplicações e processos econômicos ou sociais"[117].

Sublinha-se que a inovação não deriva forçosamente de um conhecimento científico. Do mesmo modo, um produto originado pela ciência não será sempre uma inovação[118]. Assim, a inovação pode derivar de um conhecimento implícito do indivíduo, "[...] na forma de *know-how*,

---

Gilmar Ferreira; SARLET, Ingo Wolfgang; COELHO, Alexandre Zavaglia P. (Coord.). **Direito, inovação e tecnologia**. São Paulo: Saraiva, 2015. v. 1. p. 94.

111 ROGERS, Everett M. **Diffusion of innovations**. 5. ed. New York: Free Press, 2003. p. 37.

112 AUDY, Jorge. A inovação, o desenvolvimento e o papel da universidade. **Estudos Avançados**. São Paulo. v. 31, n. 90, p. 75-87, 2017. p. 76. Disponível em: <scielo.br/scielo.php?pid=S0103401420170002000 75&script=sci_arttext&tlng=pt>. Acesso em: 1 mai. 2018.

113 CARAYANNIS, Elias G.; CAMPBELL, David F. J. Mode 3 knowledge production in quadruple helix innovation systems. *In*: **Mode 3 knowledge production in quadruple helix innovation systems**. New York: Springer, 2012. p. 29.

114 CHRISTENSEN, Clayton M. **O Dilema da Inovação**: quando as novas tecnologias levam empresas ao fracasso. São Paulo: M. Books do Brasil, 2012. p. 48.

115 AUDY, Jorge. A inovação, o desenvolvimento e o papel da universidade. **Estudos Avançados**. São Paulo. v. 31, n. 90, pp. 75-87, 2017. p. 76. Disponível em: <scielo.br/scielo.php?pid=S010340142017000200075&script=sci_arttext&tlng=pt>. Acesso em: 1 mai. 2018.

116 CHRISTENSEN, Clayton M. **O Dilema da Inovação**: quando as novas tecnologias levam empresas ao fracasso. São Paulo: M. Books do Brasil, 2012. p. 49.

117 AUDY, Jorge. A inovação, o desenvolvimento e o papel da universidade. **Estudos Avançados**. São Paulo. v. 31, n. 90, p. 75-87, 2017. p. 76. Disponível em: <scielo.br/scielo.php?pid=S010340142017000200075&script=sci_arttext&tlng=pt>. Acesso em: 1 mai. 2018.

118 CARAYANNIS, Elias G.; CAMPBELL, David F. J. Mode 3 knowledge production in quadruple helix innovation systems. *In*: **Mode 3 knowledge production in quadruple helix innovation systems**. New York: Springer, 2012. p. 31-32.

baseado em experiências pessoais, juízos, palpites, intuições". Ela também equivale a ideias que o indivíduo possui com base nas suas experiências de mundo, que são executadas e agregam valor no local em que ele está inserido[119]. De outra banda, pode-se produzir conhecimento científico sem que haja uma inovação. Seja porque não houve sequer a implementação desse conhecimento[120], seja porque o conhecimento não agregou qualquer valor, até mesmo científico[121].

A fundamental distinção entre as inovações baseadas em conhecimentos implícitos e conhecimentos científicos (também chamados de explícitos) reside no fato de que, nesta segunda hipótese, o conhecimento "[...] é formalmente representável, pode ser comunicado com palavras, números, fórmulas científicas ou linguagem cotidiana", já o conhecimento implícito, por ser uma vivência do próprio sujeito, é difícil de transmitir, comprovar e verificar as potencialidades e riscos do conhecimento criado[122]. Nessa senda, no cenário da Sociedade do Conhecimento – na qual o conhecimento é a própria matéria-prima –, a centralidade consiste nas inovações alicerçadas em conhecimentos científicos, consoante já enaltecido alhures. Não por outra razão, as atuais estratégias de incentivo e fomento à inovação são arquitetadas prioritariamente na interação entre Empresa, Estado e ICTs[123].

Tal assertiva também pode ser extraída do estudo realizado no *Google Constitute,* no qual foi constatado que a inovação, quando mencionada explicitamente nas Cartas Constitucionais, aparece associada com a

---

119 WOLFGANG, Hoffmann-Riem. Direito, tecnologia e inovação. *In*: **Direito, inovação e tecnologia.** MENDES, Gilmar Ferreira Mendes; SARLET, Ingo Wolfgang; COELHO, Alexandre Zavaglia P. (Coord.). São Paulo: Saraiva, 2015. p. 20.

120 A noção de implementação aqui utilizada deve ser compreendida em sentido amplo, isto é, ao implementar-se um conhecimento, também se está divulgando-o à sociedade e à comunidade científica, contribuindo para o aprimoramento cultural e científico. Tal interpretação foi extraída das seguintes obras: CHAPMAN, Audrey R. La propiedad intelectual como derecho humano (obligaciones dimanantes del apartado c) del párrafo 1 del Artículo 15 del Pacto Internacional de Derechos Económicos, Sociales y Culturales). **Boletín de derecho de autor**. UNESCO, v. 15, n. 3, 4-39, jul./set 2001. Disponível em: <unesdoc.unesco.org/ark:/48223/pf0000125505_spa>. Acesso em: 15 out. 2018.; bem como MAY, Christopher; SELL, Susan. Forgetting History is Not an Option! Intellectual Property, Public Policy and Economic Development in Context.Birkbeck College, University of London. London, v. 2, 2011. Disponível em: <dime-eu.org/files/active/0/MaySell.pdf>. Acesso em: 1 nov. 2017.

121 CARAYANNIS, Elias G.; CAMPBELL, David F. J. Mode 3 knowledge production in quadruple helix innovation systems. *In*: **Mode 3 knowledge production in quadruple helix innovation systems.** New York: Springer, 2012. pp. 31-32.

122 WOLFGANG, Hoffmann-Riem. Direito, tecnologia e inovação. *In*: **Direito, inovação e tecnologia.** MENDES, Gilmar Ferreira Mendes; SARLET, Ingo Wolfgang; COELHO, Alexandre Zavaglia P. (Coord.). São Paulo: Saraiva, 2015. p. 20.

123 ETZKOWITZ, Henry. **The triple helix**: university-industry-government innovation in action. Abingdon: Routledge, 2008. p. 5.

pesquisa e o ensino. De outro lado, as demais Constituições, apesar de não a contemplar expressamente, de modo implícito fazem referência a ela ao associarem a ciência e a tecnologia ao desenvolvimento político, econômico e social do Estado. Reforça-se que a Constituição brasileira inseriu a inovação como uma tarefa constitucional ao lado da Ciência e Tecnologia, corroborando para a afirmação segundo a qual a inovação, no âmbito da Sociedade do Conhecimento, é derivada de conhecimentos científicos[124]. Com efeito, pode-se aduzir que, nessa sociedade, a inovação não corresponde apenas a novas ideias, mas a novas formas de produzir, aplicar e distribuir o conhecimento que venham a agregar valor em um determinado contexto[125].

Nessa linha, a inovação pode adquirir distintas roupagens, de acordo com a natureza do valor que ela agregará. Surgem, assim, espécies de inovações, tais como tecnológicas, de mercado, políticas, sociais, científicas, entre outras. Optou-se por delinear brevemente os contornos de três espécies de inovações, por entender que consistem nas espécies fomentadas no âmbito brasileiro, quais sejam as inovações tecnológicas, de mercado e as sociais.

As inovações tecnológicas possuem uma grande relevância na Sociedade do Conhecimento. Há, assim, uma tendência – a nível mundial –, a despeito de existir mais de uma espécie de inovação, de concebê-la estritamente como tecnológica[126]. Isso pode justificar-se em virtude de essa sociedade ser operada por tecnologias de informação e de comunicação. De igual modo, frequentemente, as inovações tecnológicas são usadas como sinônimas das inovações de mercado, tendo em vista que a inovação, na aludida sociedade, é essencialmente dirigida por interesses econômicos[127].

Entretanto, é importante clarificar que inovações tecnológicas e inovações de mercado não são sinônimas. Em razão do sentido aberto

---

124 MARQUES, Cláudia Lima. Comentário Título IV – Da ciência e tecnologia. *In*: CANOTILHO, José Joaquim Gomes; MENDES, Gilmar Ferreira; SARLET, Ingo Wolfgang; *et al.* (Coord.). **Comentários à Constituição do Brasil**. São Paulo: Saraiva, 2018. pp. 3648-3649.

125 MACIEL, Maria Lucia. Ciência, tecnologia e inovação: ideias sobre o papel das ciências sociais no desenvolvimento. **Parcerias Estratégicas**. Brasília, v. 10, n. 21, pp. 33-44, dez. 2010. p. 35. Disponível em: seer.cgee.org.br/index.php/parcerias_estrategicas/article/view/268. Acesso em: 20 maio 2018.

126 WOLFGANG, Hoffmann-Riem. Direito, tecnologia e inovação. *In*: **Direito, inovação e tecnologia**. MENDES, Gilmar Ferreira Mendes; SARLET, Ingo Wolfgang; COELHO, Alexandre Zavaglia P. (Coord.). São Paulo: Saraiva, 2015. p. 13.

127 CARAYANNIS, Elias G.; CAMPBELL, David F. J. Mode 3 knowledge production in quadruple helix innovation systems. *In*: **Mode 3 knowledge production in quadruple helix innovation systems**. New York: Springer, 2012. p. 29.

das inovações tecnológicas, elas podem ser ao mesmo tempo inovações de mercado ou inovações sociais, ou tão somente tecnológicas. Destarte, a inovação tecnológica consiste na produção, aplicação e distribuição de novas tecnologias na sociedade, tendo como efeito precípuo a penetração de produtos de base tecnológica nos setores econômicos, sociais, políticos[128] etc. A produção, a aplicação e a distribuição de novas tecnologias podem ser direcionadas para o mercado, e, na maioria das vezes, o é[129]. Nestes casos, elas correspondem concomitantemente a inovações de mercado. De outro lado, caso as tecnologias tenham por escopo o melhoramento do bem-estar social – possibilitando gradativamente a redução da desigualdade social, o aperfeiçoamento da educação, a proteção ao meio ambiente, entre outras finalidades sociais –, elas consubstanciarão, conjuntamente, uma inovação social; ou, tão somente, em uma análise oposta, representarão uma novidade que expanda o conhecimento tecnológico, referindo-se puramente a uma inovação tecnológica[130].

No tocante às inovações de mercado, antes de defini-las, é imprescindível estabelecer um conceito de mercado. Os mercados são construções sociais, de forma que se atribuem conceituações distintas a depender do nicho social ao qual ele se refere e se desenvolve[131]. Nesse sentido, o nicho ao qual se refere o presente estudo é o econômico, que tradicionalmente conceitua o mercado como o local onde há a troca de bens e serviços por uma unidade de dinheiro, visando fundamentalmente à lucratividade[132]. No entanto, o conceito de mercado no âmbito da Sociedade do Conhecimento também sofre modificações, sendo este "[...] um processo de descoberta e aprendizado que modifica os sujeitos econômicos, ajustando-os uns aos outros"[133].

---

128 WOLFGANG, Hoffmann-Riem. Direito, tecnologia e inovação. *In*: **Direito, inovação e tecnologia.** MENDES, Gilmar Ferreira Mendes; SARLET, Ingo Wolfgang; COELHO, Alexandre Zavaglia P. (Coord.). São Paulo: Saraiva, 2015. p. 13.

129 RODOTÀ, Stefano. **A vida na sociedade de vigilância**: a privacidade hoje. Rio de Janeiro: Renovar, 2008. p. 41.

130 CRUZ, Paulo Márcio; FERRER, Gabriel Real. Direito, Sustentabilidade e a Premissa Tecnológica como ampliação de seus Fundamentos. **Sequência: Estudos Jurídicos e Políticos.** Florianópolis, v. 36, n. 71, p. 239-278, dez. 2015. p. 263.

131 CARAYANNIS, Elias G.; CAMPBELL, David F. J. Mode 3 knowledge production in quadruple helix innovation systems. *In*: **Mode 3 knowledge production in quadruple helix innovation systems.** New York: Springer, 2012. p. 30.

132 SCHUMPETER, Joseph Alois. **Teoría del desenvolvimiento económico**: una investigación sobre ganancias, capital, crédito, interés y ciclo económico. México: Fondo de Cultura Económica, 1957. p. 59.

133 DARDOT, Pierre; LAVAL, Christian. **A nova razão do mundo.** São Paulo: Boitempo, 2017. p. 137.

O conhecimento e a informação, como mercadorias da aludida sociedade, impactam no funcionamento do mercado. Em face disso, este deixa de ser concebido como o *lócus*, regido pelas leis naturais, no qual as mercadorias circulam livremente, e pelo princípio do equilíbrio[134], mas, em verdade, adquire um caráter dinâmico, em que se busca descobrir as novas oportunidades de lucro lastreadas no conhecimento e na informação, que estão em constante circulação e modificação[135]. A dinamicidade justifica-se pela dificuldade em avaliar e quantificar o conhecimento, que em razão da sua intangibilidade "[...] apresenta aspectos tácitos e relacionais impraticáveis de serem captados por sistemas estatísticos e contábeis estruturados" e próprios da produção de bens tangíveis[136].

À vista disso, o mercado ganha contornos de um processo de fluxo contínuo, alicerçado em duas variáveis: (a.) as subjacentes, identificadas pelas preferências dos consumidores, possibilidades tecnológicas e disponibilidade de recursos[137]; e (b.) as induzidas, que consistem nos preços, métodos de produção, serviços, quantidade e qualidade de produtos, as quais estão intimamente relacionadas com o primeiro grupo de variáveis[138].

Nessa senda, há uma contínua aprendizagem que visa explorar e equilibrar os dois grupos de variáveis, tendo por escopo a lucratividade e rentabilidade econômica. Ressalta-se que não há um equilíbrio permanente do mercado, mas momentos de equilíbrio, que são interrompidos com o surgimento de novas variáveis derivadas da acelerada e ininterrupta inovação[139]. O mercado é, em resumo, "[...] um processo de autoformação do sujeito econômico", no qual o indivíduo aprende a se conduzir, tendo como parâmetros de condução, a procura de oportunidades de lucro e o comportamento concorrencial[140].

Dessa maneira, a inovação de mercado consiste na criação, na aplicação e na distribuição de um conhecimento comercializável, o qual

---

134 DARDOT, Pierre; LAVAL, Christian. **A nova razão do mundo**. São Paulo: Boitempo, 2017. p. 137.

135 KIRZNER, Israel M. **The meaning of the market process**: essays in the development of modern Austrian economics. Abingdon: Routledge, 2002. p. 44.

136 TIGRE, Paulo. **Gestão da inovação**: a economia da tecnologia no Brasil. Rio de Janeiro: Elsevier Brasil, 2014. p. 56.

137 A tecnologia aqui delineada como variável de mercado refere-se tanto "[...] através de bens de Capital, quanto no conhecimento incorporado pelos indivíduos", v. TIGRE, Paulo. **Gestão da inovação**: a economia da tecnologia no Brasil. Rio de Janeiro: Elsevier Brasil, 2014. p. 28.

138 KIRZNER, Israel M. **The meaning of the market process**: essays in the development of modern Austrian economics. Abingdon: Routledge, 2002. p. 42.

139 KIRZNER, Israel M. **The meaning of the market process**: essays in the development of modern Austrian economics. Abingdon: Routledge, 2002. p. 46.

140 DARDOT, Pierre; LAVAL, Christian. **A nova razão do mundo**. São Paulo: Boitempo, 2017. pp. 140-143.

agrega valor ao setor empresarial, uma vez que são as empresas que, em primeira linha, ganharão e lucrarão com as transações econômicas, seja por aumento de receita, seja por redução de custos, seja, inclusive, por melhorias nos resultados financeiros[141]. Além disso, são elas também que detêm o poder decisório das variáveis induzidas do mercado[142]. Por conseguinte, as referidas inovações colocam em funcionamento o processo de mercado, podendo originar novos – ou aperfeiçoados – produtos, serviços e processos que aumentem a produtividade mercadológica e gerem lucros econômicos[143].

Quanto às inovações sociais, estas são consideradas como a produção, aplicação e distribuição de novos conhecimentos que possuem por finalidade a aquisição de benefícios sociais[144]. As inovações sociais são adaptadas a culturas específicas, em que cada sociedade tem o seu parâmetro do que sejam inovações sociais, podendo consistir em novos modelos organizacionais, estilos de vida, sistemas de valores culturais, formas de produzir e avançar o conhecimento científico etc. Em resumo, todo novo conhecimento que aumente o desempenho social pode se enquadrar nessa espécie de inovação. Destaca-se que o próprio direito, por incidir na realização do bem comum e regular as relações intersubjetivas, enquadra-se nessa modalidade de inovação[145].

Da mesma maneira que as inovações tecnológicas, as inovações sociais podem ser enquadradas em mais de uma espécie de inovação. Por exemplo, inovações culturais, educacionais, científicas, e ambientais poderão ser – e quase sempre são – simultaneamente inovações sociais. Realça-se que as inovações de mercado, a depender do modelo econômico que se adote, podem representar igualmente inovações sociais, caso o ganho econômico for empregado não só a interesses particulares, como também ao bem comum, à concreção de direitos e garantias fundamentais e, por conseguinte, à amplitude dos benefícios sociais. Nota-se, portanto,

141 CARAYANNIS, Elias G.; CAMPBELL, David F. J. Mode 3 knowledge production in quadruple helix innovation systems. *In*: **Mode 3 knowledge production in quadruple helix innovation systems**. New York: Springer, 2012. p. 29.

142 POSSAS, Mario Luiz; FAGUNDES, Jorge; PONDÉ, João Luiz. **Política antitruste**: um enfoque schumpeteriano. Univ. Federal, Inst. de Economia Industrial, 1995. p. 13.

143 STEWART, Richard B. Regulation, innovation, and administrative law: A conceptual framework. **California Law Review**. Berkeley, v. 69, n. 5, p. 1256-1377. 1981. p. 1279.

144 STEWART, Richard B. Regulation, innovation, and administrative law: A conceptual framework. **California Law Review**. Berkeley, v. 69, n. 5, p. 1256-1377. 1981. p. 1279.

145 WOLFGANG, Hoffmann-Riem. Direito, tecnologia e inovação. *In*: **Direito, inovação e tecnologia**. MENDES, Gilmar Ferreira Mendes; SARLET, Ingo Wolfgang; COELHO, Alexandre Zavaglia P. (Coord.). São Paulo: Saraiva, 2015. p. 14-15.

que, pela complexidade do processo de inovação, uma única produção, aplicação e distribuição de novos conhecimentos poderão consubstanciar mais de uma espécie de inovação[146].

Mas, o que seria inovação para fins de previsão e promoção jurídico-constitucional? Entende-se que, para uma inovação ser fomentada juridicamente, o seu valor agregado deve consistir em "[...] melhorias significativas e sustentáveis, que contribuem para lidar com a gestão de conhecidos ou novos problemas"[147]. Por melhorias significativas, concebe-se como aquelas que tornam mais eficiente a gestão de um problema, sendo a eficiência medida pela atribuição da máxima eficácia e efetividade às normas jurídico-constitucionais[148]. Assim, concretiza-se, na maior medida possível, os bens, os interesses e os princípios garantidos pela ordem jurídico-constitucional. Dessa forma, procede-se a uma análise comparativa do grau de eficácia e efetividade das normas que perpassam a gestão do problema antes e depois da implantação das melhorias, a fim de aferir se elas são significativas ou não. Contudo, além disso, para agregação de valor, as melhorias precisam ser sustentáveis, devendo-se aderir à noção de sustentabilidade de Juarez Freitas, que a interpreta nas dimensões social, ambiental, econômica, jurídico-política e ética[149].

Tem-se que sendo a inovação "[...] um processo de busca e aprendizado, dependente de interações, socialmente determinado e fortemente influenciado por formatos institucionais e organizacionais específicos"[150], a depender do Estado-nação, haverá uma variação sobre quais setores objetiva-se, prioritariamente e com base na inovação, a melhoria da gestão dos problemas. Ao se falar em modo prioritário, parte-se da premissa segundo a qual a inovação consiste em um processo inerente à sociedade,

146 Nesse sentido, STEWART, Richard B. Regulation, innovation, and administrative law: A conceptual framework. **California Law Review**. Berkeley, v. 69, n. 5, pp. 1256-1377. 1981.; WOLFGANG, Hoffmann-Riem. Direito, tecnologia e inovação. *In*: **Direito, inovação e tecnologia**. MENDES, Gilmar Ferreira Mendes; SARLET, Ingo Wolfgang; COELHO, Alexandre Zavaglia P. (Coord.). São Paulo: Saraiva, 2015. p. 14.

147 WOLFGANG, Hoffmann-Riem. Direito, tecnologia e inovação. *In*: **Direito, inovação e tecnologia**. MENDES, Gilmar Ferreira Mendes; SARLET, Ingo Wolfgang; COELHO, Alexandre Zavaglia P. (Coord.). São Paulo: Saraiva, 2015. pp. 11-12.

148 SARLET, Ingo Wolfgang. Direitos fundamentais em espécie. *In*: SARLET, Ingo Wolfgang; MARINONI, Luiz Guilherme; MITIDIERO, Daniel. **Curso de direito constitucional**. 6. ed. São Paulo: Saraiva, 2017. p. 225.

149 Sobre o tema, esmiuçando as dimensões da sustentabilidade, v. FREITAS, Juarez. **Sustentabilidade**: direito ao futuro. 3. ed. Belo Horizonte: Fórum, 2016. pp. 61-ss.

150 CASSIOLATO, José Eduardo; LASTRES, Helena Maria Martins. Sistemas de inovação e desenvolvimento: as implicações de política. **São Paulo em perspectiva**. São Paulo, v. 19, n. 1, p. 34-45, jan./mar. 2005. Disponível em: <scielo.br/scielo.php?script=sci_arttext&pid=S0102-88392005000100003>. Acesso em: 10 mar. 2018. p. 37.

ocorrendo naturalmente em todas as esferas da conjuntura social. No entanto, alicerçado na lógica da Sociedade do Conhecimento, o Estado poderá eleger áreas específicas em que será incentivada a inovação por meio de políticas públicas e atos executivos, legislativos e judiciais. Nesse cenário, a inovação deixa de ser um processo natural da sociedade e adquire o status de um programa estatal[151], que deve ser cumprido de acordo com a finalidade para qual foi instituído. Passa-se, então a análise da previsão jurídico-constitucional da inovação no Brasil, a fim de perquirir os seus contornos enquanto programa estatal e compreender o sentido atribuído a ela, bem como de que forma se dá sua promoção na ordem jurídico-constitucional brasileira.

2.2. A PREVISÃO E PROMOÇÃO JURÍDICO-CONSTITUCIONAL DA INOVAÇÃO NO BRASIL

Explanada a conjuntura na qual a inovação adquire status jurídico, bem como delineada sua definição e fixado o conceito jurídico de inovação, cabe analisá-la enquanto uma garantia positiva da liberdade de pesquisa científica, afiliando-se a posição de Gomes Canotilho e Vital Moreira, que defendem que "[...] o apoio e incentivo à inovação pode considerar-se como uma garantia positiva de criação e investigação científicas". Destarte, concebem que o apoio à inovação visa assegurar a liberdade e autonomia, quer dos pesquisadores, reconhecendo um direito de liberdade para as pessoas que se dedicam à pesquisa, quer das Instituições que se dedicam à investigação científica.

Tal entendimento guarda consonância com as premissas delineadas no capítulo anterior, na medida em que se reforça que um dos resultados da liberdade de pesquisa científica poderá ser a produção de inovações. Destarte, ao se analisar os termos da previsão e promoção da inovação no Brasil, perquirindo as finalidades para as quais ela foi destinada, está-se, em última linha, examinando normas atinentes ao exercício da liberdade de pesquisa científica.

Nesse sentido, o estudo da previsão e promoção jurídico-constitucional da inovação no Brasil percorre forçosamente o estudo da legislação constitucional e infraconstitucional sobre o tema, para, em um segundo momento, avaliar os instrumentos em termos de políticas públicas, que

151 "A ideia de 'programa' associa-se ao caráter dirigente da Constituição. A Constituição comandaria a acção do Estado e imporia aos órgãos competentes a realização das metas programáticas nela estabelecidas", v. CANOTILHO, José Joaquim Gomes. **Direito Constitucional e Teoria da Constituição.** 7. ed. Coimbra: Almedina, 2003. p. 216.

possibilitam sua realização no plano prático, os quais estão reunidos no denominado Sistema Nacional de Ciência, Tecnologia e Inovação (SNCTI).

2.2.1. Plano normativo de promoção à inovação

A Constituição de 1988 é a primeira, dentre todas que já foram promulgadas na história constitucional brasileira, a dedicar um capítulo próprio para a Ciência e Tecnologia. Conforme já evidenciado anteriormente[152], apesar de não se contemplar expressamente a inovação em seu texto original, esta já a concebia implicitamente ao associar o desenvolvimento científico e tecnológico ao avanço social e econômico[153].

Corroborando com essa assertiva, destaca-se que, no Relatório Final da Subcomissão da Ciência, Tecnologia e Comunicação da Assembleia Nacional Constituinte, foi reconhecido "[...] o papel da ciência e da tecnologia na constituição, estruturação e mudanças da sociedade moderna", bem como que "[...] a ciência e tecnologia poderão contribuir para a solução de diversas ordens de problemas no país"[154]. Dessa forma, a inovação já era tratada implicitamente na Constituinte desde a sua promulgação, ao considerar que a Ciência e a Tecnologia auxiliam na gestão de problemas de distintas naturezas, concluindo-se que as pesquisas científicas e tecnológicas, nos moldes previstos na Constituição, poderiam ensejar a produção de inovações.

No entanto, é com a EC n.º 85/2015 que a inovação passa a ser expressamente prevista como um compromisso constitucional. Além de a referida EC inserir a inovação ao lado da Ciência e Tecnologia, no Capítulo IV da Constituição Federal, dentre os acréscimos e alterações de dispositivos pertinentes, destaca-se a adição da inovação em cinco artigos constitucionais, quais sejam: art. 23, inciso V, da CRFB; art. 24, inciso IX, da CRFB; art. 167, § 5.º, da CRFB; art. 200, inciso V, da CRFB, e art. 213, § 2.º, da CRFB. Destarte, a inovação começou a integrar vários dispositivos da Constituição, tendo como alicerces principais: (a.) arranjos

152 MARQUES, Cláudia Lima. Comentário Título IV – Da ciência e tecnologia. *In*: CANOTILHO, José Joaquim Gomes; MENDES, Gilmar Ferreira; SARLET, Ingo Wolfgang; *et al.* (Coord.). **Comentários à Constituição do Brasil**. São Paulo: Saraiva, 2018. p. 3641.

153 MOLINARO, Carlos Alberto; SARLET, Ingo Wolfgang. Apontamentos sobre direito, ciência e tecnologia na perspectiva de políticas públicas sobre regulação em ciência e tecnologia. *In*: MENDES, Gilmar Ferreira; SARLET, Ingo Wolfgang; COELHO, Alexandre Zavaglia P. (Coord.). **Direito, inovação e tecnologia**. São Paulo: Saraiva, 2015. v. 1. p. 12.

154 BRASIL. Assembleia Nacional Constituinte. **Relatório da Comissão da família, da educação, cultura e esportes, da ciência e tecnologia e da comunicação**. Relatório e anteprojeto. Relator: Constituinte Cristina Tavares. Brasília: Assembleia Nacional Constituinte, 1988. v. 210. p. 2. Disponível em: <camara.gov.br/internet/constituicao20anos/DocumentosAvulsos/vol-210.pdf>. Acesso em: 10 mar. 2018.

federativos que permitem à cooperação dos entes em todos os níveis da federação em prol da inovação; e (b.) estratégias de interação entre Estado, empresas e Instituições de Ciência, Tecnologia e Inovação (ICTs)[155].

À luz do sistema de repartição de competências disposto no texto constitucional, o compromisso com a inovação é uma constante no âmbito das três esferas da Federação. O constituinte reformador preocupou-se em delegar competência de tipo vertical, de teor administrativo, no art. 23, inciso V, da CRFB, dispondo que "é competência comum da União, dos Estados, do Distrito Federal e dos Municípios: [...] proporcionar os meios de acesso à cultura, à educação, à ciência, à tecnologia, à pesquisa e à inovação", bem como, a de tipo legislativo, no art. 24, inciso IX, da CRFB, prelecionando que "compete à União, aos Estados e ao Distrito Federal legislar concorrentemente sobre: [...] educação, cultura, ensino, desporto, ciência, tecnologia, pesquisa, desenvolvimento e inovação"[156]. Sublinha-se que a competência legislativa sobre a matéria, a despeito de não ser delegada expressamente no *caput* ao Município, por força do art. 30, inciso II, da CRFB, ele também possui competência para tanto[157].

No tocante à alteração promovida no art. 167, da CRFB, vislumbra-se um cuidado do constituinte em viabilizar, em termos orçamentários, o exercício efetivo da competência administrativa dos entes federados na promoção à inovação. Destarte, o art. 167 da CRFB concretiza a necessidade de previsibilidade, de clareza e de estabilidade normativa no que toca ao orçamento público, consagrando o princípio da segurança jurídica em matéria orçamentária[158]. Nesse sentido, o dispositivo contempla algumas proibições no manejo e execução do orçamento, como a inserida no seu inciso VI, o qual veda "[...] a transposição, o remanejamento ou a transferência de recursos de uma categoria de programação para outra ou de um órgão para outro, sem prévia autorização legislativa".

155 BRASIL. Ministério da Ciência, Tecnologia, Inovações e Comunicações. **Estratégia Nacional de Ciência, Tecnologia e Inovação 2016-2022**. Brasília: MCTIC, 2018. p. 7. Disponível em: <finep.gov.br/images/afinep/Politica/16_03_2018_Estrategia_Nacional_de_Ciencia_Tecnologia_e_Inovacao_2016_2022.pdf>. Acesso em: 20 nov. 2018.

156 Vale ainda lembrar que, na dinâmica instituída pelos §§ do art. 24, compete à União editar a norma geral sobre o tema. Já aos Estados, cabe suplementar a legislação federal, adequando-a aos interesses regionais. Aos Municípios, por sua vez, compete realizar o mesmo a fim de atender aos interesses locais, v. MENDES, Gilmar Ferreira; BRANCO, Paulo Gustavo Gonet **Curso de direito constitucional**. 12. ed. rev. e atual. São Paulo: Saraiva, 2017. p. 747.

157 MENDES, Gilmar Ferreira; BRANCO, Paulo Gustavo Gonet **Curso de direito constitucional**. 12. ed. rev. e atual. São Paulo: Saraiva, 2017. pp. 746-750.

158 CALIENDO, Paulo. Comentário ao artigo 167 do Capítulo II – Das finanças públicas. *In*: CANOTILHO, José Joaquim Gomes; MENDES, Gilmar Ferreira; SARLET, Ingo Wolfgang; *et al*. (Coord.). **Comentários à Constituição do Brasil**. São Paulo: Saraiva, 2018. p. 3312.

Entretanto, após a reforma constitucional, no § 5.º do art. 167, da CRFB, passou-se a constar uma exceção a tal vedação, restando consagrado que a transposição, o remanejamento ou a transferência de recursos de uma categoria de programação, no âmbito das atividades de ciência, tecnologia e inovação poderão ser admitidos, sem autorização legislativa e mediante ato do Poder Executivo, desde que se tenha por objetivo o alcance dos resultados de projeto restritos a essas atividades. Observa-se que, pela leitura do dispositivo, por certo, para a incidência da exceção, a mudança orçamentária deve ter o escopo exclusivo de atender as funções da ciência, tecnologia e inovação.

As modificações do art. 200, inciso V, da CRFB, atinente ao direito à saúde, e do art. 213, § 2.º, direcionado ao direito à educação, evidenciam que o constituinte optou explicitamente, ainda que não exclusivamente, em promover inovações sociais, assertiva essa que se extrai não apenas por ela constar no Título da Ordem Social, como, igualmente, por vislumbrar que o seu caráter social fora reforçado ao estar prevista em outros dispositivos, também pertinentes à ordem social. Assim sendo, o art. 200, inciso V, da CRFB, concebe que compete ao Sistema Único de Saúde (SUS), nos termos da lei, incrementar na sua atuação o desenvolvimento científico, tecnológico e a inovação.

Reforça-se que a inovação em matéria de saúde tem colaborado significativamente para a efetivação do direito fundamental à saúde. Nesse caso, é evidente o destaque dado às inovações tecnológicas, as quais cooperam para a gestão facilitada nos processos de atendimento ao paciente, visando a maior segurança e confiabilidade nas decisões clínicas e nos diagnósticos. Além disso, tais inovações auxiliam na execução de políticas públicas nessa área, propiciando a identificação dos fatores determinantes do bem-estar dos cidadãos e do controle de epidemias[159].

No tocante ao art. 213, § 2.º, da CRFB, percebe-se que ele já aponta indícios do forte envolvimento das ICTs na política de incentivo à inovação brasileira, demonstrando, igualmente, a íntima relação entre a inovação e o direito à educação. Assim, o dispositivo determina que "[...] as atividades de pesquisa, extensão e de estímulo à inovação realizadas por universidades ou instituições de educação profissional e tecnológica poderão receber apoio financeiro do Poder Público". Note-se que o apoio financeiro ofertado pelo

159 VIEIRA, Augusto Cesar Gadelha. O Projeto Cartão Nacional de Saúde e a construção de e-Saúde para o Brasil. *In*: BARBOSA, Alexandre F. (Org.). **TIC SAÚDE 2013**: pesquisa sobre o uso das tecnologias de informação e comunicação nos estabelecimentos de saúde brasileiros. 2. ed. rev. São Paulo: Comitê Gestor da Internet no Brasil, 2015. pp. 33-46.

Poder Público é direcionado não para as atividades em geral desenvolvidas nas Universidades ou Instituições de educação profissional e tecnológica, mas diretamente aos projetos que tenham por objeto a pesquisa, extensão e inovação[160].

Além dessas alterações pontuais, a mudança de maior amplitude gerada pela EC n.º 85/2015 foi a do Capítulo IV da Constituição Federal, que inseriu a inovação como uma tarefa-dever, juntamente com a Ciência e a Tecnologia, a ser promovida e incentivada pelo Estado. Atenta-se que, mais uma vez, o estudo da inovação cruza-se com o direito fundamental à liberdade de pesquisa científica, de modo que, ao avaliar as normas constitucionais atinentes ao incentivo à inovação, perpassa-se pelo estudo da faceta prestacional da aludida liberdade na Constituição Federal. Não por outra razão, os arts. 218 a 219-B, da CRFB foram objetos de análise anteriormente.

Os dispositivos inseridos no Capítulo IV da Constituição são atinentes às "normas-tarefas que definem programas de ação e linhas de orientação dirigidas ao Estado"[161], a fim de garantir o desenvolvimento científico, a pesquisa, a capacitação científica e tecnológica e a inovação. Em uma análise sistemática, repara-se que os programas de ação e as linhas de atuação pautam-se basicamente nos seguintes eixos: (a.) formação de recursos humanos; (b.) apoio à parceria público-privada, estimulando empresas que invistam em pesquisa[162]; (c.) articulação entre Instituições científicas, governo e empresas[163]; e (d.) descentralização dos poderes na execução da política de Ciência, Tecnologia e Inovação, passando a ser de responsabilidade da União, Estados, Distrito Federal e Municípios[164].

Nesse ponto, chama-se a atenção para algumas especificidades de determinados artigos. Primeiramente, o art. 218 da CRFB, que foi alterado não só para a inserção da inovação como compromisso estatal, mas

160 MALISKA, Marcos Augusto. Da educação, da cultura e do desporto. *In*: CANOTILHO, José Joaquim Gomes; MENDES, Gilmar Ferreira; SARLET, Ingo Wolfgang; *et al*. (Coord.). **Comentários à Constituição do Brasil**. São Paulo: Saraiva, 2018. p. 3615.

161 CANOTILHO, José Joaquim Gomes. **Direito Constitucional e Teoria da Constituição**. 7. ed. Coimbra: Almedina, 2003. p. 217.

162 BASTOS, Celso Ribeiro. **Curso de Direito Constitucional**. 22. ed. São Paulo: Malheiros, 2010.

163 CANOTILHO, José Joaquim Gomes; MOREIRA, Vital. **Constituição da República portuguesa anotada**. 3. ed. Coimbra: Coimbra Editora, 2007. p. 892.

164 PRETE, Esther Külkamp Eyng. Considerações para uma abordagem sistemática da Emenda Constitucional n.º 85/2015. *In*: SOARES, Fabiana de Menezes; PRETE, Esther Külkamp Eyng. **Marco regulatório em ciência, tecnologia e inovação**: texto e contexto da Lei n.º 13.243/2016. Belo Horizonte: Arraes, 2018. p. 108. Disponível em: <fundep. ufmg.br/wpcontent/uploads/2018/09/Livro_MARCO_REGULATORIO_EM_CIENCIA_TECNOLOGIA_E_INOVACAO.pdf>. Acesso em: 10 out. 2018.

também para acrescentar o fomento à capacitação científica, frisando-se que no texto original mencionava-se apenas a capacitação tecnológica. Em verdade, a capacitação tecnológica não deixa de ser uma forma de capacitação científica. A previsão expressa tem o condão de reforçar que o ente público visa não só ao desenvolvimento tecnológico, mas ao progresso científico em sentido amplo[165]. Pode-se concluir, a partir disso, que a opção do constituinte não foi em consagrar a inovação somente no aspecto tecnológico.

Afora isso, o § 1.º do art. 218, ao apontar que as pesquisas básica e tecnológica receberão tratamento prioritário do Estado, visando à inovação dentre outras finalidades, exterioriza a premissa de que a inovação garantida constitucionalmente é a lastreada em conhecimentos científicos. Ainda sobre o mesmo dispositivo, destaca-se que, antes da EC n.º 85/2015, apenas a pesquisa científica era objeto de tratamento prioritário pelo Estado. Isso se modifica após a reforma, sendo agora de tratamento prioritário pelo Estado a pesquisa científica e tecnológica.

No tocante ao § 7.º do art. 218, da CRFB, há um reflexo da noção de cidadania global, própria da Sociedade do Conhecimento, e da sua lógica de aprimoramento sustentada na troca de informações e conhecimentos entre indivíduos do mundo inteiro[166]. Em função disso, resta consignado que "[...] o Estado promoverá e incentivará a atuação no exterior das Instituições públicas de ciência, tecnologia e inovação, com vistas à execução das atividades" de desenvolvimento científico, capacitações científicas e tecnológicas e a inovação.

Importa mencionar, ademais, o parágrafo único do art. 219, da CRFB, o qual realça que o Poder Público deve estimular a inovação na esfera pública e privada, incentivar a constituição e a manutenção de ambientes promotores de inovação – como parques e polos tecnológicos –, bem como impulsionar "a criação, absorção, difusão e transferência de tecnologia". O dispositivo enfatiza, do mesmo modo, a necessidade do Estado de encorajar a atuação de inventores independentes, o que sobreleva novamente a essencialidade da liberdade de pesquisa científica para a inovação.

---

165 MARQUES, Cláudia Lima. Comentário Título IV – Da ciência e tecnologia. *In*: CANOTILHO, José Joaquim Gomes; MENDES, Gilmar Ferreira; SARLET, Ingo Wolfgang; *et al.* (Coord.). **Comentários à Constituição do Brasil.** São Paulo: Saraiva, 2018. p. 3661.

166 RODOTÀ, Stefano. Cual derecho para el nuevo mundo. **Rev. Derecho Privado.** Bogotá, v. 9, pp. 5-20, jul./dez. 2005. p. 14-15. Disponível em: <redalyc.org/pdf/4175/417537584001.pdf>. Acesso em: 20 jul. 2018.

Por fim, ainda no que toca à legislação constitucional, ressalta-se que um dos pontos de maior relevância da citada reforma de 2015 foi à institucionalização do SNCTI, que visa estruturar ações com vistas ao desenvolvimento científico, tecnológico e da inovação do país, por meio da colaboração entre entes públicos e privados[167]. Consoante os §§ 1.º e 2.º do art. 219-B da CRFB, caberá à lei federal dispor sobre as normas gerais do SNCTI; e aos Estados, ao Distrito Federal e aos Municípios legislarem concorrentemente sobre suas peculiaridades.

Por conseguinte, antes de adentrar na análise da legislação infraconstitucional, já é possível atestar uma conclusão segundo a qual, pelo texto constituinte, a opção fora pela promoção de inovações sociais, tecnológicas e de mercado, ou seja, busca-se com a promoção da inovação a melhoria significativa e sustentável na gestão de problemas sociais ou econômicos.

Quanto à legislação infraconstitucional, destaca-se que, antes da reforma constitucional de 2015, já existiam diplomas legais que objetivavam o apoio e a promoção jurídica da inovação. Isso atesta que, apesar de não constar expressamente no texto constitucional, a inovação era implicitamente extraída da interpretação dos dispositivos que versavam sobre Ciência e Tecnologia. Uma das primeiras leis que já representava um avanço na regulação da inovação, especialmente a tecnológica, foi a Lei de Informática (Lei n.º 8.248), elaborada em 1991, e modificada posteriormente pelas Leis n.º 10.176/2001 e n.º 11.077/2004, contemplando a redução do Imposto sobre Produtos Industrializados (IPI) para empresas que investissem na produção de bens de informática, automação e telecomunicações[168]. Contudo, o marco legal da inovação no Brasil ocorre com a promulgação da Lei n.º 10.973/2004 (Lei de Inovação – LI), influenciada pelo sistema legal de inovação francês[169] e pelo

---

167 BRASIL. Ministério da Ciência, Tecnologia, Inovações e Comunicações. **Estratégia Nacional de Ciência, Tecnologia e Inovação 2016-2022**. Brasília: MCTIC, 2018. p. 47. Disponível em: <finep.gov.br/images/afinep/Politica/16_03_2018_Estrategia_Nacional_de_Ciencia_Tecnologia_e_Inovacao_2016_2022.pdf>. Acesso em: 20 nov. 2018.

168 BRASIL. Ministério da Ciência, Tecnologia, Inovações e Comunicações. **Estratégia Nacional de Ciência, Tecnologia e Inovação 2016-2022**. Brasília: MCTIC, 2018. p. 25. Disponível em: finep.gov.br/images/afinep/Politica/16_03_2018_Estrategia_Nacional_de_Ciencia_Tecnologia_e_Inovacao_2016_2022.pdf. Acesso em: 20 nov. 2018.

169 O conteúdo da legislação francesa em muito se assemelha com a legislação brasileira, uma vez que se pauta tanto na mobilidade dos pesquisadores em direção à indústria e às empresas, como na busca pela cooperação entre empresas, governo e instituições de pesquisa, v. KRUGLIANSKAS, Isak; MATIAS-PEREIRA, José. Um enfoque sobre a Lei de Inovação Tecnológica do Brasil. **Revista de Administração Pública**. Rio de Janeiro, v. 39, n. 5, p. 1011-1029, set/out. 2005. p. 1018. Disponível em: repositorio.unb.br/bitstream/10482/926/1/ARTIGO_EnfoqueLeiInovacaoTecnologica.pdf. Acesso em: 20 jun. 2018.

Bayh-Dole Act norte-americano[170], tendo por alicerce o fortalecimento de ambientes promotores de inovação por meio do envolvimento entre governo, empresas e Instituições de pesquisa[171].

Esse envolvimento fora explicitado na exposição de motivos da referida Lei, uma vez que esta possui fundamento no estabelecimento de metas à Ciência e Tecnologia. O principal objetivo do mencionado diploma legal, nessa linha, consiste em dinamizar a relação entre Universidades, Institutos de pesquisa, governo e o setor produtivo nacional[172]. Tal objetivo restou consignado no art. 3.º da LI, que direcionou aos entes federativos e suas respectivas agências de fomento a tarefa de "estimular e apoiar a constituição de alianças estratégicas e o desenvolvimento de cooperação envolvendo empresas, ICTs e entidades privadas sem fins lucrativos, objetivando a geração de produtos, processos e serviços inovadores". Além do art. 3.º, os arts. 4.º, 5.º, 9.º e 19 são exemplos de normas que possuem por escopo incentivar a "[...] constituição de ambiente propício às parcerias estratégicas entre as Universidades, Institutos tecnológicos e empresas"[173].

Para tanto, conta-se como intermediadores dessas parcerias as agências estatais de fomento e os Núcleos de Inovação Tecnológica

---

170 O *Bayh-Dole Act* visa, por meio do sistema de patentes, à promoção e à interação entre governo, empresas e universidades/centros de pesquisa, tendo por finalidade o desenvolvimento, a participação das empresas em pesquisas financiadas pelo governo, garantindo que as inovações resultantes dessa interação, além de contribuírem com a livre concorrência, estejam disponíveis para a sociedade, v. ESTADOS UNIDOS DA AMÉRICA. **Bayh Dole Act**, de 12 de dezembro de 1980. 35 U.S.C. Chapter 18: Patent Rights in Inventions Made with Federal Assistance. §§ 200-212. Disponível em: unemed.com/wp-content/uploads/2015/06/35-U.S.C.-200-212-Bayh-Dole-Act.pdf. Acesso em: 10 mar. 2018.

171 Nesse sentido: BARBOSA, Cynthia Mendonça; SOUZA, Gustavo Costa de. A relação entre empresas e instituições de ensino e pesquisa e seu papel no desenvolvimento econômico. *In*: SOARES, Fabiana de Menezes; PRETE, Esther Külkamp Eyng. **Marco regulatório em ciência, tecnologia e inovação**: texto e contexto da Lei n.º 13.243/2016. Belo Horizonte: Arraes, 2018. p. 188. Disponível em: <fundep.ufmg.br/wpcontent/uploads/2018/09/Livro_MARCO_REGULATORIO_EM_CIENCIA_TECNOLOGIA_E_INOVACAO.pdf>. Acesso em: 10 out. 2018.; KRUGLIANSKAS, Isak; MATIAS-PEREIRA, José. Um enfoque sobre a Lei de Inovação Tecnológica do Brasil. **Revista de Administração Pública**. Rio de Janeiro, v. 39, n. 5, p. 1011-1029, set/out. 2005. p. 1018. Disponível em: <repositorio.unb.br/bitstream/10482/926/1/ARTIGO_EnfoqueLeiInovacaoTecnologica.pdf>. Acesso em: 20 jun. 2018.; RAUEN, Cristiane Vianna. O novo marco legal da inovação no Brasil: o que muda na relação ICT-Empresa? Radar, v. 43, p. 21-35, fev. 2016. p. 22-23. Disponível: <ipea.gov.br/portal/images/stories/PDFs/radar/160309_radar43_cap_3.pdf>. Acesso em: 10 jun. 2018.

172 BRASIL. Câmara dos Deputados. **Projeto de Lei n.º 3674/2004**. Dispõe sobre incentivos à inovação e à pesquisa científica e tecnológica no ambiente produtivo, e dá outras providências. Disponível em: <camara.gov.br/proposicoesWeb/prop_mostrarintegra?codteor=215493&filename=PL+3476/2004>. Acesso em: 10 ago. 2018.

173 BARBOSA, Denis Borges. Direito ao desenvolvimento, inovação e a apropriação das tecnologias após a Emenda Constitucional n.º 85 (2015). Denis Borges Barbosa – Website Acadêmico. Atualização do artigo publicado no v. 8, n. 83, da Revista Jurídica da Casa Civil da Presidência da República, em fev./mar. 2007. ISSN 1808-2807. p. 6. Disponível em: <denisbarbosa.addr.com/arquivos/200/inovacao/direito_ao_desenvolvimento_2015.pdf>. Acesso em: 29 maio 2018.

(NITs). Os NITs são órgãos criados por uma ou mais ICTs, com ou sem personalidade jurídica própria, além de possuírem como uma das suas finalidades principais a gestão da política de propriedade intelectual[174]. Já as agências de fomento, conforme preleciona o art. 3.º-A, possuem como um de seus propósitos o apoio às ICTs na gestão administrativa e financeira dos projetos de incentivo à inovação e à pesquisa científica e tecnológica. Além disso, o art. 21 da LI delega às agências de fomento o dever de "promover, por meio de programas específicos, ações de estímulo à inovação nas micro e pequenas empresas".

A LI contempla, ainda, normas que impulsionam a inovação nas empresas[175]. Exemplificativamente, o art. 28 estabelece o fomento da inovação por meio de incentivos fiscais a serem concedidos pela União. Na mesma linha, a lei também versa sobre a incubação de empresas no espaço público e a possibilidade do compartilhamento de "[...] infraestrutura, equipamentos e recursos humanos, para o desenvolvimento tecnológico e a geração de produtos e processos inovadores", conforme se pode extrair da leitura do art. 19[176].

Seguindo a orientação de encorajar a inovação nas empresas, em 2005 foi promulgada a Lei n.º 11.196, doravante denominada Lei do Bem (LB), correspondendo a um dos instrumentos legais com o escopo de potencializar e incentivar a inovação no setor produtivo. A LB assegura mecanismos de benefícios fiscais, a fim de que as empresas realizem investimentos em pesquisa, desenvolvimento e inovação[177]. Realça-se que a espécie de inovação que a LB busca incentivar é a tecnológica, tratando-a concomitantemente como uma inovação de mercado, conforme se extrai da leitura do § 1.º do art. 17, o qual dispõe que a inovação tecnológica consiste em um novo produto ou processo de fabricação, bem como

174 RAUEN, Cristiane Vianna. O novo marco legal da inovação no Brasil: o que muda na relação ICT-Empresa? **Radar**, v. 43, p. 21-35, fev. 2016. p. 22-23. Disponível: <ipea.gov.br/portal/images/stories/PDFs/radar/160309_radar43_cap_3.pdf>. Acesso em: 10 jun. 2018.

175 BARBOSA, Denis Borges. Direito ao desenvolvimento, inovação e a apropriação das tecnologias após a Emenda Constitucional n.º 85 (2015). Denis Borges Barbosa – Website Acadêmico. Atualização do artigo publicado no v. 8, n. 83, da Revista Jurídica da Casa Civil da Presidência da República, em fev./mar. 2007. ISSN 1808-2807. p. 6. Disponível em: <denisbarbosa.addr.com/arquivos/200/inovacao/direito_ao_desenvolvimento_2015.pdf>. Acesso em: 29 maio 2018.

176 KRUGLIANSKAS, Isak; MATIAS-PEREIRA, José. Um enfoque sobre a Lei de Inovação Tecnológica do Brasil. **Revista de Administração Pública**. Rio de Janeiro, v. 39, n. 5, p. 1011-1029, set/out. 2005. p. 1018. Disponível em: repositorio.unb.br/bitstream/10482/926/1/ARTIGO_EnfoqueLeiInovacaoTecnologica.pdf. Acesso em: 20 jun. 2018.

177 BRASIL. Ministério da Ciência, Tecnologia, Inovações e Comunicações. **Estratégia Nacional de Ciência, Tecnologia e Inovação 2016-2022**. Brasília: MCTIC, 2018. p. 25. Disponível em: <finep.gov.br/images/afinep/Politica/16_03_2018_Estrategia_Nacional_de_Ciencia_Tecnologia_e_Inovacao_2016_2022.pdf>. Acesso em: 20 nov. 2018.

a agregação de novas funcionalidades em um produto ou processo já existente, implicando em "[...] melhorias incrementais e efetivo ganho de qualidade ou produtividade, resultando maior competitividade para o mercado".

Todavia, apesar dos citados avanços legislativos, apenas em 2016, com a entrada em vigor do CNCTI, que se operou uma vultosa reforma legal, objetivando intensificar e aperfeiçoar a política pública de incentivo à inovação no Brasil[178]. Dentre as justificativas da elaboração do Código, está a necessidade de desburocratização das ações e estratégias que visam à inovação, restando explícita a opção de aprimoramento da parceria entre Instituições de pesquisa e ensino, empresas e Estado, possuindo, este último a função precípua de fomento, indução e incentivo à inovação[179].

O CNCTI foi elaborado com alicerce em algumas diretrizes, tais como: (a.) o fortalecimento das atividades científicas e tecnológicas como a principal estratégia para o desenvolvimento econômico e social do país; (b.) a intensificação da cooperação entre os setores públicos e privados, impulsionando a inovação nas empresas e nas ICTs; (c.) o incentivo à constituição de "ambientes favoráveis à inovação[180] e às atividades de transferência de tecnologia"; e (d.) a simplificação e controle avaliativo dos resultados da gestão e execução dos projetos de ciência, tecnologia e inovação[181].

Com base nessas diretrizes, o CNCTI alterou nove legislações vigente, quais sejam: (a.) Lei de Inovação (Lei n.º 10.973/2004), reescrevendo a

---

178 RAUEN, Cristiane Vianna. O novo marco legal da inovação no Brasil: o que muda na relação ICT-Empresa? **Radar**, v. 43, p. 21-35, fev. 2016. p. 24. Disponível: <ipea.gov.br/portal/images/stories/PDFs/radar/160309_radar43_cap_3.pdf>. Acesso em: 10 jun. 2018.

179 BRASIL. Câmara dos Deputados. **Projeto de Lei n.º 2177/2011**. Institui o Código Nacional de Ciência, Tecnologia e Inovação. Disponível em: <camara.gov.br/proposicoesWeb/prop_mostrarintegra?-codteor=915135&filename=PL+2177/2011>. Acesso em: 20 abr. 2018.

180 Para nortear as ações que promovam a constituição desses ambientes, o Código procurou inserir na LI as definições de parque tecnológico, polo tecnológico, e incubadora de empresas. O parque tecnológico consiste em um complexo planejado de desenvolvimento empresarial e tecnológico, envolvendo empresas e ICTs, que promove a cultura de inovação, competitividade industrial, capacitação empresarial e atividades de pesquisa científica (art. 2.º, inciso X). O polo tecnológico é definido como "ambiente industrial e tecnológico caracterizado pela presença dominante de micro, pequenas e médias empresas, com vínculos operacionais com ICT, recursos humanos e laboratórios", buscando a "consolidação, marketing e comercialização de novas tecnologias" (art. 2.º, inciso XI). As incubadoras de empresas são estruturas organizadas com "objetivo de facilitar a criação e o desenvolvimento de empresas que tenham como diferencial a realização de atividades voltadas à inovação" (art. 2.º, inciso III).

181 BRASIL. Ministério da Ciência Tecnologia e Inovação. **Novo Marco Legal**: Ciência, Tecnologia e Inovação. Emenda Constitucional n.º 85/2015. Lei n.º 13.243/2016. Decreto n.º 9.283/2018. Brasília: Presidente da República, 2018. p. 4-5. Disponível em: mctic.gov.br/mctic/export/sites/institucional/arquivos/marco_legal_de_cti.pdf. Acesso em: 20 dez. 2018.

maior parte do diploma legal, com alicerce em três eixos: "integração, simplificação e descentralização na política de inovação"; (b.) Estatuto do Estrangeiro (Lei n.º 6.815/1980)[182], incluindo no art. 13 a possibilidade de concessão de visto temporário para pesquisador; (c.) Lei de Licitações (Lei n.º 8.666/1993)[183], acrescentando uma nova modalidade de dispensa de licitação, nos casos de aquisição de produtos de CTI e a realização de obras e contratação de serviços de engenharia com a mesma destinação, limitados ao valor de R$ 300.000,00 (trezentos mil reais); (d.) Lei do Regime Diferenciado de Contratações Públicas (RDC - Lei n.º 12.462/2011), incluindo o inciso X no art. 1.º, possibilitando a adoção do RDC "por órgãos e entidades dedicados à ciência, à tecnologia e à inovação"; (e.) Lei da Contratação Temporária no Serviço Público (Lei n.º 8.745/1993), acrescentando o inciso VII no art. 2.º, para viabilizar a contratação temporária de pesquisador ou técnico com formação em área tecnológica ou tecnólogo para a execução de projetos de pesquisa em Instituições destinadas à pesquisa, ao desenvolvimento e à inovação; (f.) Lei das Relações entre as Universidades (Lei n.º 8.958/1994)[184], facultando às fundações de apoio e aos NITs o fomento na constituição e manutenção de parques e polos tecnológicos; (g.) Lei das Importações de CTI (Lei n.º 8.010/1990), alterando o § 2.º do art. 1.º, para substituir "entidades sem fins lucrativos" para "ICT" como integrante no "rol de agentes habilitados a importar com isenção de impostos"[185]; (h.) Lei de Importações por Empresas (Lei n.º 8.032/1990)[186], acrescentando "a possibilidade de isenção de impostos de importação para projetos de CTI realizados por empresas ou diretamente por pesquisadores"; e (i.)

182 O Estatuto do Estrangeiro foi revogado pela Lei de Migração (Lei n.º 13.445/2017), a qual manteve a possibilidade da concessão de visto temporário para pesquisador, concebendo no seu art. 14, inciso I, a permissão de visto temporário com a finalidade de "pesquisa, ensino ou extensão acadêmica" (alínea "a"), bem como para "a realização de investimento ou de atividade com relevância econômica, social, científica, tecnológica ou cultural" (alínea "h").

183 Inclusão do inciso XX no art. 6.º, inciso XXI, e dos §§ 3.º e 4.º no art. 24, além do § 7.º no art. 32.

184 Acréscimo dos §§ 6.º, 7.º e 8.º no art. 1.º. Ressalta-se que o art. 1.º da Lei n.º 8.958/1994 permite que as ICTs celebrem convênios e contratos, por prazo determinado, com fundações que tenham por objetivo o apoio de projetos de ensino, pesquisa, extensão, desenvolvimento institucional, científico, tecnológico e estímulo à inovação, sendo que uma das modificações promovidas pelo CNCTI passou a permitir que os valores decorrentes desses convênios e contratos sejam repassados diretamente para as fundações de apoio. Além desses dispositivos citados, houve também mudança no texto do *caput* do art. 3.º e adição do § 3.º do mesmo artigo.

185 A redação do dispositivo foi posteriormente reformada pela Lei n.º 13.322/2016 para introduzir novamente as "entidades sem fins lucrativos", ao lado de ICTs, contemplando as duas modalidades.

186 Modificação do parágrafo único do art. 1º, bem como das alíneas "e" e "g" do art. 2.º. Acréscimo, ainda, do § 1º do art. 2º.

Lei da Carreira do Magistério Superior (Lei n.º 12.772/2012)[187], modificando vários dispositivos e visando precipuamente estimular, por meio de incentivos financeiros, o envolvimento do docente em projetos de CTI[188], o que evidencia, mais uma vez, a íntima relação entre a liberdade de pesquisa científica e os processos de inovação.

No tocante à Lei de Inovação, que sofreu a maior parte das alterações, destacam-se: (a.) a formalização das pessoas jurídicas de direito privado sem fins lucrativos como ICTs, submetendo-se, assim, ao regime da legislação; (b.) a ampliação do papel dos NITs[189], que, além da sua função essencial de gestão da política de propriedade intelectual, passaram a ser responsáveis pela gestão das transferências de tecnologia e inovação geradas pelas ICTs, bem como pela promoção e acompanhamento do relacionamento das ICTs com as empresas; (c.) a redução dos entraves na interação entre as Instituições Científicas, Tecnológicas e de Inovação com as empresas[190]. Por exemplo, anteriormente, o compartilhamento das instalações das ICTs[191] com as empresas ocorria apenas mediante contraprestação financeira e limitava-se às micro e pequenas empresas, empresas nacionais ou entidades privadas sem fins lucrativos. Após a reforma, esse compartilhamento pode ser com qualquer tipo de empresa e não necessita obrigatoriamente de contraprestação financeira[192].

---

187 Alteração do § 4.º, inciso II, do art. 20 e inclusão do art. 20-A, permitindo que o professor, "inclusive em regime de dedicação exclusiva, desde que não investido em cargo em comissão ou função de confiança, ocupe o cargo de dirigente máximo de fundação de apoio" a CTI, podendo ser remunerado para tanto. O inciso III do art. 21 também foi alterado, a fim de viabilizar a percepção de bolsas de pesquisa, de extensão, ou de estímulo à inovação a serem pagas por fundação de apoio devidamente credenciada como IFE (Instituições Federais de Ensino) ou por organismo internacional. E, por fim, modificou ainda o § 4.º do art. 21, o qual aumentou de 120 horas para 416 horas anuais, distribuídas em 8 horas semanais, as atividades do docente no âmbito de projetos institucionais de ensino, pesquisa e extensão, assim como estipulou que as colaborações de natureza científica e tecnológica são passíveis de retribuição pecuniária.

188 NAZARENO, Claudio. **As mudanças promovidas pela Lei n.º 13.243, de 11 de janeiro de 2016**. Novo marco legal de ciência, tecnologia e inovação e seus impactos no setor. Consultoria legislativa. Estudo técnico. Brasília: Câmara dos Deputados. jun. 2016. p. 7-8. Disponível em: <www2.camara.leg.br/atividade-legislativa/estudos-e-notas-tecnicas/publicacoes-da-consultoria-legislativa/areas-da-conle/tema11/2016_7581_mudancas-promovidas-pela-lei-13-243-marco-legal-cti-claudio-nazareno>. Acesso em: 10 mar. 2018.

189 O art. 16, § 1.º da LI, o qual versa sobre as competências dos NITs, teve a inclusão de quatro incisos.

190 RAUEN, Cristiane Vianna. O novo marco legal da inovação no Brasil: o que muda na relação ICT-Empresa? **Radar**, v. 43, p. 21-35, fev. 2016. p. 23. Disponível em: <ipea.gov.br/portal/images/stories/PDFs/radar/160309_radar43_cap_3.pdf>. Acesso em: 10 jun. 2018.

191 Conforme se extrai da leitura do art. 4.º, incisos I e II, da LI, vale atentar que, desde a sua redação original, havia a ressalva de que o compartilhamento das instalações com as empresas não poderia acarretar prejuízo à atividade finalística da ICT.

192 NAZARENO, Claudio. **As mudanças promovidas pela Lei n.º 13.243, de 11 de janeiro de 2016**. Novo marco legal de ciência, tecnologia e inovação e seus impactos no setor. Consultoria legislativa. Estudo técnico. Brasília: Câmara dos Deputados. jun. 2016. p. 11. Disponível em: <www2.camara.

Outra disposição significativa da legislação é a respeito do papel de destaque atribuído às agências de fomento e às fundações de apoio, que impacta na própria dinâmica da política de incentivo à inovação, baseado no princípio da "[...] simplificação de procedimentos para gestão de projetos de ciência, tecnologia e inovação"[193], visto que tal simplificação é uma atribuição própria das agências de fomento e das fundações de apoio desde a sua concepção inicial. Assim, por meio da LI, foram expandidas as atividades das aludidas agências e fundações, estando incluídas explicitamente[194] nas alianças estratégicas e no desenvolvimento de projetos de cooperação entre empresas, ICTs e os demais entes federativos, juntamente com suas respectivas agências de fomento[195].

Há de se atentar, do mesmo modo, para o rol extenso de princípios que o CNCTI fez constar no parágrafo único do art. 1.º da LI. Estes princípios norteiam a aplicação das medidas de incentivo à inovação, bem como corporificam as diretrizes da nova legislação, mencionadas alhures. A título de exemplificação, o inciso I do citado parágrafo único contempla como um dos princípios "a promoção das atividades científicas e tecnológicas como estratégias para o desenvolvimento econômico e social". Vislumbra-se que, em análise geral, os princípios fundam-se essencialmente na interação entre os sujeitos participantes do processo de inovação e direcionam-se, sobretudo, à inovação no sistema produtivo, podendo-se afirmar com isso que há uma predileção pelas inovações de mercado. Não por outra razão, a "promoção da competitividade empresarial nos mercados nacional e internacional" constitui-se em um desses princípios[196].

No texto original da LI, considerava-se como inovação "a introdução de novidade ou aperfeiçoamento no ambiente produtivo ou social, que resulte em novos produtos, processos ou serviços", contemplando

---

leg.br/atividade-legislativa/estudos-e-notas-tecnicas/publicacoes-da-consultoria-legislativa/areas-da-conle/tema11/2016_7581_mudancas-promovidas-pela-lei-13-243-marco-legal-cti-claudio-nazareno>. Acesso em: 10 mar. 2018.

193 Art. 1.º, parágrafo único, inciso XII, da LI.

194 O art. 3.º concebe que as agências de fomento da União, Estados, Distrito Federal e Municípios "poderão estimular e apoiar a constituição de alianças estratégicas e o desenvolvimento de projetos de cooperação envolvendo empresas, ICTs e entidades privadas sem fins lucrativos". No tocante às fundações, v. as alterações na Lei n.º 8.958/1994, comentadas anteriormente.

195 ARAÚJO, Thatiane Sales de. Protagonismo das Fundações de Apoio na cadeia de Ciência, Tecnologia e Inovação e seus desafios para uma regulamentação jurídica adequada. *In*: SOARES, Fabiana de Menezes; PRETE, Esther Külkamp Eyng. **Marco regulatório em ciência, tecnologia e inovação**: texto e contexto da Lei n.º 13.243/2016. Belo Horizonte: Arraes, 2018. p. 28. Disponível em: <fundep.ufmg.br/wpcontent/uploads/2018/09/Livro_MARCO_REGULATORIO_EM_CIENCIA_TECNOLOGIA_E_INOVACAO.pdf>. Acesso em: 10 out. 2018.

196 Art. 1.º, parágrafo único, inciso VII, da LI.

inovações que ocorrem no ambiente produtivo ou social, não havendo necessariamente uma vinculação ao mercado. Todavia, após a reforma de 2016, pelo menos de acordo com o sentido literal do dispositivo, o conceito de inovação é alterado para fazer constar a imprescindibilidade da introdução de novidade ou aperfeiçoamento, ocorrer, de modo concomitante no ambiente produtivo e social[197]. De qualquer sorte, vale notar que, apesar da modificação no conceito de inovação, a redução das desigualdades regionais figura como um dos princípios norteadores da aplicação das medidas de incentivo à inovação[198], o que representa uma forma de atender ao aspecto social do processo inovativo.

Em 07 de fevereiro de 2018, foi sancionado o Decreto n.º 9.283 com o objetivo de regulamentar dispositivos do CNCTI, sendo estruturado em dez Capítulos, dos quais o primeiro e o último são destinados para aspectos gerais, versando, respectivamente, acerca das disposições preliminares e finais. Os Capítulos II, III e IV são destinados aos atores do processo de inovação, estabelecendo as diretrizes no exercício das suas funções e atuações, bem como os Capítulos V, VI, VII, VIII e IX que normatizam a operacionalidade da política de incentivo à inovação.

No tocante às disposições preliminares, vale ressaltar que o Decreto sana uma lacuna do CNCTI, ao expor, no seu art. 2.º, inciso II, o conceito de ambientes promotores de inovação, encarando-os como ambientes propícios à inovação e ao empreendedorismo, característicos da economia baseada no conhecimento, articulando empresas, diferentes níveis de governo, ICTs, agências de fomento e organizações da sociedade civil. Note-se que as agências de fomento se vinculam ao papel do poder público no sistema de inovação, e a inclusão das organizações da sociedade civil consiste em uma forma de aprimorar a interação entre os sujeitos principais do processo de inovação, quais sejam Estado, ICTs e empresas[199], conforme será discorrido no próximo tópico.

O Capítulo II versa sobre o estímulo à construção de ambientes especializados e cooperativos de inovação, papel esse direcionado ao Estado, incluindo a Administração Pública direta, autárquica e fundacional e as agências reguladoras e de fomento, consoante se constata da leitura do

---

197 Art. 2.º, inciso IV, da LI.

198 Art. 1.º, parágrafo único, inciso III, da LI.

199 BRASIL. Ministério da Ciência, Tecnologia, Inovações e Comunicações. **Estratégia Nacional de Ciência, Tecnologia e Inovação 2016-2022**. Brasília: MCTIC, 2018. p. 13. Disponível em: <finep.gov.br/images/afinep/Politica/16_03_2018_Estrategia_Nacional_de_Ciencia_Tecnologia_e_Inovacao_2016_2022.pdf>. Acesso em: 20 nov. 2018.

art. 3.º. O apoio do Poder Público, conforme preleciona o § 1.º e incisos do citado art. 3.º, poderá ser por meio de redes e projetos internacionais de pesquisa tecnológica, ações de empreendedorismo tecnológico, pela criação de ambientes promotores de inovação, assim como pela formação e capacitação de recursos humanos qualificados.

Já o Capítulo III volta-se ao incentivo da participação da Instituição científica, tecnológica e de inovação no processo inovativo[200], disciplinando a transferência de tecnologias pela ICT, a sua política de inovação, e a necessidade da sua internacionalização[201]. Chama-se a atenção para o art. 14, que inaugura a Seção II, a qual, a seu turno, versa sobre a política de inovação das ICTs. Nessa linha, merece crítica o inciso II do referido artigo, o qual insere nessa política tão somente a geração de inovação no ambiente produtivo, sendo silente quanto às inovações sociais.

Por sua vez, o Capítulo IV dispõe sobre o estímulo da inovação nas empresas, focando-se primordialmente em incentivos financeiros para uma participação empresarial mais efetiva no processo de inovação. Por conseguinte, são contemplados mecanismos de subvenção econômica[202], de apoio a projetos[203], de bônus tecnológico[204] e de encomenda tecnológica.

A encomenda tecnológica, a despeito de estar inserida no Capítulo destinado às empresas, endereça-se também às ICTs e às entidades de direito privado sem fins lucrativos. Traduz-se, assim, em um instrumento do qual o poder público se utiliza com o propósito de "[...] solucionar desafios específicos através do desenvolvimento de produtos, serviços ou sistemas que ainda não estão disponíveis no mercado ou, simplesmente,

---

200 Frisa-se que as normas dispostas no Capítulo II se aplicam às ICTs públicas e privadas, de acordo com a disposição do § 5.º do art. 14 do Decreto.

201 Conforme o art. 18 do Decreto, a internacionalização da ICT ocorrerá com o apoio do Poder Público, o qual deverá manter mecanismos de fomento e gestão adequados a essa internacionalização.

202 A subvenção econômica está prevista na Seção II do Capítulo IV, podendo ser definida pela análise conjunta do *caput* do art. 20 com o seu § 1.º, que trata do auxílio financeiro destinado às empresas, com vistas ao desenvolvimento de produtos ou processos inovadores, implicando a contrapartida obrigatória pela empresa beneficiária.

203 O apoio a projetos encontra-se regulado na Seção III do Capítulo IV, consistindo em um instrumento de cooperação entre os atores de inovação, conforme o art. 25 do Decreto. Tal apoio caracteriza-se pelo compartilhamento de materiais ou de infraestrutura entre poder público, ICT e empresas, mediante a celebração de um termo próprio que estipule as obrigações das partes envolvidas.

204 O bônus tecnológico, o qual está disposto na Seção IV do Capítulo IV, nada mais é do que uma forma de subvenção econômica, destinada exclusivamente para as microempresas e empresas de médio e pequeno porte. O seu valor é, além disso, baseado nas dotações orçamentárias de órgãos ou entidades da Administração Pública que concederão o bônus, conforme a leitura do art. 26 do Decreto.

que ainda não existem"[205]. Assim, nos termos do art. 27 do Decreto n.º 9.283/2018, a encomenda tecnológica consiste na contratação isolada ou mediante consórcio, de ICT pública ou privada, de entidades de direito privado sem fins lucrativos ou empresas, pelos órgãos ou entidades da administração pública, com a finalidade de realizar "[...] atividades de pesquisa, desenvolvimento e inovação que envolva risco tecnológico, para a solução de problema técnico ou obtenção de produto, serviço ou processo inovador".

Importa sublinhar, pela sua relevância, que o risco tecnológico foi definido pelo Decreto como "[...] a possibilidade de insucesso no desenvolvimento de solução decorrente de processo em que o resultado é incerto em função do conhecimento técnico-científico insuficiente à época em que se decide pela realização da ação"[206]. Nessa senda, observa-se que a encomenda tecnológica retrata uma das funções do direito na Sociedade do Conhecimento, qual seja a solução, a gestão e o compartilhamento de riscos decorrente do processo acelerado de inovação[207].

Quanto aos Capítulos V, VI, VII, VIII e IX do Decreto, estes se conduzem para garantir a operacionalidade da política de incentivo à inovação, fazendo alusão respectivamente as seguintes temáticas: (a.) instrumentos jurídicos de parceria entre poder público, ICT e empresas; (b.) possibilidades de alterações orçamentárias para conferir eficácia e eficiência às atividades de ciência, tecnologia e inovação; (c.) a prestação de contas dos recursos utilizados na execução dessas atividades; (d.) a contratação de produtos para pesquisa e desenvolvimento, especificadamente a regulação do procedimento de dispensa de licitação, da modalidade prevista no art. 24, inciso XXI da Lei n.º 8.666/1993; e (e.) a importação de bens para pesquisa, desenvolvimento e inovação.

À vista do exposto, note-se que o direito brasileiro já experimentou consideráveis avanços, embora em desenvolvimento e pendentes de aperfeiçoamentos; algo que se justifica por serem legislações recentes e ainda em fase de teste. Ademais, importa ressaltar que o marco normativo da

---

205 RAUEN, André Tortato. **Encomendas tecnológicas no Brasil**: novas possibilidades legais. Nota técnica. Brasília: Diretoria de Estudos e Políticas Setoriais de Inovação e Infraestrutura, 2018. Disponível em: <repositorio.ipea.gov.br/handle/11058/8582>. Acesso em: 15 out. 2018.

206 Art. 2.º, inciso III, do Decreto n.º 9.283/2018.

207 Frisa-se que o Decreto versa expressamente sobre o compartilhamento de risco no momento em que regula as formas de remuneração da encomenda. Com isso, possibilita-se a utilização de distintas modalidades de remuneração aos órgãos e às entidades da Administração Pública, visando ao compartilhamento do risco tecnológico e à redução das dificuldades de estimativa dos custos das atividades de pesquisa, desenvolvimento e inovação, nos termos do § 1.º do art. 29.

inovação na esfera infraconstitucional, estando relacionado à estruturação e funcionamento do SNCTI brasileiro, representa normas de organização e procedimento destinadas ao exercício da liberdade de pesquisa científica, reforçando o caráter da inovação como garantia positiva da referida liberdade. Importante, logo, se faz investigar os contornos teóricos e operacionais da política de incentivo à inovação no Brasil, pois, a partir deles, é possível vislumbrar a forma que a liberdade de pesquisa científica está sendo promovida na Sociedade do Conhecimento.

2.3. A POLÍTICA DE INCENTIVO À INOVAÇÃO NO BRASIL: DIRETRIZES TEÓRICAS E O SISTEMA NACIONAL DE CIÊNCIA, TECNOLOGIA E INOVAÇÃO

A análise da legislação constitucional e infraconstitucional brasileira acerca da inovação remete à conclusão que a política de incentivo à inovação no Brasil conta com três atores centrais: governo, ICT e empresa. Por esse desenho, cabe dizer que, originariamente, tal política tomou como ponto de partida a teoria da hélice tríplice[208], desenvolvida por Henry Etzkowitz e Loet Leydesdorff, nos anos 1990, com o objetivo de descrever um modelo de inovação com base na relação entre governo, Universidade e indústria[209] ou empresa[210]. No entanto, do mesmo modo que a teoria passou por aperfeiçoamentos, a política brasileira, ao que parece, acompanhou ou pretende acompanhar esses aperfeiçoamentos.

A teoria da hélice tríplice[211] parte do pressuposto de que a inovação surge em um processo dinâmico, de interação entre governo, empresa

208 O Brasil é inclusive citado no livro de Henry Etzkowitz como um exemplo de país adepto à teoria da hélice tríplice, v. ETZKOWITZ, Henry. **The triple helix**: university-industry-government innovation in action. Abingdon: Routledge, 2008. p. 29.

209 Henry Etzkowitz opta por utilizar a expressão "indústria". Contudo, usa, ao mesmo tempo, esta expressão como sinônimo de "empresa". Não por outra razão, o autor dedica um capítulo específico do seu livro à evolução da empresa. Destarte, tais expressões serão utilizadas na presente análise como sinônimas, v. ETZKOWITZ, Henry. **The triple helix**: university-industry-government innovation in action. Abingdon: Routledge, 2008. p. 43-48.

210 ETZKOWITZ, Henry. Hélice tríplice: metáfora dos anos 90 descreve bem o mais sustentável modelo de sistema de inovação. Entrevistador: Luciano Valente. **Revista Conhecimento e Inovação**, Campinas, v. 6, n. 1, p. 6-9, 2010. p. 6.

211 A teoria da hélice tríplice busca o meio termo entre dois modelos de desenvolvimento alicerçados na relação entre governo, indústria/empresa e Universidade. O primeiro é o da sociedade estatista, no qual a Universidade e a empresa são Instituições fracas e subordinadas integralmente ao governo, assumindo este um papel de coordenação das atividades desenvolvidas por essas Instituições. O outro modelo é o *laissez-faire*, o qual se baseia na separação entre governo, Universidade e empresa, os quais só interagem moderadamente e com a fixação de limites para essa interação, v. ETZKOWITZ, Henry. **The triple helix**: university-industry-government innovation in action. Abingdon: Routledge, 2008. p. 13-15.

e Universidade, os quais não são concebidos isoladamente, mas em constante interação, sobreposição e colaboração mútua[212]. Nesse cenário, o governo atua como o planejador e fomentador das interações entre empresa e Universidade, estipulando as normas e promovendo arranjos organizacionais que possibilitem essas interações, assim como estabelece parcerias com o setor privado por meio da disponibilização de capital de risco e da concessão de incentivos fiscais para o início de novos empreendimentos econômicos e sociais. A empresa/indústria logo assume o papel da instituição produtora desses empreendimentos e a Universidade constitui-se a fornecedora de conhecimentos e tecnologias que servem de alicerce à produção[213].

Ressalta-se que a indústria e o governo sempre tiveram papéis centrais no desenvolvimento econômico e social[214]. A partir disso, conclui-se que o traço diferencial da referida teoria é identificar não só neles, mas uma posição de relevância da Universidade nesse desenvolvimento[215]. Em verdade, a nova lógica instaurada na Sociedade do Conhecimento é alicerçada em "[...] ambientes de geração de riqueza e crescimento econômico e social envolvendo diretamente as Universidades"[216].

Vale enaltecer que, originariamente, a teoria da hélice tríplice, ao contemplar a Universidade como um dos atores do processo de inovação, considerou as Instituições que possuem como finalidades institucionais o ensino e a pesquisa[217]. Todavia, com a criação de Instituições que são

---

212 ETZKOWITZ, Henry. Innovation in innovation: the triple helix of university-industry government relations. **Social Science Information**. [*S.l.*], v. 42, n. 3, p. 293-337, set 2003. p. 295-296. Disponível em: <researchgate.net/publication/249733214_Innovation_in_Innovation_The_Triple_Helix_of_University-Industry-Government_Relations>. Acesso em: 20 maio 2018.

213 ETZKOWITZ, Henry. **The triple helix**: university-industry-government innovation in action. Abingdon: Routledge, 2008. p. 8-9.

214 ETZKOWITZ, Henry. Innovation in innovation: the triple helix of university-industry government relations. **Social Science Information**. [*S.l.*], v. 42, n. 3, p. 293-337, set 2003. p. 295-296. Disponível em: <researchgate.net/publication/249733214_Innovation_in_Innovation_The_Triple_Helix_of_University-Industry-Government_Relations>. Acesso em: 20 maio 2018.

215 LEYDESDORFF, Loet; ETZKOWITZ, Henry. Emergence of a Triple Helix of university-industry-government relations. **Science and public policy**. [*S.l.*], v. 23, n. 5, p. 279-286, jan. 1996. pp. 282-283. Disponível em: <researchgate.net/publication/239841637_Emergence_of_a_Triple_Helix_of_University-Industry-Government_Relations>. Acesso em: 10 mar. 2018.

216 AUDY, Jorge. A inovação, o desenvolvimento e o papel da universidade. **Estudos Avançados**. São Paulo. v. 31, n. 90, p. 75-87, 2017. p. 76. Disponível em: <scielo.br/scielo.php?pid=S0103401420170002000758&script=sci_arttext&tlng=pt>. Acesso em: 1 maio 2018.

217 Não por outra razão, a teoria ainda faz menção ao que Henry Etzkowitz designa de primeira e segunda revolução acadêmica. A primeira revolução correspondeu à transição de uma instituição de ensino para uma de pesquisa. Já na segunda, a Universidade assumiu a missão de desenvolvimento econômico e social, v. ETZKOWITZ, Henry. **The triple helix**: university-industry-government innovation in action. Abingdon: Routledge, 2008.; ETZKOWITZ, Henry. Innovation in innovation: the triple helix of university-industry government relations. **Social Science Information**. [*S.l.*], v. 42, n. 3, pp. 293-337, set 2003. pp. 295-296. Disponível em: <researchgate.net/publication/249733214_In-

direcionadas tão somente à pesquisa, estas passaram a se enquadrar também no papel exercido pelas Universidades[218]. Nesse ponto, reforça-se que a legislação brasileira considerou não apenas as Instituições de Ensino Superior como um dos atores da inovação, optando pelo que se designou de Instituição Científica, Tecnológica e de Inovação (ICT), que engloba qualquer órgão ou entidade que tenha por missão institucional ou objetivo social a pesquisa básica, aplicada, de caráter científico ou tecnológico, e a criação de novos produtos, serviços ou processos.

Destarte, na estruturação da hélice tríplice, cada uma das hélices corresponde a um ator do processo de inovação, de modo que a interação entre as hélices se dá de forma dialógica[219], podendo ser de caráter bilateral ou trilateral. Especificadamente, as interações trilaterais são baseadas no movimento conjunto dos três atores; já nas bilaterais, há interação apenas entre duas hélices. De modo exemplificativo: Universidade-governo, Universidade-empresa e governo-empresa. Nessa linha, no tocante às circulações das hélices, há as denominadas macrocirculações e microcirculações. As primeiras são aquelas que não apenas se movem ao longo das hélices[220], representando as interações bilaterais e trilaterais, como também são aquelas que possibilitam a criação de políticas, acordos, redes e arranjos institucionais entre os atores[221]. As microcirculações, por sua vez, consistem nos movimentos que acontecem dentro das hélices, os quais decorrem direta ou indiretamente das macrocirculações[222]. Dessa forma, as Instituições envolvidas no processo inovador transformam-se internamente, assumindo novos papéis, ocorrendo o que se denomina de

---

novation_in_Innovation_The_Triple_Helix_of_University-Industry-Government_Relations>. Acesso em: 20 maio 2018.; ETZKOWITZ, Henry. Entrepreneurial scientists and entrepreneurial universities in American academic science. **American Academic Science. Minerva**, v. 21, n. 2-3, pp. 198-233, verão-outono. 1983. p. 199.

218 CARAYANNIS, Elias G.; RAKHMATULLIN, Ruslan. The quadruple/quintuple innovation helixes and smart specialization strategies for sustainable and inclusive growth in Europe and beyond. **Journal of the Knowledge Economy**. [*S.l.*], v. 5, n. 2, p. 212-239, 2014. p. 218.

219 LEYDESDORFF, Loet; ETZKOWITZ, Henry. Emergence of a Triple Helix of university-industry-government relations. **Science and public policy**. [*S.l.*], v. 23, n. 5, p. 279-286, jan. 1996. p. 282. Disponível em: <researchgate.net/publication/239841637_Emergence_of_a_Triple_Helix_of_University-Industry-Government_Relations>. Acesso em: 10 mar. 2018.

220 ETZKOWITZ, Henry. **The triple helix**: university-industry-government innovation in action. Abingdon: Routledge, 2008. pp. 8-9.

221 ETZKOWITZ, Henry. Innovation in innovation: the triple helix of university-industry government relations. **Social Science Information**. [*S.l.*], v. 42, n. 3, pp. 293-337, set 2003. pp. 295-296. Disponível em: <researchgate.net/publication/249733214_Innovation_in_Innovation_The_Triple_Helix_of_University-Industry-Government_Relations>. Acesso em: 20 mai. 2018.

222 ETZKOWITZ, Henry. **The triple helix**: university-industry-government innovation in action. Abingdon: Routledge, 2008. pp. 8-9.

"assumir o papel do outro"[223]. Nessa perspectiva, o governo adota a postura de investidor - própria das empresas/indústrias -, quando, por meio de garantias governamentais, concede o capital de risco ao setor privado para novos investimentos. A empresa incorpora nas suas funções a atividade da pesquisa - típica das Instituições de ensino e pesquisa -, a fim de acompanhar a dinâmica de um mercado lastreado no conhecimento. Já as Instituições de ensino e pesquisa agregam como uma de suas missões a contribuição para o desenvolvimento econômico e social[224], adotando uma postura empreendedora[225].

O essencial é compreender que cada ator possui funções típicas que são acumuladas com funções atípicas, próprias dos demais sujeitos envolvidos. Não há, portanto, uma substituição de funções e, sim, um acúmulo[226]. Isso quer dizer que a teoria da hélice tríplice não defende que governos e Instituições de ensino e pesquisa se tornem empresas, ou que essas se tornem centros de ensino e pesquisa, mas que estes atores adicionem às suas missões tradicionais novos compromissos, que, por sua vez, cooperam (ou deveriam cooperar) para o progresso dessas missões[227].

Desse modo, se é certo que as Instituições de ensino e pesquisa têm o tempo da ciência; as empresas/indústrias, o tempo do mercado; e o governo, o tempo da busca pela aprovação da opinião pública - e que tais movimentos não são necessariamente compassados - faz-se imprescindível um diálogo entre essas três esferas, com respeito aos princípios e funções institucionais de cada uma, a fim de se alcançar um espaço de consenso, desaguando em um projeto comum que vise

---

223 ETZKOWITZ, Henry. Innovation in innovation: the triple helix of university-industry government relations. **Social Science Information**. [*S.l.*], v. 42, n. 3, pp. 293-337, set 2003. p. 301. Disponível em: <researchgate.net/publication/249733214_Innovation_in_Innovation_The_Triple_Helix_of_University-Industry-Government_Relations>. Acesso em: 20 maio 2018.

224 ETZKOWITZ, Henry; Zhou, CHUNYAN. Hélice Tríplice: inovação e empreendedorismo universidade-indústria-governo. **Estudos Avançados**. São Paulo, v. 31, n. 90, pp. 23-48, maio/ago. 2017. Disponível em: <scielo.br/scielo.php?pid=S0103-40142017000200023&script=sci_arttext>. Acesso: 10 jun. 2018.

225 ETZKOWITZ, Henry. Innovation in innovation: the triple helix of university-industry government relations. **Social Science Information**. [*S.l.*], v. 42, n. 3, pp. 293-337, set 2003. p. 308. Disponível em: <researchgate.net/publication/249733214_Innovation_in_Innovation_The_Triple_Helix_of_University-Industry-Government_Relations>. Acesso em: 20 maio 2018.

226 ETZKOWITZ, Henry. **The triple helix**: university-industry-government innovation in action. Abingdon: Routledge, 2008. p. 8-9.

227 ETZKOWITZ, Henry. Innovation in innovation: the triple helix of university-industry government relations. **Social Science Information**. [*S.l.*], v. 42, n. 3, p. 293-337, set 2003. p. 295-296. Disponível em: <researchgate.net/publication/249733214_Innovation_in_Innovation_The_Triple_Helix_of_University-Industry-Government_Relations>. Acesso em: 20 maio 2018.

ao aperfeiçoamento do sistema de inovação[228]. A inovação resulta, por conseguinte, de complexas interações sociais "[...] submetidas a um espaço de consenso que busca a simetria dos projetos de poder de cada um dos agentes relacionados"[229].

À vista disso, a teoria da hélice tríplice é estruturada em algumas diretrizes, tais como: (a.) capitalização – o conhecimento é produzido para ser utilizado e aplicado para o avanço econômico e social; (b.) interdependência – a interação entre os três atores do processo de inovação faz como que eles se tornem interdependentes; (c.) independência – apesar disso, é importante que cada Instituição conserve o seu grau de independência e não se afaste das suas finalidades institucionais basilares; (d.) hibridização – a tensão entre independência e interdependência impulsiona a criação de organizações que conjuguem os dois fatores, cujo exemplo são as incubadoras; (e.) reflexividade – os sujeitos da inovação estão em contínua renovação nas suas estruturas internas, para a manutenção da interação[230].

Percebe-se, pois, tendo por premissa a interpretação já realizada da legislação constitucional e infraconstitucional do Brasil sobre inovação, as quais servem de alicerce para a sua política de incentivo, que as diretrizes e a formatação da teoria da hélice tríplice se fazem presentes, a saber: (a.) as normas são direcionadas para três atores principais: o governo, a empresa e as ICTs; (b.) busca-se o incentivo da parceria público-privada; (c.) há um acúmulo de papéis, atuando o governo e ICTs como empreendedores e as empresas com pesquisa; (d.) a preocupação da conservação da independência institucional dos atores envolvidos; e (e.) a existência de organizações híbridas.

No tocante ao acúmulo de papéis, a título de exemplificação, é de se atentar para o fato de que o governo, ao conceder as subvenções e o bônus tecnológico às empresas, assume a função de investidor, tendo por meta a fabricação de produtos e processos inovadores. Na mesma linha, as ICTs funcionam como empreendedoras no momento em que inserem, na sua política de inovação, o foco no ambiente produtivo, por

---

228 ETZKOWITZ, Henry. Hélice tríplice: metáfora dos anos 90 descreve bem o mais sustentável modelo de sistema de inovação. Entrevistador: Luciano Valente. **Revista Conhecimento e Inovação**. Campinas, v. 6, n. 1, pp. 6-9, 2010. p. 07.

229 MOLINARO, Carlos Alberto; SARLET, Ingo Wolfgang. "Não existe o que panoramicamente vemos no céu": o ponto-cego do direito (políticas públicas sobre regulação em ciência e tecnologia). *In*: SAAVEDRA, Giovane Agostini; LUPION, Ricardo (Org.). **Direitos fundamentais, direito privado e inovação**. Porto Alegre: Edipucrs, 2012. p. 24.

230 ETZKOWITZ, Henry. **The triple helix**: university-industry-government innovation in action. Abingdon: Routledge, 2008. p. 41.

força do art. 14, inciso II, do Decreto n.º 9.283/2018, e, de igual modo, quando são facultadas a participar no "capital social de empresas, com o propósito de desenvolver produtos ou processos inovadores", consoante preleciona o art. 4.º do mesmo Decreto. Já as empresas são elevadas a Instituições produtoras de pesquisa na medida em que podem figurar como entidades que tenham por objetivo institucional a pesquisa, estando aptas a ser contratadas pelo Poder Público para o desenvolvimento de encomenda tecnológica[231].

Há um cuidado, ainda que diminuto, exteriorizado na legislação, para que os atores preservem sua independência, principalmente quanto às ICTs, ao se retirar do art. 4.º e respectivos incisos da LI a possibilidade de as ICTs compartilharem com as empresas seus laboratórios, equipamentos, instalações e materiais, desde que não acarretasse prejuízo a sua atividade-fim. No que se refere às organizações híbridas, chama-se a atenção para as incubadoras, que, após a reforma de 2016, foram previstas no inciso III do art. 2.º da LI[232], caracterizando-se por agregar a missão institucional das Instituições de ensino e pesquisa de produção do conhecimento, com a finalidade de fornecer subsídio para a construção e crescimento de empresas[233].

Com efeito, os formuladores de políticas em inovação começaram a aperfeiçoar o modelo da hélice tríplice, ao introduzir novos atores que figurariam igualmente como protagonistas da inovação, surgindo, desta forma, as teorias da hélice quádrupla e da hélice quíntupla[234]. A teoria da hélice quádrupla parte do pressuposto de que há uma quarta hélice (ou ator) participante do processo de inovação, não existindo uma definição rígida de quem seria esse quarto ator. Ainda assim, a concepção mais difundida é aquela em que a quarta hélice corresponde ao público[235]. Destaca-se que esse foi o entendimento adotado pela União Europeia,

231 Art. 20 da LI, com redação dada pela Lei n.º 13.243/2016 c/c o art. 27, *caput* e § 1.º do Decreto n.º 9.283/2018.

232 As incubadoras foram definidas neste dispositivo como "organizaç[ões] ou estrutura[s] que objetiva[m] estimular ou prestar apoio logístico, gerencial e tecnológico ao empreendedorismo inovador e intensivo em conhecimento, facilitando a criação e o desenvolvimento de empresas que tenham como diferencial a realização de atividades voltadas à inovação".

233 ETZKOWITZ, Henry. **The triple helix**: university-industry-government innovation in action. Abingdon: Routledge, 2008. p. 105.

234 CARAYANNIS, Elias G.; RAKHMATULLIN, Ruslan. The quadruple/quintuple innovation helixes and smart specialization strategies for sustainable and inclusive growth in Europe and beyond. **Journal of the Knowledge Economy**. [*S.l.*], v. 5, n. 2, p. 212-239, 2014. p. 218.

235 ARNKIL, Robert; JÄRVENSIVU, Anu; KOSKI, Pasi; PIIRAINEN, Tatu. **Exploring quadruple helix.** Outlining user-oriented innovation models. Tampere: TampereenyliopistopainoOyJuvenes Print, 2010. Disponível em: <tampub.uta.fi/bitstream/handle/10024/65758/978-951-44-8209-0.pdf?sequence=1>. Acesso em: 20 mai. 2018.

a qual, em 2012, ao aprovar o seu "Guia RIS3", que contempla um conjunto de princípios estruturantes das estratégias de inovação regionais e nacionais[236], enalteceu a necessidade de adicionar a sociedade civil, enquanto usuária da inovação, como um quarto grupo a ser incorporado no modelo da então hélice tríplice[237]. Em 2016, a adoção da sociedade civil como um ator do processo de inovação restou expressamente prevista na Resolução do Parlamento Europeu 2015/2278 (INI), que versa sobre a política de coesão e as estratégias de investigação e inovação para a especialização inteligente (RIS3). No item 32 da Resolução, realçou-se a importância de dar continuidade e aprofundamento às abordagens da hélice tríplice e quádrupla, reputando-se como sujeitos envolvidos na inovação a Administração Pública, as empresas, as Universidades e os cidadãos[238].

O modelo da hélice quádrupla privilegia uma inovação dirigida ao usuário, na qual há diálogo entre governo, empresa, Instituições de ensino e pesquisa e sociedade civil, cujas estratégias não são apenas inovações tecnológicas e de mercado, mas inovações puramente sociais, artísticas, nos serviços públicos, de marketing, entre outras. Busca-se, por fim, com a inserção da sociedade civil, uma democratização do conhecimento e das decisões acerca das políticas públicas de incentivo à inovação[239]. É importante sublinhar que o cidadão aqui apontado é aquele que emerge na Sociedade do Conhecimento extremamente influenciado pela mídia e cultura digital. Por essa razão, as inovações de marketing ganham relevância no aludido modelo[240].

---

236 UNIÃO EUROPEIA. Comissão Europeia. **Estratégias de inovação Regionais e Nacionais para a especialização inteligente (RIS3)**. Política de coesão 2014-2020. Ficha informativa sobre as novas regras e legislação para os investimentos futuros da política de coesão da UE durante o período de programação 2014-2020 que foram formalmente endossadas pelo Conselho da União Europeia, em dezembro de 2013. mar. [2014]. Disponível em: <ec.europa.eu/regional_policy/sources/docgener/informat/2014/smart_specialisation_pt.pdf>. Acesso em: 10 ago. 2018.

237 CARAYANNIS, Elias G.; RAKHMATULLIN, Ruslan. The quadruple/quintuple innovation helixes and smart specialization strategies for sustainable and inclusive growth in Europe and beyond. **Journal of the Knowledge Economy**. [*S.l.*], v. 5, n. 2, pp. 212-239, 2014. p. 220.

238 UNIÃO EUROPEIA. Resolução do Parlamento Europeu, de 13 de setembro de 2016, sobre a política de coesão e as estratégias de investigação e inovação para a especialização inteligente (RIS3) (2015/2278(INI)), [2018]. p. 6. Disponível em: <poci-compete2020.pt/admin/images/JOU-E_2018_C_204_01.pdf>. Acesso em: 10 maio 2018.

239 MACIEL, Maria Lucia. Ciência, tecnologia e inovação: ideias sobre o papel das ciências sociais no desenvolvimento. **Parcerias Estratégicas**. Brasília, v. 10, n. 21, p. 33-44, dez. 2010. p. 34. Disponível em: <seer.cgee.org.br/index.php/parcerias_estrategicas/article/view/268>. Acesso em: 20 mai. 2018.

240 CARAYANNIS, Elias G.; CAMPBELL, David F. J. Mode 3 knowledge production in quadruple helix innovation systems. *In*: **Mode 3 knowledge production in quadruple helix innovation systems**. New York: Springer, 2012. p. 13.

Atrelada à noção de cultura da inovação, a teoria da hélice quíntupla traz a perspectiva dos ambientes naturais da economia e da Sociedade do Conhecimento, os quais são admitidos como impulsionadores da produção de inovações. Foca-se no apoio e na criação de ambientes que contribuem para a inovação e produção do conhecimento, e que, além disso, sejam ecologicamente e socialmente sustentáveis. Nesse contexto, a quinta hélice é preenchida por ambientes que proporcionam a inovação, tal como ecossistemas da inovação, os quais surgem da interação dos demais sujeitos do sistema de inovação com o meio natural em que estão inseridos e das políticas sociais, resultando em um pluralismo de conhecimentos e inovações[241]. Realça-se, contudo, que o sentido de ecossistema de inovação pode ter um caráter apenas mercadológico, consistindo em espaços que modelam a dinâmica econômica e que sejam lastreados na conjugação de: (a.) recursos materiais – fundos de financiamento, instalações, equipamentos etc.; (b.) capital humano – pesquisadores de Instituições de ensino e pesquisa, e empresas; e (c.) o contexto social de um determinado lugar, de forma que a prosperidade do ecossistema é medida pelo aumento da lucratividade[242].

Acentua-se que o traço diferencial entre a teoria de hélice tríplice em comparação com a hélice quádrupla e quíntupla reside no fato de que na primeira há um elevado apelo mercadológico. A despeito de se mencionar o desenvolvimento social, este torna-se decorrência do avanço econômico[243], verificando-se, nessa senda, uma vinculação umbilical entre inovação e economia. Por conseguinte, os modelos da hélice quádrupla e quíntupla pretendem uma inovação multifacetada, com maior destaque aos aspectos sociais e ecológicos[244].

Analisando a legislação brasileira sob a luz do exposto, repara-se que há indícios, ainda que prematuros, de aplicação das diretrizes das teorias da hélice quádrupla e quíntupla. No que se refere à quarta hélice,

---

241 CARAYANNIS, Elias G.; CAMPBELL, David F. J. Mode 3 knowledge production in quadruple helix innovation systems. *In*: **Mode 3 knowledge production in quadruple helix innovation systems**. New York: Springer, 2012. p. 18-19.

242 JACKSON, Deborah J. What is an innovation ecosystem? **National Science Foundation**. Arlington, v. 1, 2011. P. 2-4. Disponível em: <erc-assoc.org/sites/default/files/topics/policy_studies/DJackson_Innovation%20Ecosystem_03-15-11.pdf>. Acesso em: 10 ago. 2018.

243 ETZKOWITZ, Henry. Innovation in innovation: the triple helix of university-industry government relations. **Social Science Information**. [*S.l.*], v. 42, n. 3, p. 293-337, set 2003. p. 329-330. Disponível em: <researchgate.net/publication/249733214_Innovation_in_Innovation_The_Triple_Helix_of_University-Industry-Government_Relations>. Acesso em: 20 maio 2018.

244 CARAYANNIS, Elias G.; CAMPBELL, David F. J. Mode 3 knowledge production in quadruple helix innovation systems. *In*: **Mode 3 knowledge production in quadruple helix innovation systems**. New York: Springer, 2012. p. 15.

o Decreto n.º 9.283/2018, ao conceituar ambientes promotores de inovação no seu art. 2.º, inciso II, menciona as organizações da sociedade civil como agentes articuladores da inovação, juntamente com o governo, empresa e ICTs, indicando a possível adoção de um quarto sujeito no progresso inovativo.

De outro lado, sob a perspectiva da hélice quíntupla, os ambientes inovativos já foram tidos como significativos para o estímulo à inovação. Primeiramente, sublinha-se a EC n.º 85/2015, que incluiu o parágrafo único no art. 219 da CRFB, o qual, a seu turno, dispõe que o Estado deverá apoiar e estimular a constituição de ambientes promotores da inovação, com a finalidade de atender o desenvolvimento científico, tecnológico e a inovação. O Decreto n.º 9.283/2018, no seu art. 2.º, inciso II, corrobora com essa premissa ao prever os ambientes promotores de inovação e ao reputar que eles envolvem duas dimensões: (a.) ecossistemas de inovação: espaços que agregam infraestrutura, arranjos institucionais e culturais, atraindo empreendedores e recursos financeiros, ao mesmo tempo em que potencializa o desenvolvimento da Sociedade do Conhecimento[245]; e (b.) mecanismos de geração de empreendimentos: promovem inovadores empreendimentos e apoiam o desenvolvimento de empresas de base tecnológica, além de "[...] buscar[em] a solução de problemas ou desafios sociais e ambientais", oferecendo suporte para transformar ideias em empreendimentos de sucesso[246].

Sublinhando-se, contudo, que a despeito de se mencionar e fomentar os ambientes de inovação e a busca pela solução de problemas sociais e ambientais nos mecanismos de geração de empreendimentos, trazendo para a legislação brasileira traços da hélice quíntupla, o viés da sustentabilidade até então é muito tímido. Na mesma linha, a questão social encontra-se relacionada ao êxito econômico, o qual nem sempre desaguará em conquistas sociais caso não seja orientado por outros intentos que não a lucratividade[247].

---

245 A lei, no art. 2.º, inciso II, alínea "a", traz como exemplos de ecossistemas os parques científicos e tecnológicos, cidades inteligentes, distritos de inovação e polos tecnológicos.

246 São considerados mecanismos de geração de empreendimentos: as incubadoras de empresas, as aceleradoras de negócios, os espaços abertos de trabalho cooperativo, e os laboratórios abertos de prototipagem de produtos e processos, consoante a previsão do art. 2.º, inciso II, alínea "b", do referido Decreto.

247 MOLINARO, Carlos Alberto; SARLET, Ingo Wolfgang. Apontamentos sobre direito, ciência e tecnologia na perspectiva de políticas públicas sobre regulação em ciência e tecnologia. *In*: MENDES, Gilmar Ferreira; SARLET, Ingo Wolfgang; COELHO, Alexandre Zavaglia P. (Coord.). **Direito, inovação e tecnologia**. São Paulo: Saraiva, 2015. v. 1. p. 113.

A política de incentivo à inovação no Brasil, portanto, a considerar como base o arcabouço legal ora analisado, apoia-se fundamentalmente na teoria da hélice tríplice, tendo como atores principais do processo de inovação o governo, ICTs e empresas. Nada obstante, já se manifestam indicativos de aperfeiçoamentos dessa teoria por meio do acolhimento dos modelos da hélice quádrupla e quíntupla, sem abrir mão do seu caráter mercadológico.

É primordial, para identificar as especificidades do SNCTI, o delineamento das bases teóricas da política de incentivo à inovação no Brasil. Destarte, entende-se por sistema de inovação o conjunto de órgãos, estruturas e Instituições, os quais contribuem e afetam a capacidade de inovação em um país, setor ou localidade. A partir disso, traduz-se que o governo, ICTs e empresas possuem, individualmente, organizações, instrumentos e estruturas que viabilizam e facilitam a sua interação mútua, cujo complexo, em funcionamento, se designa sistema de inovação[248]. Em resumo, os sistemas de inovação constituem uma interface em que os subsistemas da política e do conhecimento se encontram e interagem em prol da inovação em um determinado local[249].

Com base nisso, o Sistema Nacional de Ciência Tecnologia e Inovação (SNCTI) é organizado em três eixos. Cada um é composto por um conjunto de institutos que formam sua estrutura, sendo eles: (a.) político; (b.) agências de fomento; e (c.) operadores de CT&I. De modo ilustrativo, o SNCTI pode ser apresentado da seguinte maneira[250]:

248 CASSIOLATO, José Eduardo; LASTRES, Helena Maria Martins. Sistemas de inovação e desenvolvimento: as implicações de política. **São Paulo em perspectiva**. São Paulo, v. 19, n. 1, pp. 34-45, jan./mar. 2005. p. 37. Disponível em: <scielo.br/scielo.php?script=sci_arttext&pid=S0102-88392005000100003>. Acesso em: 10 mar. 2018.

249 CARAYANNIS, Elias G.; RAKHMATULLIN, Ruslan. The quadruple/quintuple innovation helixes and smart specialization strategies for sustainable and inclusive growth in Europe and beyond. Journal of the Knowledge Economy. [S.l.], v. 5, n. 2, p. 212-239, 2014. p. 223.

250 O gráfico pode ser acessado em BRASIL. Ministério da Ciência, Tecnologia, Inovações e Comunicações. **Estratégia Nacional de Ciência, Tecnologia e Inovação 2016-2022**. Brasília: MCTIC, 2018. p. 7. Disponível em: <finep.gov.br/images/afinep/Politica/16_03_2018_Estrategia_Nacional_de_Ciencia_Tecnologia_e_Inovacao_2016_2022.pdf>. Acesso em: 20 nov. 2018.

Figura 1 – Principais atores do SNCTI

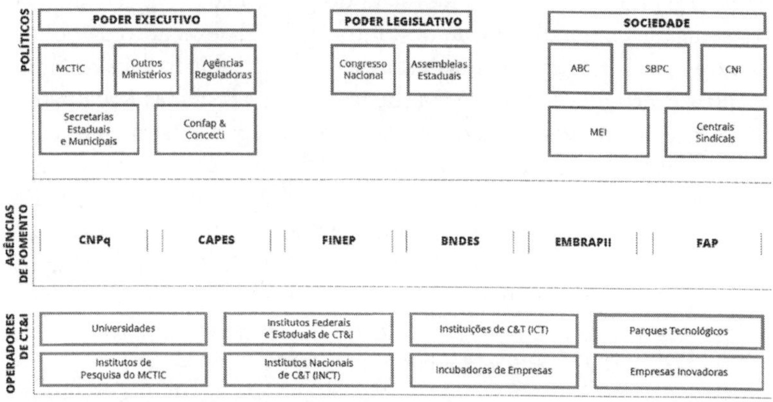

Ao eixo político compete a tomada de decisões estratégicas da política de inovação, sendo composto pelos Poderes Executivo e Legislativo, juntamente com as entidades de representação da sociedade civil. No âmbito do Poder Executivo, em sede federal, há o Ministério da Ciência Tecnologia, Inovações e Comunicações (MCTIC), ao qual cabe a coordenação do SNCTI. Ao lado dele atuam outros Ministérios, com ênfase aos Ministérios da Educação (MEC), da Agricultura, Pecuária e Abastecimento (MAPA), da Saúde (MS), da Indústria, Comércio Exterior e Serviços (MDIC) e da Defesa (MD), os quais representam os orçamentos ministeriais que mais investem em Ciência, Tecnologia e Inovação. As agências reguladoras, por sua vez, funcionam adjacentes aos Ministérios[251], realçando o desempenho da Agência Nacional do

251 As agências reguladoras foram introduzidas no ordenamento jurídico brasileiro em forma de autarquias, sendo que sua função reguladora "[...] contempla uma gama de atribuições, relacionadas ao desempenho de atividades econômicas e à prestação de serviços públicos, incluindo disciplina, fiscalização, composição de conflitos e aplicação de eventua[is] sanções", v. BARROSO, Luís Roberto. Constituição, ordem econômica e agências reguladoras. **Revista Eletrônica de Direito Administrativo Econômico**. Salvador, v. 1, n. 1, fev./abr. 2005. p. 9-11. Disponível em: direitoepoliticaeconomica.files.wordpress.com/2012/03/redae-1-fevereiro-2005-roberto-barroso.pdf. Acesso em: 10 mar. 2018. No âmbito das atividades de Ciência, Tecnologia e Inovação, as agências reguladoras fazem uso das denominadas cláusulas PD&I (Pesquisa, Desenvolvimento e Inovação), emanadas por normas das próprias agências, consistindo em obrigações legais de investimento privado em PD&I. Além de instituir tais cláusulas, compete às agências o poder de fiscalização e controle dos recursos aportados. Para maiores aprofundamentos, v. PRETE, Esther Külkamp Eyng. Considerações para uma abordagem sistemática da Emenda Constitucional n.º 85/2015. *In*: SOARES, Fabiana de Menezes; PRETE, Esther Külkamp Eyng. **Marco regulatório em ciência, tecnologia e inovação**: texto e contexto da Lei n.º 13.243/2016. Belo Horizonte: Arraes, 2018. p. 107-108. Disponível em: fundep.ufmg.br/wpcontent/uploads/2018/09/Livro_MARCO_REGULATORIO_EM_CIENCIA_TECNOLOGIA_E_INOVACAO.pdf. Acesso em: 10 out. 2018.

Petróleo, Gás Natural e Biocombustíveis (ANP) e da Agência Nacional de Energia Elétrica (Aneel). Na esfera do poder executivo estadual, em consonância com a diretriz de descentralização da execução da política de incentivo à inovação, conta-se com as Secretarias Estaduais de CT&I, as quais exercem a função de coordenadoras dos Sistemas Regionais de Inovação, em conjunto com duas instâncias de representação que articulam políticas dos governos estaduais, direcionadas ao desenvolvimento científico e tecnológico, quais sejam o Conselho Nacional de Secretários Estaduais para Assuntos de Ciência, Tecnologia e Inovação (Consecti) e o Conselho Nacional de Fundações Estaduais de Amparo à Pesquisa (Confap)[252]. Quanto ao Poder Legislativo, a atividade de legislar sobre a política de incentivo à inovação é distribuída entre o Congresso Nacional[253] e as Assembleias Estaduais.

Por fim, é imperioso citar as entidades de representação da sociedade civil, as quais participam do mesmo modo das decisões políticas, especificamente as relacionadas aos demais atores do processo de inovação – empresa e ICT. Representando os interesses da empresa/indústria, aponta-se a Confederação Nacional da Indústria (CNI), o Serviço Brasileiro de Apoio à Micro e Pequena Empresa (SEBRAE), a Mobilização Empresarial pela Inovação (MEI) e a Associação Nacional de Pesquisa e Desenvolvimento das Empresas Inovadoras (ANPEI). Além dessas, há as Centrais Sindicais que auxiliam no diálogo pela perspectiva dos

252 BRASIL. Ministério da Ciência, Tecnologia, Inovações e Comunicações. **Estratégia Nacional de Ciência, Tecnologia e Inovação 2016-2022**. Brasília: MCTIC, 2018. p. 17. Disponível em: <finep.gov.br/images/afinep/Politica/16_03_2018_Estrategia_Nacional_de_Ciencia_Tecnologia_e_Inovacao_2016_2022.pdf>. Acesso em: 20 nov. 2018.

253 Frisa-se que a Câmara dos Deputados possui uma Comissão Permanente de Ciência e Tecnologia, Comunicação e Informática, que, conforme o art. 32, inciso III, do seu Regimento interno, possui entre suas atribuições a discussão de projetos sobre "o desenvolvimento científico e tecnológico, a política nacional de ciência e tecnologia e organização institucional do setor e acordos de cooperação com outros países e organismos internacionais", v. BRASIL. Câmara dos Deputados. **Regimento Interno da Câmara dos Deputados**. Aprova o Regimento Interno da Câmara dos Deputados. Brasília, DF. [1989]. Disponível em: camara.gov.br/internet/legislacao/regimento_interno/RIpdf/RegInterno.pdf. Acesso em: 20 dez. 2018. O Senado Federal também conta com a Comissão permanente específica para Ciência, Tecnologia, Inovação, Comunicação e Informática, prevista no art. 104-C do seu Regimento interno, que possui competência, entre outras atribuições, para opinar sobre proposições pertinentes ao "desenvolvimento científico, tecnológico e inovação tecnológica; a política nacional de ciência, tecnologia, inovação, comunicação e informática e a organização institucional do setor", v. BRASIL. Senado Federal. **Regimento interno do Senado Federal**. Texto editado em conformidade com a Resolução n.º 18, de 1989, consolidado com as alterações decorrentes de emendas à Constituição, leis e resoluções posteriores, até janeiro de 2019. Brasília, DF. [2019]. Disponível em: <www25.senado.leg.br/documents/12427/45868/RISFCompilado.pdf/cd5769c8-46c5-4c8a-9af7-99be436b89c4>. Acesso em: 20 dez. 2018.

empregadores[254]. Em representação da comunidade acadêmica, canalizando as demandas dos pesquisadores e professores, atuam a Academia Brasileira de Ciências (ABC) e a Sociedade Brasileira para o Progresso da Ciência (SBPC)[255].

No tocante à representação da sociedade civil, existem pontos que merecem ser destacados: (a.) De acordo com uma das premissas do modelo da hélice tríplice de "assumir o papel do outro", uma vez que, empresas e ICTs operam como planejadores da política de incentivo à inovação, em um papel tipicamente governamental; (b.) pode-se dizer que é um indicativo da adoção da teoria da hélice quádrupla, ainda que timidamente, tendo em vista que, se por um lado a representação restringe-se aos grupos sociais diretamente associados às ICTs e empresas, por outro abre-se margem para a possibilidade da participação dos cidadãos-usuários no processo de inovação; e (c.) há a notória desproporcionalidade da representatividade dos interesses acadêmicos em face dos empresariais, tendo-se o dobro de entidades representativas das empresas/indústrias, algo que atesta, novamente, o caráter mercadológico da política brasileira.

O eixo das agências de fomento tem por objetivo a concessão de instrumentos que concretizem as decisões políticas, tendo vultosa relevância no SNCTI. Tais agências estão presentes a nível federal – vinculadas aos Ministérios – e a nível estadual – ligadas aos órgãos estaduais –, sendo sua principal função a alocação de recursos públicos para o atendimento das diretrizes estabelecidas nas referidas decisões políticas[256]. Para tanto, como forma de possibilitar o exercício dessa função, foi criado o Fundo Nacional de Desenvolvimento Científico e Tecnológico (FNDCT)[257],

254 BRASIL. Ministério da Ciência, Tecnologia, Inovações e Comunicações. **Estratégia Nacional de Ciência, Tecnologia e Inovação 2016-2022**. Brasília: MCTIC, 2018. p. 14. Disponível em: <finep.gov.br/images/afinep/Politica/16_03_2018_Estrategia_Nacional_de_Ciencia_Tecnologia_e_Inovacao_2016_2022.pdf>. Acesso em: 20 nov. 2018.

255 PRETE, Esther Külkamp Eyng. Considerações para uma abordagem sistemática da Emenda Constitucional n.º 85/2015. *In*: SOARES, Fabiana de Menezes; PRETE, Esther Külkamp Eyng. **Marco regulatório em ciência, tecnologia e inovação**: texto e contexto da Lei n.º 13.243/2016. Belo Horizonte: Arraes, 2018. p. 108. Disponível em: <fundep.ufmg.br/wpcontent/uploads/2018/09/Livro_MARCO_REGULATORIO_EM_CIENCIA_TECNOLOGIA_E_INOVACAO.pdf>. Acesso em: 10 out. 2018.

256 BRASIL. Ministério da Ciência, Tecnologia, Inovações e Comunicações. **Estratégia Nacional de Ciência, Tecnologia e Inovação 2016-2022**. Brasília: MCTIC, 2018. p. 17. Disponível em: <finep.gov.br/images/afinep/Politica/16_03_2018_Estrategia_Nacional_de_Ciencia_Tecnologia_e_Inovacao_2016_2022.pdf>. Acesso em: 20 nov. 2018.

257 O regime jurídico dos fundos especiais está previsto na Lei n.º 4.320/1964, a qual estatui Normas Gerais de Direito Financeiro para elaboração e controle dos orçamentos e balanços da União, dos Estados, dos Municípios, e do Distrito Federal. O art. 71 da referida lei consigna que o fundo especial consiste na conta contábil em que o produto de receitas especificadas que por lei se vinculam à

por meio do Decreto-Lei n.º 179/1969 e reestruturado pela Lei n.º 11.540/2007, após a entrada em vigor da LI brasileira. A finalidade do Fundo, conforme disposto no art. 1.º da Lei, consiste no financiamento da inovação, desenvolvimento científico e tecnológico do País, sendo composto por dezesseis fundos setoriais, treze deles direcionados a setores específicos[258], e três deles para ações transversais[259], nas quais os recursos são aplicados em projetos de qualquer setor, desde que conivente com o escopo do respectivo fundo[260].

---

realização de determinados objetivos ou serviços, v. TORRES, Heleno Taveira. Fundos especiais para prestação de serviços públicos e os limites da competência reservada em matéria financeira. *In*: PIRES, Adilson Rodrigues; TORRES, Heleno Taveira. **Princípios de direito financeira e tributário**: estudos em homenagem ao Professor Ricardo Lobo Torres. Rio de Janeiro: Renovar, 2006. p. 40.

258 (a.) Fundo Setorial Aeronáutico (CT-AERO): destinado à indústria aeronáutica nacional; (b.) Fundo Setorial do Agronegócio (CT-AGRO): voltado à produção agrícola e pecuária nacional; (c.) Fundo Setorial de Transporte Aquaviário e de Construção Naval (CT-AQUAVIÁRIO): financia programas e projetos de pesquisa científica e tecnológica sobre transporte aquaviário e de construção naval; (d.) Fundo Setorial de Biotecnologia (CT-BIO): apoia iniciativas na esfera da biotecnologia, tais como genômica, proteômica, genética e aproveitamento da biodiversidade; (e.) Fundo Setorial de Energia (CT-ENERG): destinado para pesquisas na área de energia elétrica, com ênfase em eficiência energética e utilização de fontes alternativas de energia; (f.) Fundo Setorial Espacial (CT-ESPACIAL): fomenta o desenvolvimento científico e tecnológico no setor espacial, principalmente no que tange aos projetos de desenvolvimento de satélites e veículos lançadores; (g.) Fundo Setorial de Recursos Hídricos (CT-HIDRO): voltado a áreas ligadas ao gerenciamento de bacias hidrográficas, hidrologia e climatologia; (h.) Fundo Setorial de Tecnologia da Informação (CT-INFO): estimula a participação de empresas nacionais no desenvolvimento e produção de bens e prestação de serviços de tecnologia da informação; (i.) Fundo Setorial de Saúde (CT-SAÚDE): financia projetos de pesquisa na área da saúde, particularmente os destinados ao combate de doenças emergentes e reemergentes, doenças crônico-degenerativas e sexualmente transmissíveis; (j.) Fundo Setorial de Transportes Terrestres e Hidroviários (CT-TRANSPORTE): objetiva o avanço da engenharia civil, engenharia de transporte, materiais, logística, equipamentos e softwares; (k.) Fundo Setorial do Petróleo e Gás Natural (CT-PETRO): financia projetos de pesquisa e de desenvolvimento tecnológico no setor de petróleo e gás; e, por fim, (l.) Fundo Setorial de Recursos Minerais (CT-MINERAL): possui por escopo o reforço na atuação da indústria nacional e o apoio ao crescimento de pequenas e médias empresas na área mineral, v. BRASIL. **Manual Operativo do Fundo Verde Amarelo**. Aprovado na 30. Reunião Ordinária realizada em 20 de dezembro de 2012. Brasília: MCTIC, 20 dez. 2012. Disponível em: <mctic.gov.br/mctic/export/sites/institucional/fundos/fndct/fundos_CeT/ct_verde_amarelo/arquivos/documentos/Manual-Operativo.pdf>. Acesso em: 10 mar. 2018.

259 (a.) Fundo Verde e Amarelo (FVA): estrutura-se sob a forma de um Programa de Estímulo à Interação Universidade-Empresa para o Apoio à Inovação; (b.) Fundo de Infraestrutura (CT-INFRA): financia projetos de implantação e recuperação da infraestrutura de pesquisa em Instituições públicas de Ensino Superior; e (c.) Fundo para a Amazônia (CT-AMAZÔNIA): fomenta atividades de pesquisa e desenvolvimento na Amazônia, v. MORAIS, José Mauro de. Uma avaliação de programas de apoio financeiro à inovação tecnológica com base nos fundos setoriais e na lei de inovação. *In*: NEGRI, João Alberto de; KUBOTA, Luis Cláudio. **Políticas de Incentivo à Inovação Tecnológica**. Brasília: IPEA, 2008. p. 69. Disponível em: <ipea.gov.br/portal/index.php?option=com_content&id=5569>. Acesso em: 02 ago. 2018.

260 MORAIS, José Mauro de. Uma avaliação de programas de apoio financeiro à inovação tecnológica com base nos fundos setoriais e na lei de inovação. *In*: NEGRI, João Alberto de; KUBOTA, Luis Cláudio. **Políticas de Incentivo à Inovação Tecnológica**. Brasília: IPEA, 2008. p. 69. Disponível em: <ipea.gov.br/portal/index.php?option=com_content&id=5569>. Acesso em: 02 ago. 2018.

Importa sublinhar a relevância do Fundo Setorial Verde Amarelo (FVA), que evidencia a centralidade adquirida pelas Instituições de ensino e pesquisa no sistema de inovação brasileiro. O referido Fundo relaciona-se ao Programa de Estímulo à Interação Universidade-Empresa para Apoio à Inovação, instituído pela Lei n.º 10.168/2000[261], que se propõe a intensificar a cooperação entre Instituições de Ensino Superior e centros de pesquisa com o setor produtivo, tendo por premissa o progresso da inovação tecnológica. Assim, os recursos recolhidos para atender o aludido Programa são "geridos sob a denominação de Fundo Verde Amarelo", de modo que essa gestão é organizada em três linhas de atuação: (a.) fatores sistêmicos: com foco na capacitação de recursos humanos, organização de sistemas de inovação, ampliação da competitividade e inserção de Instituições de pesquisa na inovação; (b.) cooperação tecnológica para a inovação: com escopo de estimular a cooperação entre empresas e Instituições de ensino ou pesquisa, visando à ampliação dos ganhos de economias lastreadas em atividades de ciência, tecnologia e inovação; (c.) empreendedorismo, apoio a empresas de base tecnológica e sistemas locais de inovação: com o propósito de contribuir para uma cultura empreendedora no País, estimulando, por exemplo, o desenvolvimento de incubadoras[262].

Note-se que os fundos especiais e setoriais correspondem aos principais mecanismos de alocação de recursos pelas agências de fomento, garantindo a ampliação e a estabilidade de recursos financeiros para P&D[263]. Por conseguinte, no SNCTI, são quatro as agências de fomento no âmbito federal que se destacam nas suas atuações: a Financiadora de Estudos e Projetos (FINEP)[264]; o Conselho Nacional de Desenvolvimento Científico e Tecnológico (CNPq) – ambos vinculados ao MCTIC –; a

---

261 Esta Lei, ao criar o Programa de Estímulo à Interação Universidade-Empresa para apoio à Inovação, instituiu a denominada CIDE-royalties, que consiste em uma Contribuição de Intervenção no Domínio Econômico, de competência da União, direcionada ao custeio do referido programa, v. BENEVIDES, Bruna Garcia. Aspectos relevantes da CIDE-royalties segundo a jurisprudência do Conselho Administrativo de Recursos Fiscais. **Revista PGFN**. Brasília, v. 4, n. 2, p. 161–176, jul./dez., 2014. p. 163.

262 BRASIL. Comitê Gestor do Fundo Verde-Amarelo. Programa de Estímulo à Interação Universidade Empresa para apoio à Inovação. Documento Básico. **Parcerias Estratégicas**. Brasília, n. 1, p. 129-143, abr. 2002. p. 9-11. Disponível em: seer.cgee.org.br/index.php/parcerias_estrategicas/article/view/210. Acesso em: 15 jun. 2017.

263 MORAIS, José Mauro de. Uma avaliação de programas de apoio financeiro à inovação tecnológica com base nos fundos setoriais e na lei de inovação. *In*: NEGRI, João Alberto de; KUBOTA, Luis Cláudio. **Políticas de Incentivo à Inovação Tecnológica**. Brasília: IPEA, 2008. p. 69. Disponível em: <ipea.gov.br/portal/index.php?option=com_content&id=5569>. Acesso em: 02 ago. 2018.

264 Sublinha-se que a FINEP, conforme preleciona o art. 24 do Decreto n.º 9.283/2018, exerce a função de Secretaria-Executiva do FNDCT, cabendo àquela o credenciamento das agências de fomento regionais e estaduais.

Coordenação de Aperfeiçoamento de Pessoal de Nível Superior (CAPES) - vinculada ao MEC -; e o Banco Nacional de Desenvolvimento Econômico e Social (BNDES) - da alçada do MDIC. Na esfera estadual, a seu turno, conta-se com as Fundações de Amparo à Pesquisa (FAPs). Por fim, há que ressaltar-se, ainda, a atividade da Empresa Brasileira de Pesquisa e Inovação Industrial (EMBRAPII), "cuja missão é apoiar projetos empresariais que tenham base a inovação por meio da cooperação Universidade-empresa"[265].

No último eixo do SNCTI, estão os operadores de CT&I que são responsáveis pela geração das inovações com base nas diretrizes políticas e nas alocações dos recursos pelas agências de fomento, contando-se primordialmente com o trabalho dos pesquisadores e tecnologistas. Nesse eixo, encontram-se as ICTs, as quais poderão ser: Universidades, Institutos de Pesquisas do MCTIC, Institutos Federais e Estaduais de CT&I, Institutos Nacionais de C&T (INCT), incubadoras de empresas, parques tecnológicos e empresas inovadoras[266].

Assim, verifica-se que as Universidades e todas as Instituições que tenham como missão institucional o ensino e a pesquisa, comparativamente aos demais operadores de CT&I, impactam em maior grau no processo de inovação, tendo em vista que estão comprometidos precipuamente com a produção e disseminação do conhecimento. Em função disso, existe um fluxo contínuo de novas ideias, discussões e trocas entre estudantes e professores - ambos pesquisadores[267] -, o que incontestavelmente contribui para o surgimento de inovações e para as quais resta imprescindível um ambiente de liberdade para desenvolver-se, uma vez que a inovação depende principalmente de "um espaço de oportunidades que a permita"[268]. Não por outra razão, o MCTIC enaltece a importância das

265 BRASIL. Ministério da Ciência, Tecnologia, Inovações e Comunicações. **Estratégia Nacional de Ciência, Tecnologia e Inovação 2016-2022**. Brasília: MCTIC, 2018. p. 18. Disponível em: <finep.gov.br/images/afinep/Politica/16_03_2018_Estrategia_Nacional_de_Ciencia_Tecnologia_e_Inovacao_2016_2022.pdf>. Acesso em: 20 nov. 2018.

266 BRASIL. Ministério da Ciência, Tecnologia, Inovações e Comunicações. **Estratégia Nacional de Ciência, Tecnologia e Inovação 2016-2022**. Brasília: MCTIC, 2018. p. 18. Disponível em: <finep.gov.br/images/afinep/Politica/16_03_2018_Estrategia_Nacional_de_Ciencia_Tecnologia_e_Inovacao_2016_2022.pdf>. Acesso em: 20 nov. 2018.

267 ETZKOWITZ, Henry. Innovation in innovation: the triple helix of university-industry government relations. **Social Science Information**. [*S.l.*], v. 42, n. 3, pp. 293-337, set 2003. p. 295-296. Disponível em: <researchgate.net/publication/249733214_Innovation_in_Innovation_The_Triple_Helix_of_University-Industry-Government_Relations>. Acesso em: 20 mai. 2018.

268 WOLFGANG, Hoffmann-Riem. Direito, tecnologia e inovação. *In*: **Direito, inovação e tecnologia**. MENDES, Gilmar Ferreira Mendes; SARLET, Ingo Wolfgang; COELHO, Alexandre Zavaglia P. (Coord.). São Paulo: Saraiva, 2015. p. 21.

Instituições de Ensino Superior no SNCTI, precipuamente no nível de Pós-graduação, considerando que são "[...] nelas que a maior parte da produção científica nacional ocorre, devendo-se aos docentes a primazia dessa atividade"[269], justificando-se o foco da presente análise.

Nada obstante, o alto potencial das aludidas Instituições no processo inovativo, conjugado com uma inovação fundamentalmente guiada pelo mercado, faz com que elas coloquem em segundo plano a sua missão principal de produção e difusão do conhecimento e se transmudem em verdadeiras empresas, afetando diretamente o exercício da liberdade de pesquisa científica dos indivíduos que nelas estão. Esse envolvimento e integração das Instituições de Ensino Superior com a economia deram azo à construção da teoria do *academic capitalism*[270], a qual pode encontrar aderência nos distintos Estados constitucionais, a depender dos objetivos e princípios fundamentais resguardados por cada um. É nessa conjuntura que se mostra imprescindível analisar a aderência dessa teoria na ordem constitucional brasileira, com o propósito de avaliar as implicações na liberdade de pesquisa científica.

---

269 BRASIL. Ministério da Ciência, Tecnologia, Inovações e Comunicações. **Estratégia Nacional de Ciência, Tecnologia e Inovação 2016-2022.** Brasília: MCTIC, 2018. p. 18. Disponível em: <finep.gov.br/images/afinep/Politica/16_03_2018_Estrategia_Nacional_de_Ciencia_Tecnologia_e_Inovacao_2016_2022.pdf>. Acesso em: 20 nov. 2018.

270 RHOADES, Gary; SLAUGHTER, Sheila. Academic capitalism in the new economy: Challenges and choices. **American Academic.** [*S.l.*], v. 1, n. 1, p. 37-59, 2004. p. 37.

Capítulo 3

LIBERDADE DE PESQUISA CIENTÍFICA E INOVAÇÃO NA ORDEM CONSTITUCIONAL BRASILEIRA: LIMITES E POSSIBILIDADES DE ADESÃO À TEORIA DO *ACADEMIC CAPITALISM*

A centralidade das Instituições de Ensino Superior na política de inovação e o direcionamento mercadológico atribuído a esta desencadearam novos traços às missões tradicionais de tais Instituições, quais sejam o ensino e a pesquisa. Isso decorre diretamente das próprias modificações ocorridas na ciência, que, enquanto sistema que compõe a Sociedade do Conhecimento, adquire uma função de destaque no desenvolvimento e crescimento econômico e social, e também por consequência, uma tendência utilitarista[1].

Por certo, a ciência, em certa medida, sempre teve um caráter utilitário, no tocante ao seu compromisso com a produção e ao avanço do conhecimento; este sim, a seu turno, desinteressado. A diferença, então, reside no fato de que antes não havia um comprometimento em transformar o mundo externo mediante o conhecimento produzido, ou seja, não existia uma imprescindibilidade, ou sequer uma predileção para que a atividade científica atendesse a outros objetivos que não a produção do conhecimento[2]. Ao contrário, considerava-se fundamental que a evolução do conhecimento científico fosse separada de pressões externas e que, assim, ele fosse guiado apenas pela lógica e normas científicas[3]. Sob essa perspectiva, as Instituições de Ensino Superior deveriam manter um afastamento das demandas econômicas, sociais ou políticas, uma vez que estas operariam como filtros do que é produzido e discutido no

1 HOTTOIS, Gilbert. **El paradigma bioético**: una ética para la tecnociencia. Barcelona: Anthropos, 1991. p. 24.

2 MORIN, Edgar. **Ciencia con consciencia**. Barcelona: Anthropos, 1984. p. 31-32.

3 BOURDIEU, Pierre. **Os usos sociais da ciência**: por uma sociologia clínica do campo científico. Paris: Unesp, 1997. p. 42.

âmbito dessas Instituições[4], afetando negativamente a produção crítica e desinteressada do conhecimento[5].

Importa ressaltar, nessa linha, que, tendo em vista a ciência ter tido continuamente um compromisso com a produção e o avanço do conhecimento, pode-se dizer que a liberdade de pesquisa científica e a inovação sempre caminharam ladeadas. A inovação, de acordo com a sua definição – já fixada anteriormente –, consiste nas novas formas de produzir, aplicar e distribuir o conhecimento, agregando valor a determinado contexto. Disso se traduz que o desenrolar da ciência sempre foi permeado por inovações, as quais agregaram valor à comunidade científica e contribuíram para o progresso científico.

Tais inovações podem ser corporificadas tanto em elucidações de questões até então desconhecidas pelo homem – as quais se mostram essenciais para ele manusear e se relacionar com o ambiente externo –, como em enriquecimentos – os quais, por sua vez, aprimoram esse manuseio e relacionamento –, aumentando as potencialidades humanas. As inovações são, por conseguinte, um mecanismo de satisfação de necessidades sociais, políticas e econômicas[6]; sendo isso atestado mediante a complexa relação entre o homem e a *techne*, já delineada no capítulo anterior. Atrela-se a isso a leitura da dimensão objetiva da liberdade de pesquisa científica – esboçada no primeiro capítulo – que se vincula à promoção e à produção do conhecimento e, consequentemente, ao progresso inovativo. Como se pode perquirir, quanto maior a liberdade de pesquisa científica, facultando uma ampla possibilidade de escolha de objetos, métodos e áreas de pesquisa, dando azo à criatividade, maior a probabilidade de a atividade científica resultar em inovações[7].

No entanto, com a evolução científica, percebeu-se que a ciência, para além de fundamental na relação do homem com o mundo externo, assume a condição de um verdadeiro poder que influencia, e até mesmo molda, a ordem social, econômica, política, jurídica e cultural. Não por outra razão, a Sociedade do Conhecimento baseia-se em tecnologias de

---

4 LYOTARD, Jean-François. **A condição pós-moderna**. 7. ed. Tradução: Ricardo Corrêa Barbosa. Rio de Janeiro: José Olympio, 2002. p. 31.

5 DIAS SOBRINHO, José. Avaliação e privatização do Ensino Superior. *In*: TRINDADE, Hélgio (Org.). **Universidade em ruínas**: na república dos professores. Petrópolis: Vozes, 2001. p. 69.

6 MORIN, Edgar. **Cienciaconconsciencia**. Barcelona: Anthropos, 1984. p. 31-32.

7 MOLINARO, Carlos Alberto; SARLET, Ingo Wolfgang. Apontamentos sobre direito, ciência e tecnologia na perspectiva de políticas públicas sobre regulação em ciência e tecnologia. *In*: MENDES, Gilmar Ferreira; SARLET, Ingo Wolfgang; COELHO, Alexandre Zavaglia P. (Coord.). **Direito, inovação e tecnologia**. São Paulo: Saraiva, 2015. v. 1. p. 109.

informação e comunicação, bem como na inovação, as quais possuem como ponto de partida a ciência. Surge, em vista disso, o designado determinismo mecanicista, o qual se caracteriza por um "[...] horizonte certo de uma forma de conhecimento que se pretende utilitário e funcional, reconhecido menos pela capacidade de compreender profundamente o real, e mais pela capacidade de o dominar e transformar"[8].

É nesse contexto que há influência em cadeia: a inovação, como móvel da Sociedade do Conhecimento, passa a ser guiada às necessidades específicas do homem, quais sejam: os processos e objetos que ele almeja conhecer, dominar e transformar. Tendo em vista que, para tanto, a ciência é imprescindível, esta resta direcionada para satisfazer não só o ímpeto inovativo, mas também os interesses subjacentes a essa inovação. Desse ponto, extrai-se a figura da tecnociência, já mencionada no capítulo anterior[9]. Além disso, dentre os interesses que o homem busca satisfazer com a inovação e a ciência, no âmbito da referida Sociedade, está o econômico, o qual, inclusive, prevalece em detrimento dos demais interesses. Há, então, um mundo globalizado que se unifica em torno da lógica econômica, comumente a liberal e individualista[10], de modo que o impulso da atividade científica – que antes era baseado no avanço do conhecimento e tinha como resultado preponderantemente inovações científicas – transforma-se na aspiração para aplicar e explorar economicamente os conhecimentos, com a prevalência de inovações de mercado em detrimento das científicas[11].

Nesse cenário, retoma-se ao parágrafo inaugural deste capítulo e reforça-se que, por certo, as Instituições de Ensino Superior possuem um papel de centralidade na política de inovação, já que são as maiores produtoras tanto de conhecimento como de inovação. A conjugação entre ensino e pesquisa, bem como entre a rotatividade dos estudantes e a troca incessante de conhecimentos, em grupos de pesquisa e em salas de aula, garante o fluxo dinâmico de capital humano, assegurando a pri-

8 SANTOS, Boaventura de Sousa. Um discurso sobre as ciências na transição para uma ciência pós-moderna. **Estudos avançados**. São Paulo, v. 2, n. 2, pp. 46-71, maio/ago. 1988. p. 51.

9 HOTTOIS, Gilbert. **El paradigma bioético**: una ética para la tecnociencia. Barcelona: Anthropos, 1991. p. 26.

10 RODOTÀ, Stefano. Cual derecho para el nuevo mundo. **Rev. Derecho Privado**. Bogotá, v. 9, p. 5-20, jul./dez. 2005. p. 7. Disponível em: <redalyc.org/pdf/4175/417537584001.pdf>. Acesso em: 20 jul. 2018.

11 PARDO, Rubén H. Verdad e historicidad. El conocimiento científico y sus fracturas. *In*: DÍAZ, Esther (Org.). **La posciencia**: el conocimiento científico en las postrimerías de la modernidad. Argentina: Biblos, 2000. p. 68.

mazia como fonte de inovação[12]. Assim, as IESs recebem a qualificação de empreendedoras, já que a inovação é vinculada preferencialmente ao atendimento de aspirações mercadológicas, e, por via consequencial, as missões institucionais das IES adquirem novos traços com ênfase na pesquisa, uma vez que esta é a principal responsável pela produção de inovações[13]. Dessa forma, as denominadas Universidades empreendedoras abandonam o modelo torre de marfim, no qual a academia isolava-se das demandas e influxos da sociedade, e incorpora o modelo empreendedor, direcionando o ensino e a pesquisa ao desenvolvimento da sociedade, com enfoque no crescimento econômico, assumindo, por isso, o papel típico de indústria/empresa[14].

Em verdade, o paradigma da Universidade empreendedora[15], na sua essência, visa aproximar a academia do setor econômico, pois se acredita que, por meio dessa proximidade, seja possível alcançar o desenvolvimento da sociedade como um todo[16], o qual não se limitaria apenas ao aspecto econômico. Com efeito, em uma estrutura social lastreada no conhecimento, o distanciamento entre a academia e a sociedade gradativamente torna-se utópico, de maneira que as IESs fornecem o alicerce indispensável para a construção de novos empreendimentos não só econômicos como

---

12 ETZKOWITZ, Henry; LEYDESDORFF, Loet The dynamics of innovation: from National Systems and "Mode 2"to a Triple Helix of university-industry-government relations. **Researchpolicy**. [*S.l.*], v. 29, n. 2, pp. 109-123, 2000. pp. 127-128.

13 Henry Etzkowitz considera que a Universidade empreendedora passa por duas fases. A primeira consiste na fase transicional, na qual os problemas de pesquisa e objetos de estudo ainda são definidos internamente, mas, leva-se em conta a possibilidade da utilidade econômica e social da pesquisa, de forma que ações são realizadas para que isso ocorra efetivamente. Já na segunda fase, que ele denomina de Universidade empreendedora madura, os problemas de pesquisa e os objetos de estudo surgem não apenas internamente, mas, sobretudo, externamente, das demandas econômicas e sociais, v. ETZKOWITZ, Henry. Innovation in innovation: the triple helix of university--industry government relations. **Social Science Information**. [*S.l.*], v. 42, n. 3, pp. 293-337, set 2003. pp. 295-296. Disponível em: <researchgate.net/publication/249733214_Innovation_in_Innovation_The_Triple_Helix_of_University-Industry-Government_Relations>. Acesso em: 20 maio 2018.

14 ETZKOWITZ, Henry. **The triple helix**: university-industry-government innovation in action. Abingdon: Routledge, 2008. p. 17.

15 Ressalta-se que Universidade empreendedora não é sinônima de Universidade corporativa. Esta corresponde ao que designa de empresas acadêmicas, as quais representam empresas que ofertam seus próprios cursos e acumulam funções acadêmicas; aquelas, por outro lado, são IES que se conectam mais intimamente com o desenvolvimento da sociedade e com demandas de mercado, v. CARAYANNIS, Elias G.; CAMPBELL, David F. J. Mode 3 knowledge production in quadruple helix innovation systems. *In*: **Mode 3 knowledge production in quadruple helix innovation systems**. New York: Springer, 2012. p. 23-24.; ALPERSTEDT, Cristiane. Universidades corporativas: discussão e proposta de uma definição. **Revista de Administração Contemporânea**. [*S.l.*], v. 5, n. 3, pp. 149-165, set/dez. 2001. p. 154.

16 AUDY, Jorge. A inovação, o desenvolvimento e o papel da universidade. **Estudos Avançados**. São Paulo. v. 31, n. 90, p. 75-87, 2017. p. 80. Disponível em: <scielo.br/scielo.php?pid=S010340142017000200075&script=sci_arttext&tlng=pt>. Acesso em: 1 maio 2018.

igualmente políticos, sociais, intelectuais[17], etc. É inconteste, contudo, que a teoria da hélice tríplice, a qual se reporta à noção de empreendedorismo acadêmico e ao engajamento ativo das aludidas Instituições no processo inovativo, dirija-se a um desenvolvimento movido pelo viés econômico, que nada mais é do que o reflexo do direcionamento mercadológico da inovação. Nesse sentido, com foco na lucratividade econômica, as funções não só de ensino como principalmente de pesquisa, sendo esta o objeto da presente análise, correlacionam-se ao progresso de inovações de mercado, as quais, na maioria das vezes, encontram-se sob as vestes de inovações tecnológicas. Com isso, investe-se em P&D para que as pesquisas resultem em inovações tecnológicas e que estas sejam concomitantemente inovações de mercado, que, por sua vez, proporcionem lucratividade[18].

Paulatinamente, a independência dos atores defendida na teoria da hélice tríplice[19], em especial das IESs, não se sustenta em um desenvolvimento prioritariamente econômico, pautado na interação e interdependência de IES, governo e indústria/empresa, ensejando uma verdadeira simbiose entre economia e academia. É nesse contexto em que surge a teoria do *academic capitalism* com o objetivo de explicar o processo de integração das IESs com a economia do conhecimento, cuja premissa basilar consiste na análise das políticas, redes, e circuitos que viabilizam essa integração, assim como no estudo do comportamento de professores, pesquisadores, estudantes e administradores acadêmicos na nova economia[20]. Parte-se do pressuposto, aliás, de que as funções essenciais do ensino e pesquisa se tornam mecanismos de geração de receita, as quais são destinadas diretamente à lucratividade, concebendo, por isso, as IES como verdadeiras empresas[21].

A teoria analisa, nessa linha, várias formas de integração das IES na economia, envolvendo o ensino, a pesquisa, a propriedade intelectual, a mudança na contratação de profissionais, o tratamento do estudante

---

17 ETZKOWITZ, Henry. **The triple helix**: university-industry-government innovation in action. Abingdon: Routledge, 2008. p. 27.

18 MATHIES, Charles; SLAUGHTER, Sheila. University trustees as channels between academe and industry: toward an understanding of the executive science network. **Research policy**. [*S.l.*], v. 42, n. 6-7, pp. 1286-1300, 2013. p. 1286.

19 ETZKOWITZ, Henry. **The triple helix**: university-industry-government innovation in action. Abingdon: Routledge, 2008. p. 41.

20 RHOADES, Gary; SLAUGHTER, Sheila. Academic capitalism in the new economy: Challenges and choices. **American Academic**. [*S.l.*], v. 1, n. 1, pp. 37-59, 2004. p. 11.

21 RHOADES, Gary; SLAUGHTER, Sheila. Academic capitalism in the new economy: Challenges and choices. **American Academic**. [*S.l.*], v. 1, n. 1, pp. 37-59, 2004. p. 37.

enquanto consumidor etc. [22] Assim sendo, em razão da complexidade da teoria e do recorte metodológico, o presente estudo não tenciona esgotar a temática e debruçar-se sobre todos os contornos do *academic capitalism*, mas puramente traçar um enfoque metodológico preciso tão somente no que tange à comercialização da pesquisa científica, já que, nesse ponto, a liberdade de pesquisa científica e a inovação adquirem novos tons. Destarte, as pesquisas científicas são vistas como fundamentais para a criação de inovações tecnológicas e de mercado, as quais prospectam rentabilidade. Em face disso, sua legitimidade, extraída substancialmente da sua contribuição ao avanço do conhecimento, passa a ser retirada, não apenas disso, mas, principalmente, da sua potencialidade em criar atuais linhas de desenvolvimento econômico. Tal potencialidade, além disso, mostra-se decisiva na escolha das pesquisas que contarão com o maior aporte financeiro nas políticas de financiamento público[23]-[24].

Nota-se, portanto, que o *academic capitalism* está sensivelmente relacionado a um padrão de desenvolvimento estatal fundado, quase exclusiva ou predominantemente, na economia liberal e individualista. A escolha estatal por um padrão de desenvolvimento, aliás, caracteriza-se por um caráter político e ideológico, pautado em valores, objetivos e princípios nos quais um Estado se estabelece[25]. Nesse sentido, sublinha-se que a aludida teoria não concebe esse processo de simbiose entre academia e economia como inevitável. Ao contrário, considera que este poderia ser resistido ou, inclusive, substituído por um processo alternativo, no qual o envolvimento das IESs com o progresso da sociedade ocorra de forma a se ponderar e equilibrar outros interesses que não apenas o de mercado[26].

Assim sendo, a resistência ou limitações ao *academic capitalism* tornam-se cogentes, na medida em que a teoria é aplicada em uma ordem jurídico-constitucional erguida em valores, objetivos e princípios que não necessariamente estejam ligados diretamente e integralmente

---

22 RHOADES, Gary; SLAUGHTER, Sheila. Academic capitalism in the new economy: Challenges and choices. **American Academic.** [*S.l.*], v. 1, n. 1, pp. 37-59, 2004. p. 21.

23 ETZKOWITZ, Henry; LEYDESDORFF, Loet The dynamics of innovation: from National Systems and "Mode 2" to a Triple Helix of university-industry-government relations. **Research policy**. [*S.l.*], v. 29, n. 2, pp. 109-123, 2000. pp. 119-120.

24 MATHIES, Charles; SLAUGHTER, Sheila. University trustees as channels between academe and industry: toward an understanding of the executive science network. **Research policy**. [*S.l.*], v. 42, n. 6-7, pp. 1286-1300, 2013. p. 1286.

25 BUNGE, Mario. **Las funciones de la ciencia y de la técnica en el desarrollo nacional. Revista Cuestiones Económicas,** Quito, Banco Central del Ecuador, n. 2-4, p. 9-32, nov. 1980. p. 9. Disponível em: <repositorio.bce.ec:8080/handle/32000/98>. Acesso em: 20 maio 2018.

26 RHOADES, Gary; SLAUGHTER, Sheila. Academic capitalism in the new economy: Challenges and choices. **American Academic.** [*S.l.*], v. 1, n. 1, p. 37-59, 2004. p. 11.

com o mercado. Com base nisso, considerando que a liberdade de pesquisa científica e a inovação, nos moldes previstos na Constituição, não condizem integralmente com o regime do capitalismo acadêmico, pretende-se traçar os limites de aderência do referido regime ao sistema constitucional brasileiro.

Importa esclarecer, antes de prosseguir, que a teoria do *academic capitalism*, na nova economia, não pretendeu ter aplicação global, tendo-se focado apenas no estudo das legislações, políticas e Instituições dos Estados Unidos. Enaltece-se, contudo, que os formuladores da teoria ressaltam a intenção de avançar para o estudo dos mecanismos, redes, e práticas do capitalismo acadêmico a nível global. Logo, a despeito de o pano de fundo da teoria ser norte-americano, três aspectos justificam a sua análise: (a.) apesar de voltar-se ao cenário estadunidense, parte-se dele para a construção das premissas e características gerais da teoria, ensejando na possibilidade desta ser avaliada em outros Estados a fim de vislumbrar-se (ou não) a existência de um movimento semelhante ou igual ao norte-americano no que toca às premissas e características do *academic capitalism*; (b.) em função da troca incessante de informações, conhecimentos e valores na Sociedade do Conhecimento, como também em razão de serem os Estados Unidos uma potência econômica, é comum, e até esperado, que outros países se influenciem pelos modelos, políticas e estratégias, em termos de inovação e crescimento econômico estadunidense[27]; e (c.) decorrendo diretamente do aspecto anterior, um exemplo disso é influência do *Bayh-Dole Act* americano sobre a Lei de Inovação brasileira[28].

Portanto, o presente capítulo volta-se ao estudo dos limites de aderência da teoria do *academic capitalism* à ordem constitucional brasileira. Para tanto, inicialmente, expõe-se a definição e as características

---

27 RODOTÀ, Stefano. Cual derecho para el nuevo mundo. **Rev. Derecho Privado**. Bogotá, v. 9, p. 5-20, jul./dez. 2005. p. 17. Disponível em: <redalyc.org/pdf/4175/417537584001.pdf>. Acesso em: 20 jul. 2018.

28 Nesse sentido: BARBOSA, Cynthia Mendonça; SOUZA, Gustavo Costa de. A relação entre empresas e instituições de ensino e pesquisa e seu papel no desenvolvimento econômico. *In*: SOARES, Fabiana de Menezes; PRETE, Esther Külkamp Eyng. **Marco regulatório em ciência, tecnologia e inovação**: texto e contexto da Lei n.º 13.243/2016. Belo Horizonte: Arraes, 2018. p. 88. Disponível em: <fundep.ufmg.br/wpcontent/uploads/2018/09/Livro_MARCO_REGULATORIO_EM_CIENCIA_TECNOLOGIA_E_INOVACAO.pdf>. Acesso em: 10 out. 2018.; KRUGLIANSKAS, Isak; MATIAS-PEREIRA, José. Um enfoque sobre a Lei de Inovação Tecnológica do Brasil. **Revista de Administração Pública**. Rio de Janeiro, v. 39, n. 5, pp. 1011-1029, set/out. 2005. p. 1018. Disponível em: <repositorio.unb.br/bitstream/10482/926/1/ARTIGO_EnfoqueLeiInovacaoTecnologica.pdf>. Acesso em: 20 jun. 2018.; RAUEN, Cristiane Vianna. O novo marco legal da inovação no Brasil: o que muda na relação ICT-Empresa? **Radar**, v. 43, p. 21-35, fev. 2016. p. 22-23. Disponível em: <ipea.gov.br/portal/images/stories/PDFs/radar/160309_radar43_cap_3.pdf>. Acesso em: 10 jun. 2018.

da teoria do *academic capitalism*, com enfoque na pesquisa científica. Em um segundo momento, avaliam-se os possíveis pontos de contato e de aplicação da teoria no Brasil, partindo de um estudo de caso sobre um programa do CNPq destinado a pesquisadores que executam projetos de pesquisa disseminadores de inovação. A partir disso, discorre-se sobre os limites de adesão impostos pela Constituição brasileira à citada teoria, enaltecendo os valores, objetivos e princípios que o constituinte objetivou proteger na previsão da liberdade de pesquisa científica correlacionada com a inovação enquanto programa constitucional. Além disso, a consistência constitucional da opção por uma forma pura, ou mais ou menos moderada, do *academic capitalism* depende da sua compatibilidade com os princípios e objetivos fundamentais do Estado brasileiro (art. 1.º e 3.º, da CRFB), com os deveres de proteção e promoção dos direitos fundamentais, inclusive os direitos sociais, bem como com os princípios da ordem econômica e social.

3.1. DEFINIÇÃO E CARACTERÍSTICAS DA TEORIA DO *ACADEMIC CAPITALISM*

A teoria do *academic capitalism*, ou capitalismo acadêmico, originariamente construída por Sheila Slaughter e Larry Leslie, em 1997, com a publicação do livro *Academic capitalism: politics, policies and the entrepreneurial university*, visa analisar o envolvimento das Instituições de Ensino Superior nas relações de mercado, ressaltando o decréscimo da vinculação da produção do conhecimento ao bem público e, em via contrária, uma elevação da obrigatoriedade da educação superior em responder as demandas do mercado[29].

O termo *academic capitalism* foi empregado, então, para designar a forma por meio da qual as Instituições de Ensino Superior estavam reagindo às tendências do mundo globalizado, as quais, por sua vez, concebiam a política de ensino como um subconjunto da política econômica[30]. O imaginário da teoria partia da premissa segundo a qual a economia se direcionava cada vez mais ao incentivo e à promoção da pesquisa aplicada e da inovação, pois estas figurariam como pilares do

29 MAZZOLINI, Elizabeth. Review of Academic Capitalism: Politics, Policies and the Entrepreneural University. **Workplace**: A Journal for Academic Labor. Vancouver, n. 10, 196-198, 2013. Disponível em: <ices.library.ubc.ca/index.php/workplace/article/view/184665/184278>. Acesso em: 20 mai. 2018.

30 SLAUGHTER, Sheila; LESLIE, Larryl. Expanding and elaborating the concept of academic capitalism. **Organization**. Thousand Oaks, v. 8, n. 2, pp. 154-161, 2001. p. 154.

seu desenvolvimento[31]. As Instituições, por conseguinte, como forma de sobreviver nos moldes atuais da globalização, começaram a adotar posturas de mercado, tais como: (a.) a competição entre docentes e pesquisadores por verbas externas concedidas pelo setor público ou privado – ambos guiados pelo aspecto mercadológico; (b.) a busca por parcerias com o setor industrial/empresarial, principalmente visando à transferência de tecnologia mediante contraprestação financeira; bem como (c.) o patenteamento de produções acadêmicas[32] etc. Percebe-se, pois, que o capitalismo acadêmico possui como uma de suas diretrizes basilares a demonstração e a explicação dos impactos e da reestrutura do Ensino Superior no contexto da globalização, evidenciando não apenas os rearranjos organizacionais que aproximam mais a academia do mercado, bem como pondo em foco os novos contornos das suas missões institucionais, quais sejam, ensino e a pesquisa, os quais modificam a própria execução do trabalho acadêmico[33].

No entanto, Sheila Slaughter, agora em coautoria com Gary Rhoades, revisitou e aperfeiçoou a teoria do *academic capitalism*, tendo como pano de fundo a Sociedade do Conhecimento. Com base na publicação, em 2004, do livro *Academic capitalism and the new economy: markets, state, and higher education*, a presente análise busca fixar a definição e as características da aludida teoria[34].

A teoria do *academic capitalism*, na nova economia, propõe-se a explicar os processos pelos quais as Instituições de Ensino Superior interagem com a economia da Sociedade do Conhecimento, a qual, consoante enaltecido no anteriormente, possui como principal matéria

31 COLADO, Eduardo Ibarra. Capitalismo académico y globalización: la universidad reinventada. **Educação & Sociedade**. Campinas, v. 24, n. 84, pp. 1059-1067, 2003. p. 1059.

32 SLAUGHTER, Sheila; LESLIE, Larryl. Expanding and elaborating the concept of academic capitalism. **Organization**. Thousand Oaks, v. 8, n. 2, pp. 154-161, 2001. pp. 154-155.

33 COLADO, Eduardo Ibarra. Capitalismo académico y globalización: la universidad reinventada. **Educação & Sociedade**. Campinas, v. 24, n. 84, pp. 1059-1067, 2003. p. 1059.

34 A proposição original da teoria do *academic capitalism* lastreava-se no entendimento segundo o qual havia uma motivação de busca por lucratividade, advindo do ambiente externo que invadia a academia e influenciava sensivelmente suas atividades internas. No entanto, em sua versão aperfeiçoada, não se considera mais uma influência, mas, sim, uma imersão das atividades acadêmicas na lógica do mercado. Dito de outro modo, as próprias IESs desenvolvem capacidades empreendedoras e se reorganizam para gerar receita. Além disso, na primeira concepção da teoria, o foco era na transferência de tecnologias, enquanto que, na sua segunda concepção, há uma visão mais ampliada do capitalismo acadêmico, abordando a política de propriedade intelectual, a comercialização de materiais didáticos, a contratação de profissionais que atendam diretamente as demandas do mercado etc., isto é, todas as formas de atividades e de organizações da academia que se assemelhem a condutas mercadológicas e visem o lucro, v. SLAUGHTER, Sheila A.; RHOADES, Gary. **Academic capitalism and the new economy**: Markets, state, and higher education. Baltimore: JHU Press, 2004. pp. 17-20.

prima o conhecimento. Parte-se, em função disso, dos estudos desenvolvidos, dentre outros nomes, por Manuel Castells, já visto ao longo desse estudo, que já atribuía ao conhecimento um aspecto de centralidade na nova organização social, ainda que não abordasse diretamente o papel desempenhado pelas IESs. Além disso, não se desconsidera a relevância dos estudos de Henry Etzkowitz, o qual, de modo específico, focou no papel exercido por essas Instituições e nas suas correlações com a empresa e o governo. Contudo, reputa-se que esse mesmo autor considera existir a separação, ainda que diminuta, entre governo, empresa/indústria e IES[35].

Pretende-se, assim, o distanciamento das concepções as quais propuseram-se a explicar o envolvimento da academia com a economia, em fluxo de fora para dentro. Dito de outro modo, as Instituições de ensino e pesquisa incorporavam nas suas pautas as necessidades do mercado, pois eram pressionadas por atores externos, tais como empresas e o Poder Público. Ao contrário, entende-se que há influência e impacto externo nas referidas Instituições, mas, conjugado a isso, os próprios sujeitos da academia, como alunos, gestores, professores ou pesquisadores, valem-se de redes e circuitos para se aproximarem cada vez mais da nova economia[36].

Dessa forma, o *academic capitalism* consubstancia-se em um regime de produção do conhecimento e aprendizagem, no qual as IESs se envolvem com o mercado e adotam comportamentos mercadológicos[37]. Com efeito, esse regime define-se como o conjunto de ações e políticas que tenham por finalidade tornar esses envolvimentos e comportamentos possíveis[38], os quais, por sua vez, reformulam o modo de gestão do Poder Público, das próprias Instituições, da produção acadêmica e do sistema cultural[39].

No tocante à gestão do Poder Público, especificadamente no cenário norte-americano, observou-se que a política de P&D, com o propósito

35 SLAUGHTER, Sheila A.; RHOADES, Gary. **Academic capitalism and the new economy**: Markets, state, and higher education. Baltimore: JHU Press, 2004. p. 16.

36 SLAUGHTER, Sheila A.; RHOADES, Gary. **Academic capitalism and the new economy**: Markets, state, and higher education. Baltimore: JHU Press, 2004. p. 16.

37 SLAUGHTER, Sheila A.; RHOADES, Gary. **Academic capitalism and the new economy**: Markets, state, and higher education. Baltimore: JHU Press, 2004. p. 16

38 RHOADES, Gary; SLAUGHTER, Sheila. Academic capitalism in the new economy: Challenges and choices. **American Academic**. [*S.l.*], v. 1, n. 1, pp. 37-59, 2004. p. 37.

39 SLAUGHTER, Sheila A.; RHOADES, Gary. **Democracy and Capitalism, Academic Style**: Governance in Contemporary Higher Education. Los Angeles: Center for Higher Education Policy Analysis, 2003. Disponível em: <pullias.usc.edu/wp-content/uploads/2014/06/democracy-and-capitalisim.pdf>. Acesso em: 20 maio 2018.

de alcançar a competitividade e o mercado, foi alicerçada, em coalizão bipartidária, envolvendo a união de Republicanos e Democratas em prol do referido propósito. Para tanto, apostou-se em articulações, em termos de legislações e ações do Poder Executivo, que possibilitassem uma gestão pública estruturada com base na interação entre governo, empresas e Instituições de Ensino Superior, atestando que as premissas da hélice tríplice foram levadas em conta no *academic capitalism*. Note-se, contudo, que o incentivo da pesquisa e desenvolvimento lastreados na economia e na competitividade, partiu não só, mas precipuamente, do *lobby* exercido pelas empresas, para que a lógica da competitividade e lucratividade se instaurasse e, mais do que isso, para que a ideia fosse comprada pelo governo, uma vez que seria o articulador a torná-la possível[40].

Pode-se dizer que a pressão empresarial em guiar a política de P&D em face dos seus interesses é justificada pela própria instabilidade do mercado na Sociedade do Conhecimento. Este, por sua vez, torna-se um processo de formação do sujeito econômico, que está em constante aprendizado de como lucrar em uma economia movida pelo efeito desestabilizador da inovação. Nesse sentido, direcionar as políticas públicas de P&D para que elas invistam em atividades científicas destinadas às inovações de mercado tem dupla vantagem para as empresas: (a.) facilitação do aprendizado da forma pela qual há maior rentabilidade e da comunicação mediante o preço do conhecimento, o qual encontra-se fragmentado no tecido social e consiste na matéria prima da atual conjuntura[41]; e (b.) menor oneração do processo de aprendizado, já que o capital de risco para o investimento em empreendimentos econômicos, próprios desse novo mercado, será desembolsado mais pelo governo e menos pelo setor empresarial[42].

Contudo, ladeada às empresas, a Academia também teve sua parcela de participação em reforçar a aludida lógica. Concebe-se, por isso, que as IESs aderiram ao regime de produção aproximada ao mercado em razão de três suposições, as quais se mostraram completamente in-

40 SLAUGHTER, Sheila; RHOADES, Gary. The emergence of a competitiveness research and development policy coalition and the commercialization of academic science and technology. **Science, Technology, & Human Values**. Thousand Oaks, v. 21, n. 3, pp. 303-339, 1996. p. 306.

41 DARDOT, Pierre; LAVAL, Christian. **A nova razão do mundo**. São Paulo: Boitempo, 2017. p. 144.

42 Nesse sentido, ETZKOWITZ, Henry. Innovation in innovation: the triple helix of university-industry government relations. **Social Science Information**. [*S.l.*], v. 42, n. 3, pp. 293-337, set 2003. p. 308. Disponível em: <researchgate.net/publication/249733214_Innovation_in_Innovation_The_Triple_Helix_of_University-Industry-Government_Relations>. Acesso em: 20 mai. 2018.; RUBINS, Ira. Risks and rewards of academic capitalism and the effects of presidential leadership in the entrepreneurial university. **Perspectives in Public Affairs**. New York, v. 4, n. 4, pp. 3-18, 2007. p. 11.

fundadas: (a.) quanto mais a ciência e a tecnologia fossem vistas como essenciais para a competitividade econômica, maior seria o investimento externo - de empresas e governo - em pesquisa, incluindo a básica e a aplicada, ou seja, nesse envolvimento era notada uma forma de captar recursos para a execução das suas missões institucionais; (b.) ao mesmo tempo em que, apesar de os recursos captados serem destinados à ciência e tecnologia, alicerçadas na competitividade econômica, tal fato não impactaria substancialmente na atividade dos pesquisadores; e (c.) não havendo impacto substancial na atividade dos pesquisadores, sequer haveria mudança no funcionamento das suas demais funções, como a gestão universitária e o ensino[43].

Note-se, com efeito, que foi a pesquisa científica a atividade essencialmente responsável por aproximar as IESs ao mercado, bem como por fazer com que elas aderissem à lógica da política de P&D em competitividade. Sublinha-se que a realidade assim é posta não somente em razão de ser essa a atividade responsável pela produção de inovações tecnológicas e de mercado, mas também em virtude de ela demandar custo maior para ser executada, principalmente pelas atuais nuances da ciência na Sociedade do Conhecimento. Nesse sentido, atenta-se para a figura da tecnociência, já mencionada alhures, a qual, por seu caráter utilitarista, faz com que a ciência produza os seus próprios instrumentos de pesquisa, maquinário e objeto de estudo. Logo, há um fluxo de retroalimentação, no qual a ciência acarreta a produção de inovações tecnológicas, que posteriormente serão manuseadas pela própria ciência na elaboração de pesquisas que desencadearão tantas outras inovações[44]. Nessa conjuntura, a pesquisa científica torna-se uma atividade institucionalizada, executada por uma equipe hierarquicamente organizada, composta por especialistas com alta capacitação - uma vez que uma das premissas dessa ordem social pautada no conhecimento consiste no seu constante aperfeiçoamento[45] –, contando com equipamentos e instrumentos de trabalho que, por seu

43 SLAUGHTER, Sheila; RHOADES, Gary. The emergence of a competitiveness research and development policy coalition and the commercialization of academic science and technology. **Science, Technology, & Human Values**. Thousand Oaks, v. 21, n. 3, pp. 303-339, 1996. p. 331.

44 Nesse sentido, v. HOTTOIS, Gilbert. **El paradigma bioético**: una ética para la tecnociencia. Barcelona: Anthropos, 1991. p. 27.; PARDO, José Esteve. **El desconcierto del Leviatán**: política y derecho ante las incertidumbres de la ciencia. Madri: Marcial Pons, 2009. p. 73.

45 Sobre o tema, Pierre Levy discorre que o ritmo acelerado das evoluções científicas e tecnológicas e a desordem de uma economia do conhecimento demandam uma constante procura por formação e aperfeiçoamento por parte dos indivíduos, v. LEVY, Pierre. **Cibercultura**. Tradução: Carlos Irineu Costa. São Paulo: Editora 34, 1999. p. 169.

caráter tecnológico[46], possuem um elevado custo[47]. Por consequência, o trabalho científico, no atual cenário, quando comparado com custos gerados anteriormente, demanda cobertura financeira, seja para arcar com os salários dos pesquisadores com elevada capacitação, seja para custear os materiais necessários para sua realização, o que enseja a necessidade de maior captação de recursos[48].

Com base nisso, o envolvimento com o mercado é visto como uma alternativa de adquirir verba para viabilizar a pesquisa, traduzida como uma espécie de sobrevivência. Dito de outro modo, buscam-se os financiamentos público e privado para que seja possível fazer ciência na Sociedade do Conhecimento, guiada pela técnica e expertise[49]. Há, portanto, o apoio da política de P&D na competitividade, tendo por expectativa que a educação adquira relevância na pauta do governo, em termos orçamentários, já que o seu vínculo com a economia a associaria com o desenvolvimento nacional[50]. A academia, em outros termos, incorpora o rito do progresso econômico com o objetivo de promover a educação[51].

A estruturação de uma política de pesquisa e inovação pautada na competitividade e no crescimento econômico, de qualquer sorte, foi somente concretizada por ter encontrado, no governo, aliados para tanto[52]. Isso ocorre em razão de o Poder Público, de igual forma, ser impactado sistematicamente pelas nuances de uma sociedade movida por inovações essencialmente científicas. Um dos principais impactos sofridos por ele, por conseguinte, é a necessidade de "[...] se adaptar ao fato de que o poder também está passando dos atores estatais para os não

---

46 BAYERTZ, Kurt. Three arguments for scientific freedom. **Ethical theory and moral practice**, Springer: New York. v. 9, n. 4, p. 377-398, 2006. p. 381.

47 Enaltece-se que não são todas as áreas que passam por uma elevação nos custos da pesquisa. Há áreas, como as das ciências humanas, que nem sempre dependem de grandes maquinários e instrumentos modernos e custosos, e, por conseguinte, demandam menores receitas para a sua execução, v. TAYLOR, Barrett J.; CANTWELL, Brendan; SLAUGHTER, Sheila. Quasi-markets in US higher education: the humanities and institutional revenues. **The Journal of Higher Education**. [*S.l.*], v. 84, n. 5, pp. 675-707, set/out. 2013. p. 695.

48 PARDO, José Esteve. **El desconcierto del Leviatán**: política y derecho ante las incertidumbres de la ciencia. Madrid: Marcial Pons, 2009. p. 73.

49 BAYERTZ, Kurt. Three arguments for scientific freedom. **Ethical theory and moral practice**, Springer: New York. v. 9, n. 4, p. 377-398, 2006. p. 381.

50 RUBINS, Ira. Risks and rewards of academic capitalism and the effects of presidential leadership in the entrepreneurial university. **Perspectives in Public Affairs**. New York, v. 4, n. 4, pp. 3-18, 2007. p. 10.

51 ILLICH, Ivan. **Sociedade sem escolas**. Tradução: Lúcia Mathilde Endlich Orth. 9 ed. Petrópolis: Vozes, 2018. p. 54.

52 SLAUGHTER, Sheila; RHOADES, Gary. The emergence of a competitiveness research and development policy coalition and the commercialization of academic science and technology. **Science, Technology, & Human Values**. Thousand Oaks, v. 21, n. 3, p. 303-339, 1996. p. 306.

estatais e de instituições estabelecidas, para redes mais abertas"[53]. Dessa forma, há um jogo de interesses distintos que encontram um ponto em comum na lógica do mercado.

O governo, para sobreviver na Sociedade do Conhecimento, condiciona-se às regras daqueles que detêm o capital intelectual[54] - as Instituições de Ensino Superior - ou daqueles que têm interesse econômico em investir na sua produção - as empresas. Nesse contexto, as empresas vislumbram, na política de incentivo à pesquisa e inovação pautada no mercado, um fim em si mesmo, já que são aquelas que se beneficiam diretamente com esta. A seu turno, as IESs prospectam tal política de incentivo como um meio de custeio das suas funções primárias: ensino e pesquisa. O ente público, por outro lado, capta nela uma forma de promover o avanço científico e tecnológico, primordiais para o funcionamento da atual sociedade; ora por estar de acordo com as preferências dos detentores do capital intelectual, ora por enxergar no setor empresarial um parceiro investidor em ciência, tecnologia e inovação[55]. Tal panorama implica em concluir que, em última linha, são as empresas os reais responsáveis pelo estabelecimento das regras do jogo responsável e pela reformulação da gestão pública própria do *academic capitalism*[56].

Nesse ponto, relembra-se que um dos efeitos da Sociedade do Conhecimento no direito é o seu direcionamento ao mercado. As legislações são elaboradas de modo a serem flexíveis e propícias a uma inovação que satisfaça os interesses empresariais. Logo, há uma mudança na produção jurídica, a qual é privatizada. Em face disso, conta-se com as empresas como principais protagonistas, conduzindo gradativamente à associação

---

53 SCHWAB, Klaus. **A quarta revolução industrial.** Tradução: Daniel Moreira Miranda. São Paulo: Edipro, 2016. p. 47.

54 O conceito de capital intelectual aqui adotado é o disposto no art. 2.º, inciso XIV, da LI, incluído pelo CNCTI, o qual dispõe que "capital intelectual é o conhecimento acumulado pelo pessoal da organização, passível de aplicação em projetos de pesquisa, desenvolvimento e inovação".

55 Não por outra razão, consoante discorrido no capítulo anterior, um dos mecanismos do governo é de conceder incentivos fiscais para que as empresas invistam em atividades de P&D, não atuando apenas como concedente de capital de risco, v. ETZKOWITZ, Henry. **The triple helix**: university-industry-government innovation in action. Abingdon: Routledge, 2008. p. 73.

56 Corroborando com o presente entendimento, v. PARDO, José Esteve. **El desconcierto del Leviatán**: política y derecho ante las incertidumbres de la ciencia. Madrid: Marcial Pons, 2009.; RODOTÀ, Stefano. Cual derecho para el nuevo mundo. **Rev. Derecho Privado**. Bogotá, v. 9, p. 5-20, jul./dez. 2005. pp. 16-18. Disponível em: <redalyc.org/pdf/4175/417537584001.pdf>. Acesso em: 20 jul. 2018.; RODOTÀ, Stefano. Derecho, ciencia, tecnología. Modelos y decisiones de regulación. **Derecho PUCP**. Lima, v. 57, pp. 105-121, 2004. p. 114. Disponível em: <revistas.pucp.edu.pe/index.php/derechopucp/article/view/10328>. Acesso em: 20 jun. 2018.

das normas jurídicas aos princípios regentes do mercado, consoante delineado no capítulo anterior[57].

Reputa-se que a reformulação na gestão do Poder Público consiste em uma das chaves principais do *academic capitalism*, tendo em vista que o governo, enquanto articulador das políticas públicas que correlacionam as IESs com o mercado, exerce um papel não exclusivo, mas de grande relevância, para tornar possível esse regime. Destaca-se, nessa linha, que é mediante seus atos legislativos e executivos, que o poder público (a.) promove arranjos institucionais, os quais aproximam as aludidas Instituições do mercado; (b.) possibilita a criação de organizações híbridas, que contemplam interesses acadêmicos e empresariais, como as incubadoras; bem como (c.) gera e direciona recursos com o propósito de estimular tanto apelo comercial da produção como a própria atividade acadêmica. Nesse último aspecto, atenta-se que, na construção da teoria, há um enfoque nas Instituições públicas e privadas sem fins lucrativos, que dependem substancialmente de recursos externos, defendendo-se que, a despeito de não ser a única causa, a dependência de recursos conjugada com a forma com que o Poder Público direciona o seu orçamento ao ensino e à pesquisa possui notável importância na promoção do capitalismo acadêmico[58].

Há, então, uma mudança nas legislações e na alocação de recursos governamentais, a fim de dar suporte a uma política de ciência, tecnologia e inovação dirigida para a competitividade, de modo que a operacionalidade dessa política ocorre por meio de empresas e agências públicas de P&D[59]. Com efeito, parte-se do pressuposto de que, para o Estado se desenvolver, é necessário investir em atividades científicas que desencadeiem necessariamente em inovações tecnológicas a atuarem como motores da produtividade e do crescimento econômico[60].

---

57 RODOTÀ, Stefano. Cual derecho para el nuevo mundo. **Rev. Derecho Privado.** Bogotá, v. 9, pp. 5-20, jul./dez. 2005. p. 10. Disponível em: <redalyc.org/pdf/4175/417537584001.pdf>. Acesso em: 20 jul. 2018.

58 Nesse sentido, v. SLAUGHTER, Sheila A.; RHOADES, Gary. **Academic capitalism and the new economy**: Markets, state, and higher education. Baltimore: JHU Press, 2004.; SLAUGHTER, Sheila A.; RHOADES, Gary. **Democracy and Capitalism, Academic Style**: Governance in Contemporary Higher Education. Los Angeles: Center for Higher Education Policy Analysis, 2003. p. 11. Disponível em: <pullias.usc.edu/wp-content/uploads/2014/06/democracy-and-capitalisim.pdf>. Acesso em: 20 maio.2018.

59 SLAUGHTER, Sheila; RHOADES, Gary. The emergence of a competitiveness research and development policy coalition and the commercialization of academic science and technology. **Science, Technology & Human Values.** Thousand Oaks, v. 21, n. 3, pp. 303-339, 1996. p. 304.

60 SLAUGHTER, Sheila; TAYLOR, Barrett J.; ZHAN, G Liang. How do revenue variations affect expenditures with in US research universities? **Research in Higher Education**. [*S.l.*], v. 53, n. 6, pp. 614-639, set 2012.

Nesta senda, focando na gestão pública, Sheila Slaughter e Gary Rhoades, nos seus estudos, analisaram as legislações nacionais de diversos países, bem como os tratados internacionais, além dos acordos comerciais e das ações estatais dos Estados Unidos, os quais criaram oportunidades para o capitalismo acadêmico. A partir disso, concluíram os autores que eles se direcionam para as duas atividades-fim das IESs, quais sejam, o ensino e a pesquisa. Dessa forma, os esforços do poder público são direcionados para a concessão de benefícios financeiros aos estudantes que queiram ingressar no Ensino Superior[61] e para a execução de projetos de pesquisas científicas, focando-se o presente estudo apenas nesse segundo grupo[62].

Quanto à gestão pública da pesquisa científica, que propicia o capitalismo acadêmico, observou-se que a legislação e o incentivo financeiro possuem dois focos: (a.) pesquisadores de pós-graduação e (b.) propriedade intelectual[63]. Estes, inicialmente, eram tratados separadamente, porém passaram a figurar como perspectivas distintas de uma mesma política[64]. Busca-se, com isso, colocar em prática a política de P&D não apenas lastreada na competitividade e lucratividade como também alicerçada em três propósitos claros: (a.) adquirir o controle dos mercados globais por meio da privatização e mercantilização da propriedade intelectual; (b.) fixar o custeio governamental para serviços de alta tecnologia e

61 Os autores observaram que o Poder Público estruturou uma política de incentivo financeiro para que os estudantes ingressassem no ensino particular, acompanhando o fluxo do mercado estudantil pós-segunda guerra mundial, no qual havia uma predileção pelo ensino privado em detrimento do público. Os benefícios ofertados começaram na forma de subsídios, que cederam lugar para os empréstimos públicos. A ideia central era dirigir os recursos diretamente aos estudantes, delegando-os a escolha de qual Instituição iria investir o dinheiro, engendrando, assim, um espírito de competitividade nas Instituições que vislumbravam nos estudantes possíveis clientes pagadores. Ponderaram ainda os autores que os benefícios eram destinados não apenas aos indivíduos que estavam iniciando sua carreira acadêmica, como também para adultos já formados, os quais precisavam de aperfeiçoamento para atender às demandas da economia do conhecimento, v. SLAUGHTER, Sheila A.; RHOADES, Gary. **Academic capitalism and the new economy**: Markets, state, and higher education. Baltimore: JHU Press, 2004. p. 36-39.; RHOADES, Gary; SLAUGHTER, Sheila. Academic capitalism in the new economy: Challenges and choices. **American Academic**. [*S.l.*], v. 1, n. 1, pp. 37-59, 2004. pp. 51-52.

62 SLAUGHTER, Sheila A.; RHOADES, Gary. **Academic capitalism and the new economy**: Markets, state, and higher education. Baltimore: JHU Press, 2004. p. 33.

63 Impende rememorar que a propriedade intelectual se refere a bens intangíveis que decorrem do esforço criativo e científico do indivíduo. Destarte, dela se infere pelo menos três âmbitos que são objetos de proteção jurídica: (a.) direito do autor; (b.) patentes; e (c.) marcas de fabricação, v. CHAPMAN, Audrey R. La propiedad intelectual como derecho humano (obligaciones dimanantes del apartado c) del párrafo 1 del Artículo 15 del Pacto Internacional de Derechos Económicos, Sociales y Culturales). **Boletín de derecho de autor**. UNESCO, v. 15, n. 3, 4-39, jul./set 2001. p. 7-8. Disponível em: <unesdoc.unesco.org/ark:/48223/pf0000125505_spa>. Acesso em: 15 out. 2018.

64 SLAUGHTER, Sheila A.; RHOADES, Gary. **Academic capitalism and the new economy**: Markets, state, and higher education. Baltimore: JHU Press, 2004. pp. 40-48.

produtos industriais; e (c.) mover a pesquisa e o desenvolvimento a uma ciência e tecnologia comercial[65]. Assim sendo, o cerne da legislação e das ações governamentais, que têm por foco os pesquisadores de pós-graduação, centra-se em alocar a maior parcela das verbas em pesquisas executadas no âmbito da pós-graduação em setores eleitos pelo governo como prioritários para o desenvolvimento econômico. Isso implica em financiamento de pesquisas não de cunho geral, mas em áreas estratégicas que fomentem a economia do conhecimento, bem como gerem inovações tecnológicas e de mercado[66]. Ademais, note-se, ainda, que uma das estratégias governamentais ocorre por meio do financiamento público a fim de promover redes que conectem diretamente a Academia às empresas, estabelecendo-se que as pesquisas sejam desempenhadas em conjunto da esfera empresarial como um dos critérios para a concessão de recursos[67].

Nesse ínterim, o financiamento público de pesquisa é legitimado não como forma de garantir o exercício efetivo da liberdade de pesquisa científica, da produção de conhecimento ou do enriquecimento cultural, mas, sim, na sua potencialidade em criar linhas atuais de desenvolvimento econômico[68]. Ressalta-se, nessa linha, que a escolha por pesquisadores em nível de pós-graduação pauta-se no fato de que, em uma Sociedade do Conhecimento cada vez mais fundada no rigor científico, não é suficiente o reforço dos direitos de propriedade intelectual nem os benefícios financeiros para pesquisas comerciais, caso essas ações não sejam acompanhadas de uma mão de obra com elevada qualificação com competência para executá-las[69].

O segundo foco da gestão pública do regime do *academic capitalism* é destinado a estimular a comercialização das pesquisas sob o incentivo da proteção da propriedade intelectual, seja por meio dos direitos auto-

---

65 SLAUGHTER, Sheila; RHOADES, Gary. The emergence of a competitiveness research and development policy coalition and the commercialization of academic science and technology. **Science, Technology & Human Values.** Thousand Oaks, v. 21, n. 3, pp. 303-339, 1996. p. 314.

66 MATHIES, Charles; SLAUGHTER, Sheila. University trustees as channels between academe and industry: toward an understanding of the executive science network. **Research policy**. [*S.l.*], v. 42, n. 6-7, p. 1286-1300, 2013. p. 1294.

67 SLAUGHTER, Sheila A.; RHOADES, Gary. **Academic capitalism and the new economy**: Markets, state, and higher education. Baltimore: JHU Press, 2004. p. 144.

68 ETZKOWITZ, Henry; LEYDESDORFF, Loet The dynamics of innovation: from National Systems and "Mode 2" to a Triple Helix of university-industry-government relations. **Research policy**. [*S.l.*], v. 29, n. 2, pp. 109-123, 2000. pp. 119-120.

69 JOVER, Jorge Núñez. Ética, Ciencia y Tecnología: Sobre la función social de la tecnología. **Llull: Revista de la Sociedad Española de Historia de las Ciencias y de las Técnicas**. [*S.l.*], v. 25, n. 53, pp. 459-484, 2002. p. 472.

rais, seja mediante patentes. Ainda assim, a predileção é pela proteção patentária. A lógica consiste em incentivar os pesquisadores a investir em pesquisas que possam ser posteriormente patenteadas[70]. Para tanto, faz-se indispensável que o resultado da atividade científica seja útil ou aplicável ao mercado, uma vez que tal requisito consiste em uma das exigências para incidência do direito de patente[71]. Há, portanto, um estímulo indireto do governo em aproximar a Academia do setor empresarial[72]. O *Bayh-Dole Act*, aliás, representa um exemplo de incentivo comercial à atividade científica por meio da proteção intelectual. Destarte, a aludida lei norte-americana objetiva o incentivo da interação entre Academia, empresas e Poder Público, permitindo que as pesquisas financiadas pelo governo possam ser patenteadas por empresas e IESs, com o escopo de promover a política de P&D em competitividade[73]. As IESs extraem, então, um duplo benefício ao remodelar a sua atividade de pesquisa ao mercado: (a.) adquirem financiamento público; e (b.) podem lucrar com o patenteamento dos resultados das suas pesquisas. Traduz-se, também, da dinâmica da aludida gestão, o entrelaçamento entre os atos que visam ao financiamento de pesquisas em nível de pós-graduação e os atos destinados para a proteção da propriedade intelectual, consoante ressaltado alhures[74].

Esse modelo de gestão pública da pesquisa científica, segundo os autores, desencadeia duas consequências. A primeira afeta os grupos de pesquisadores que se encontram em áreas mais próximas ao setor empresarial; e a segunda, aqueles que, em razão da sua linha de pesquisa, possuem dificuldades em fixar essa proximidade. O primeiro grupo abarca as áreas que conseguem adaptar-se às demandas de tecnologia e de mercado, tais como biotecnologia, tecnologia de informação,

70 SLAUGHTER, Sheila A.; RHOADES, Gary. **Academic capitalism and the new economy**: Markets, state, and higher education. Baltimore: JHU Press, 2004. p. 16.

71 CHAPMAN, Audrey R. La propiedad intelectual como derecho humano (obligaciones dimanantes del apartado c) del párrafo 1 del Artículo 15 del Pacto Internacional de Derechos Económicos, Sociales y Culturales). **Boletín de derecho de autor**. UNESCO, v. 15, n. 3, 4-39, jul./set 2001. p. 9. Disponível em: <unesdoc.unesco.org/ark:/48223/pf0000125505_spa>. Acesso em: 15 out. 2018.

72 SLAUGHTER, Sheila A.; RHOADES, Gary. **Academic capitalism and the new economy**: Markets, state, and higher education. Baltimore: JHU Press, 2004. p. 133.

73 HAGELIN, Ted. **Technology Innovation Law and Practice**: Cases and Materials. New York: LexisNexis, 2011. p. 486.

74 SLAUGHTER, Sheila A.; RHOADES, Gary. **Academic capitalism and the new economy**: Markets, state, and higher education. Baltimore: JHU Press, 2004. p. 42.

engenharia, saúde[75]-[76] etc. Com efeito, a capacidade que uma área de pesquisa detém para aproximar-se do mercado é imediatamente proporcional ao seu potencial em produzir inovações de mercado. Por consequência, com base no conceito dessas inovações, delineado no capítulo anterior, isso corresponde à sua aptidão em gerar receita e lucratividade ao setor econômico[77]. Tal capacidade é mensurada na medida em que há a possibilidade de quantificar-se e valorar-se a rentabilidade dos resultados da atividade científica, tendo em vista que o cálculo da receita e da lucratividade pressupõe a redução do conhecimento em dados, uma vez que essa redução permite mobilizar esse conhecimento e comunicá-lo via preço[78].

Nesse sentido, tendo em vista que a legislação e as ações públicas criam oportunidades e concedem benefícios para pesquisas comerciais, os pesquisadores situados em áreas do conhecimento com potencialidade de gerar inovações de mercado têm duas opções: ou aderem à agenda do governo de P&D em competitividade e lucratividade a fim de conseguir insumos para pesquisar; ou, por outro lado, não aderem, esbarrando, assim, em limitações fáticas na execução das suas pesquisas[79]. Os campos do conhecimento que possuem maior maleabilidade em adequar as investigações científicas às demandas de mercado comumente coincidem com aqueles que, em virtude da evolução tecnocientífica, tiveram os custos da sua atividade aumentados[80]. Disso resulta uma inevitabilidade em se aderir à aludida agenda governamental, visto que a aquisição de recursos públicos transmuda-se em um pré-requisito para a realização

---

75 Frisa-se, nesse ponto, que os autores ressaltam que a saúde atravessou um período transacional, marcado pela passagem de um serviço sem finalidade lucrativa para um serviço que se concentra em diagnósticos, produtos farmacêuticos, biotecnologia, ou qualquer espécie de solução em cuidado da saúde que envolva alta tecnologia, tendo por escopo a redução de custos e o aumento dos lucros. Tratando detalhadamente sobre o tema, v. SLAUGHTER, Sheila; RHOADES, Gary. The emergence of a competitiveness research and development policy coalition and the commercialization of academic science and technology. **Science, Technology, & Human Values.** Thousand Oaks, v. 21, n. 3, pp. 303-339, 1996. p. 313.

76 SLAUGHTER, Sheila A.; RHOADES, Gary. **Academic capitalism and the new economy**: Markets, state, and higher education. Baltimore: JHU Press, 2004. p. 23.

77 MATHIES, Charles; SLAUGHTER, Sheila. University trustees as channels between academe and industry: toward an understanding of the executive science network. **Research policy**. [*S.l.*], v. 42, n. 6-7, pp. 1286-1300, 2013. p. 1294.

78 DARDOT, Pierre; LAVAL, Christian. **A nova razão do mundo**. São Paulo: Boitempo, 2017. p. 141-144.

79 SLAUGHTER, Sheila A.; RHOADES, Gary. **Academic capitalism and the new economy**: Markets, state, and higher education. Baltimore: JHU Press, 2004. p. 44-45.

80 TAYLOR, Barrett J.; CANTWELL, Brendan; SLAUGHTER, Sheila. Quasi-markets in US higher education: the humanities and institutional revenues. **The Journal of Higher Education**. [*S.l.*], v. 84, n. 5, p. 675-707, set/out. 2013. p. 704.

de pesquisas na atual sociedade[81]. Em verdade, não se pode analisar a então inevitável aderência à inovação e à pesquisa, guiadas pelo mercado, sem que sejam ponderadas algumas variáveis. Por exemplo, é possível que o pesquisador atue nos aludidos campos de conhecimento e, ainda assim, seu objeto de estudo seja comercializável, por sua natureza ou metodologia, havendo um benefício espontâneo pela política de P&D em competitividade. No entanto, na medida em que o cientista percorre esses campos, ocorre uma situação diversa. Caso a natureza do seu objeto de estudo ou sua escolha metodológica de investigação não sejam de cunho mercadológico, o pesquisadores verá compelido a atribuir tons comerciais à sua pesquisa, a fim de obter insumos para a sua execução[82].

O segundo grupo de pesquisadores que são impactados pelo regime do *academic capitalism* constitui-se naquele inserido em áreas que possuem dificuldades em quantificar e valorar, por meio do preço, os resultados das suas pesquisas; exemplificativamente, as ciências humanas e sociais. Esse grupo, por não ter a facilidade de remodelar suas pesquisas às exigências do mercado e por ter baixo potencial para inserir-se nas prerrogativas da gestão pública do capitalismo acadêmico, normalmente conta com uma redução na provisão de verbas públicas para a realização de suas pesquisas[83]. Isso ocorre porque, no citado regime, aquilo que não pode ser medido, quantificado e contabilizado torna-se secundário[84].

Ressalta-se, no entanto, que não se afirma uma impossibilidade de esses campos do conhecimento se aproximarem do mercado, mas, sim, em uma dificuldade de harmonia. Em outros termos, o ônus para que estas ciências se adequem às políticas de P&D em competitividade é maior quando em comparação com as demais áreas. Do mesmo modo, não se desconsidera o fato de que o custo na execução de pesquisas nas ciências humanas e ciências sociais ser menor – em razão de elas, normalmente, valerem-se menos de instrumentos e equipamentos tecnológicos – quando

---

81 Nesse sentido, v. ETZKOWITZ, Henry. Entrepreneurial scientists and entrepreneurial universities in American academic science. **American Academic Science. Minerva**, v. 21, n. 2-3, p. 198-233, verão--outono. 1983. p. 199.; BAYERTZ, Kurt. Three arguments for scientific freedom. **Ethical theory and moral practice**, Springer: New York. v. 9, n. 4, pp. 377-398, 2006. p. 390.

82 V. SLAUGHTER, Sheila A.; RHOADES, Gary. **Academic capitalism and the new economy**: Markets, state, and higher education. Baltimore: JHU Press, 2004. p. 53.; JEWETT, Andrew. **Science, democracy, and the American university: From the Civil War to the Cold War**. Cambridge: Cambridge University Press, 2012. p. 258.

83 TAYLOR, Barrett J.; CANTWELL, Brendan; SLAUGHTER, Sheila. Quasi-markets in US higher education: the humanities and institutional revenues. **The Journal of Higher Education**. [*S.l.*], v. 84, n. 5, pp. 675-707, set/out. 2013. p. 684.

84 ILLICH, Ivan. **Sociedade sem escolas**. Tradução: Lúcia Mathilde Endlich Orth. 9 ed. Petrópolis: Vozes, 2018. p. 57.

comparado ao custo dos campos de conhecimento que possuem maior adaptabilidade às exigências do mercado. Nessa linha, todos são igualmente afetados em maior ou menor grau pela evolução tecnocientífica. Contudo, o índice reduzido de despesa não é o mesmo que ausência de despesas na elaboração da pesquisa, de modo que as ciências humanas e sociais restam prejudicadas, em larga medida, por uma gestão pública de ciência, tecnologia e inovação essencialmente mercadológica[85].

A dependência de recursos estatais consubstancia um ponto fulcral para a instauração do *academic capitalism*. Nada obstante, esta não figura como causa exclusiva. Restando, neste aspecto, o afastamento da teoria de outras que tentaram explicar o envolvimento da Academia com o mercado. Concebe-se, em vista disso, que as Instituições de Ensino Superior e os próprios pesquisadores, ao se envolverem ativamente na dinâmica de mercado, incorporam comportamentos competitivos, prospectam lucro, e iniciam práticas de mercado. Com base nisso, aduz-se que o regime do capitalismo acadêmico reformula a gestão interna das Instituições, as práticas acadêmicas, e o sistema cultural[86].

No tocante às IESs, a análise realizada por Sheila Slaughter e Gary Rhoades não é limitada, mas concentra-se nas Instituições públicas e nas privadas sem fins lucrativos que dependem substancialmente dos recursos externos – públicos ou privados[87] – para custear suas missões institucionais de ensino e pesquisa. Relembra-se, nessa linha, que a Academia, ao aquiescer com a política de P&D na competitividade, reputava que o envolvimento do mercado teria o condão de aumentar o investimento na educação, sem, contudo, interferir essencialmente nas suas diretrizes internas, o que, em verdade, não aconteceu[88]. A realidade é assim posta por que só seriam beneficiárias dessa política as Instituições que conseguissem readequar seu projeto curricular às demandas de mercado,

85 TAYLOR, Barrett J.; CANTWELL, Brendan; SLAUGHTER, Sheila. Quasi-markets in US higher education: the humanities and institutional revenues. **The Journal of Higher Education**. [*S.l.*], v. 84, n. 5, pp. 675-707, set/out. 2013. p. 692.

86 V. SLAUGHTER, Sheila A.; RHOADES, Gary. **Academic capitalism and the new economy**: Markets, state, and higher education. Baltimore: JHU Press, 2004. pp. 44-45.; SLAUGHTER, Sheila A.; RHOADES, Gary. **Democracy and Capitalism, Academic Style**: Governance in Contemporary Higher Education. Los Angeles: Center for Higher Education Policy Analysis, 2003. p. 11. Disponível em: <pullias.usc.edu/wp-content/uploads/2014/06/democracy-and-capitalisim.pdf>. Acesso em: 20 maio 2018.

87 RHOADES, Gary; SLAUGHTER, Sheila. Academic capitalism, managed professionals, and supply-side higher education. **Social Text**. [*S.l.*], n. 51, pp. 9-38, verão 1997. p. 16.

88 SLAUGHTER, Sheila A.; RHOADES, Gary. **Academic capitalism and the new economy**: Markets, state, and higher education. Baltimore: JHU Press, 2004. p. 13.

tanto para captar recursos públicos quanto privados[89]. Sublinha-se que, para tanto, a autonomia de cunho administrativo, didático e financeiro, conferida às Instituições de Ensino Superior, adquiriram outra finalidade, qual seja a de servir para fomentar o estabelecimento de parcerias com o setor privado, bem como a de pressionar ou induzir os pesquisadores a manter ou a aumentar as verbas decorrentes do financiamento público de pesquisa ou de contratos com empresas[90]. Vale ressaltar, em função disso, que as IESs tinham, a princípio, o propósito de contribuir para a construção de um espaço no qual as práticas acadêmicas de ensino e pesquisa fossem exercidas com liberdade, com parâmetro tão somente nas diretrizes científicas que atestassem a competência do conhecimento produzido e transmitido, em termos de confiabilidade e verificabilidade[91]. Evidencia-se, portanto, uma larga diferenciação da função das IESs na Sociedade do Conhecimento.

Considera-se, além do mais, que não seria suficiente apenas uma política pública de pesquisa e inovação orientada ao mercado, caso fosse inexistente uma gestão interna acadêmica nesse sentido. É certo que os pesquisadores, consoante já argumentado alhures, são motivados, independentemente de uma política institucional interna, a se aproximarem do mercado para conseguirem custear suas investigações. Desse modo, não apenas são beneficiados como também são trazidos benefícios às Instituições as quais estes estão vinculados, por serem reduzidos os gastos institucionais em pesquisa e ensino[92]. Contudo, dois aspectos devem ser ponderados. Primeiramente, não são todos os docentes/pesquisadores que estão dispostos a cederem às influências de mercado[93]. Em segundo lugar, os recursos estatais gradativamente são destinados mais para a Instituição, enquanto organização executora de pesquisa, do que para o pesquisador individual, evidenciando a característica da ciência moderna em ser institucionalizada e estruturada em organizações hierarquicamente definidas. Portanto, mostra-se imprescindível uma articulação

---

89 RHOADES, Gary; SLAUGHTER, Sheila. Academic capitalism in the new economy: Challenges and choices. **American Academic**. [*S.l.*], v. 1, n. 1, pp. 37-59, 2004. p. 39-43.

90 MATHIES, Charles; SLAUGHTER, Sheila. University trustees as channels between academe and industry: toward an understanding of the executive science network. **Research policy**. [*S.l.*], v. 42, n. 6-7, pp. 1286-1300, 2013. p. 1294.

91 SHAFFER. Frederick P. A guide to academic freedom. *City College of New York Bulletin*, 2012. p. 12. Disponível em: <cuny.edu/mu/vc_la/2012/01/02/a-guide-to-academic-freedom>. Acesso em: 20 jul. 2018.

92 RHOADES, Gary; SLAUGHTER, Sheila. Academic capitalism, managed professionals, and supply-side higher education. **Social Text**. [*S.l.*], n. 51, pp. 9-38, verão 1997. p. 02.

93 SLAUGHTER, Sheila A.; RHOADES, Gary. **Academic capitalism and the new economy**: Markets, state, and higher education. Baltimore: JHU Press, 2004. pp. 132, 144.

institucional que estimule os docentes/pesquisadores a se engajarem na elaboração e execução de projetos de pesquisa[94], os quais, a seu turno, que consigam atender os requisitos mínimos exigidos para a captação de verbas públicas ou privadas[95].

Nesta senda, os docentes tornam-se profissionais administrados a fim de que respondam a nova política de P&D em competitividade[96]. Para tanto, algumas posturas institucionais são tomadas. (a.) Paulatinamente, há uma modificação no perfil dos indivíduos que ocupam os cargos administrativos das citadas Instituições, os quais são preenchidos menos por acadêmicos, e mais por indivíduos com capacidade gerencial e com canais facilitados com o setor empresarial[97]. Isso percorre desde os cargos de maior hierarquia - como os reitores –, até os de menor hierarquia - como os de chefes dos departamentos de ensino. (b.) Há uma pressão por parte dos administradores, por meio de metas e normas institucionais destinadas aos docentes, para que eles aumentem, ou ao menos mantenham o subsídio externo em pesquisa[98]. Essa pressão pode, inclusive, ser transmudada em incentivos, tendo em vista que os salários dos docentes que conseguem comercializar suas pesquisas, ou que ao menos conseguem se conectar com o mercado, comumente são maiores do que aqueles questão em um sentido oposto[99]. (c.) Investe-se cada vez mais em organizações híbridas, como incubadoras, escritórios de transferência de tecnologia[100], parques tecnológicos etc., com o intui-

---

94 Nesse cenário, atenta-se para a figura do que se denomina de quase-firmas, que correspondem à transformação dos grupos de pesquisa das IES em pseudoempresas, as quais, a seu turno, se organizam e ajustam os seus projetos de pesquisa com o fim de captar recursos privados e públicos para o custeio de suas investigações, v. ETZKOWITZ, Henry. Entrepreneurial scientists and entrepreneurial universities in American academic science. **American Academic Science.Minerva**, v. 21, n. 2-3, pp. 198-233, verão-outono. 1983. p. 199.; ETZKOWITZ, Henry. **The triple helix**: university-industry-government innovation in action. Abingdon: Routledge, 2008. pp. 35-37.

95 V. SLAUGHTER, Sheila; RHOADES, Gary. The emergence of a competitiveness research and development policy coalition and the commercialization of academic science and technology. **Science, Technology & Human Values**. Thousand Oaks, v. 21, n. 3, pp. 303-339, 1996. p. 396.; PARDO, José Esteve. **El desconcierto del Leviatán**: política y derecho ante las incertidumbres de la ciencia. Madrid: Marcial Pons, 2009. pp. 77-78.

96 RHOADES, Gary; SLAUGHTER, Sheila. Academic capitalism, managed professionals, and supply-side higher education. **Social Text**. [S.l.], n. 51, pp. 9-38, verão 1997. p. 17.

97 RHOADES, Gary; SLAUGHTER, Sheila. Academic capitalism in the new economy: Challenges and choices. **American Academic**. [S.l.], v. 1, n. 1, pp. 37-59, 2004. pp. 39-40.

98 SLAUGHTER, Sheila A.; RHOADES, Gary. **Academic capitalism and the new economy**: Markets, state, and higher education. Baltimore: JHU Press, 2004. p. 144.

99 SLAUGHTER, Sheila; RHOADES, Gary. The emergence of a competitiveness research and development policy coalition and the commercialization of academic science and technology. **Science, Technology & Human Values**. Thousand Oaks, v. 21, n. 3, pp. 303-339, 1996. p. 329.

100 Os escritórios de transferência de tecnologia são organizações vinculadas às Instituições, que possuem a função de extrair a tecnologia e o conhecimento desenvolvidos por grupos de pesquisa universi-

to de elevar o prestígio da Instituição e auxiliar na busca por recursos externos, públicos e privados[101]. (d.) Por fim, aposta-se em cursos que tenham, por sua natureza, uma ligação mais umbilical com o mercado; exemplificativamente, os relacionados com economia e negócios[102].

Com exceção disso, os administradores acadêmicos, que ocupam os cargos de maior hierarquia e geram resultados financeiros positivos às Instituições, adotam posturas alinhadas com as do Poder Público. Elas percorrem caminhos tanto na alocação de recursos - uma vez que investem internamente em estrutura, insumos educacionais e materiais de pesquisas, nos setores mais estratégicos em relação ao mercado - quanto no incentivo de pontes com a esfera empresarial, por meio de programas e projetos de pesquisa interdisciplinares, os quais envolvem, por vezes, a participação de empresas na sua execução e, por isso, podem fomentar a proximidade de áreas do conhecimento, até então distantes, à dinâmica mercadológica[103].

Os autores salientam, aliás, que há uma predileção por parte das IESs por subsídio governamental em detrimento do empresarial. Tal opção pode ser justificada por dois motivos. Em primeiro lugar, as premissas de produção do conhecimento para o interesse público e da necessidade de autonomia das IESs ainda prevalecem, de modo que se vislumbra, no subsídio governamental, uma forma de sustentação dessas premissas e o encobrimento do caráter mercadológico imprimido na academia[104]. Em segundo lugar, pauta-se que as pesquisas financiadas por empresas tendem a escamotear ainda mais a liberdade das Instituições e dos pesquisadores, no processo de produção das investigações. Isso ocorre por que a distinção fundamental do financiamento público para o privado reside o fato de que se oportunizam, ainda que em caráter reduzido, a escolha do objeto, do método e dos procedimentos de investigação, a despeito

---

tários e, posteriormente, de buscar um local no mercado para aplicá-los. Torna-se um mecanismo estrutural facilitador para comercializar a propriedade intelectual, seja por patenteamento, licenciamento ou venda direta, v. ETZKOWITZ, Henry. **The triple helix**: university-industry-government innovation in action. Abingdon: Routledge, 2008. pp. 35-37.

101 Nesse sentido, v. SLAUGHTER, Sheila A.; RHOADES, Gary. **Academic capitalism and the new economy**: Markets, state, and higher education. Baltimore: JHU Press, 2004. pp. 26, 133-134.

102 MATHIES, Charles; SLAUGHTER, Sheila. University trustees as channels between academe and industry: toward an understanding of the executive science network. **Research policy**. [*S.l.*], v. 42, n. 6-7, pp. 1286-1300, 2013. p. 1296.

103 SLAUGHTER, Sheila A.; RHOADES, Gary. **Academic capitalism and the new economy**: Markets, state, and higher education. Baltimore: JHU Press, 2004. pp. 43, 144.

104 RHOADES, Gary; SLAUGHTER, Sheila. Academic capitalism, managed professionals, and supply-side higher education. **Social Text**. [*S.l.*], n. 51, pp. 9-38, verão 1997. p. 15.

de o resultado da pesquisa ser condicionado ao mercado – o que por si só pode ser encarado como uma limitação à liberdade de pesquisa[105].

Observa-se, contudo, que a dependência de recursos para a execução das suas missões institucionais teve o escopo de disciplinar os comportamentos da Academia – administradores e corpo docente e discente –, incorporando e naturalizando, em seus discursos e atos, a dinâmica mercadológica, que consiste em uma política científica e tecnológica lastreada na competitividade e no direcionamento ao mercado[106]. Por conseguinte, as IESs transmudam-se em sujeitos econômicos, desencadeando, por via consequencial, em uma reformulação das práticas acadêmicas, que passam a ser arquitetadas com alicerce na redução de gastos e na maximização de lucros[107]. Dessa forma, não há apenas um caminho a ser trilhado na política de P&D em competitividade, mas, espontaneamente, as referidas Instituições entram no processo de aprendizado do mercado, visando a descobrir os meios de geração de renda e lucro a partir do ensino e da pesquisa, tendo por escopo a resposta, em curto prazo, das demandas econômicas[108].

Nesse cenário, dentre os comportamentos comerciais praticados pelas IES, realçam-se os seguintes: (a.) em comparação ao mestrado acadêmico, há um investimento maior em programas de pós-graduação em nível de mestrado de cunho profissionalizante, que tem como público principal pessoas já empregadas, que primam por um aperfeiçoamento rápido, com o propósito de adequação à nova economia – apesar de estes terem alta procura, ao mesmo tempo possuem uma despesa reduzida para serem implementados, pois não pleiteiam um grande dispêndio com pesquisa, bem com o custeio com o corpo docente costuma ser menor, em virtude de normalmente as aulas serem ministradas pelos próprios estudantes de doutorado das Instituições[109]; (b.) há um crescente aumento do ensino a distância (EAD), que igualmente possui gasto menor e alcança número maior de estudantes, gerando cada vez mais receita; (c.) há, por

105 SLAUGHTER, Sheila A.; RHOADES, Gary. **Academic capitalism and the new economy**: Markets, state, and higher education. Baltimore: JHU Press, 2004. p. 28.

106 SLAUGHTER, Sheila A.; RHOADES, Gary. **Academic capitalism and the new economy**: Markets, state, and higher education. Baltimore: JHU Press, 2004. p. 53.

107 SLAUGHTER, Sheila A.; RHOADES, Gary. **Democracy and Capitalism, Academic Style**: Governance in Contemporary Higher Education. Los Angeles: Center for Higher Education Policy Analysis, 2003. p. 7. Disponível em: <pullias.usc.edu/wp-content/uploads/2014/06/democracy-and-capitalisim.pdf>. Acesso em: 20 maio 2018.

108 RHOADES, Gary; SLAUGHTER, Sheila. Academic capitalism in the new economy: Challenges and choices. **American Academic**. [*S.l.*], v. 1, n. 1, pp. 37-59, 2004. p. 37.

109 SLAUGHTER, Sheila A.; RHOADES, Gary. **Academic capitalism and the new economy**: Markets, state, and higher education. Baltimore: JHU Press, 2004. p. 222.

fim, a comercialização dos bens intelectuais produzidos pelos docentes pesquisadores – não apenas dos resultados das pesquisas, mas também dos materiais didáticos produzidos por eles. Dito de outro modo, as Instituições lucram a título de direitos autorais e patentários decorrentes dos aludidos bens[110].

Atenta-se, ainda, que a própria busca por financiamento público para pesquisa se transforma em uma competição entre as IESs, que vislumbram nele, não apenas uma condição essencial para o exercício das suas missões institucionais, mas, igualmente, uma maneira de obter recursos para o investimento de "novos empreendimentos", quais sejam: pesquisas que gerem lucro por meio de direitos de patente ou autorais[111]. Além disso, o financiamento público de pesquisa é compreendido como uma forma de elevar o prestígio da Instituição perante os estudantes, partindo-se da premissa de que as Instituições que conseguem um enquadramento na política pública de ciência, tecnologia e inovação consistem em modelos de qualidade em ensino e pesquisa, propiciando, ao fim e ao cabo, uma boa publicidade para aqueles que estão escolhendo o próximo local de estudo a fim de obter uma titulação. Por conseguinte, os estudantes são vistos cada vez menos como alunos e mais como clientes[112].

Dessa forma, os autores entendem que os formuladores de política pública de ciência, tecnologia e inovação criam os "quase-mercados"[113], que se origina de um processo de formação do sujeito econômico, semelhante ao mercado. A distinção reside no fato de que é a Academia que assume o papel de sujeito econômico, e não a empresa. Ademais, esse processo não é tão instável, tendo em vista que não ocorre nos moldes do *laissez-faire*, mas dentro dos contornos atribuídos à alocação dos recursos públicos em pesquisa. Assim sendo, os "quase-mercados" não são criados pelas variáveis econômicas, de livre fluxo de trabalho, produtos,

110 RHOADES, Gary; SLAUGHTER, Sheila. Academic capitalism in the new economy: Challenges and choices. **American Academic**. [*S.l.*], v. 1, n. 1, pp. 37-59, 2004. p. 46.

111 MATHIES, Charles; SLAUGHTER, Sheila. University trustees as channels between academe and industry: toward an understanding of the executive science network. **Research policy**. [*S.l.*], v. 42, n. 6-7, pp. 1286-1300, 2013. p. 1296.

112 SLAUGHTER, Sheila A.; RHOADES, Gary. **Academic capitalism and the new economy**: Markets, state, and higher education. Baltimore: JHU Press, 2004. pp. 132-133.

113 Ressalta-se que o conceito de quase-mercado não foi previsto na formulação original da teoria do *academic capitalism* na nova economia. Contudo, é entendido como um conceito condizente com a aludida teoria, justificando a utilização do conceito para os fins da presente análise. Cf. TAYLOR, Barrett J.; CANTWELL, Brendan; SLAUGHTER, Sheila. Quasi-markets in US higher education: the humanities and institutional revenues. **The Journal of Higher Education**. [*S.l.*], v. 84, n. 5, pp. 675-707, set/out. 2013. pp. 683-684.

capital, consumidores, mas, sim, pelo próprio governo, com base no que ele classifica[114] como estratégico para a economia[115].

Impende sublinhar também que, pela teoria do *academic capitalism*, não somente as Instituições, representadas por seus administradores, incorporam a lógica da competitividade e lucratividade, mas, igualmente, os pesquisadores individuais – corpo docente e discente –, começam a avistar na sua atividade de pesquisa uma forma de geração de receita e lucratividade. Deste modo, os pesquisadores que inicialmente procuravam recursos externos para a realização das suas pesquisas e produção do conhecimento para o público, a partir do envolvimento com o mercado, adotam a postura de atores econômicos e enxergam nas suas pesquisas, oportunidades de lucro e satisfação de pretensões individuais, por meio de patenteamento, venda dos direitos autorais dos bens intelectuais produzidos, contratos de prestação de serviços de pesquisas com empresas[116] etc. Enaltece-se, para além disso, que os autores argumentam que essa cumplicidade dos pesquisadores com o capitalismo acadêmico é compreensível, uma vez que a contrapartida financeira da profissão acadêmica é baixa, implicando na capitalização do conhecimento como modo de complementação de renda[117].

Nessa conjuntura, recai-se na última reformulação provocada pelo *academic capitalism*. Segundo ela, antes prevalecia, no sistema cultural, a premissa da produção do conhecimento para o interesse público, com a finalidade do aperfeiçoamento geral da sociedade e promoção de um desenvolvimento multidimensional, englobando-se, assim, não apenas o aspecto econômico, mas também o ético, o educacional, o social, o cultural e o político, valorizando, deste modo, o conhecimento como um bem público[118]. Contudo, sob o regime do capitalismo acadêmico, a premissa que prepondera, no sistema cultural, é a da produção do conhecimento

---

114 Sublinha-se a influência exercida pelas empresas na formulação das políticas públicas de P&D em competitividade, evidenciando que essa escolha estratégica não é feita apenas pelo governo, v. SLAUGHTER, Sheila A.; RHOADES, Gary. **Academic capitalism and the new economy**: Markets, state, and higher education. Baltimore: JHU Press, 2004. p. 132.

115 TAYLOR, Barrett J.; CANTWELL, Brendan; SLAUGHTER, Sheila. Quasi-markets in US higher education: the humanities and institutional revenues. **The Journal of Higher Education**. [*S.l.*], v. 84, n. 5, pp. 675-707, set/out. 2013. p. 684.

116 SLAUGHTER, Sheila A.; RHOADES, Gary. **Academic capitalism and the new economy**: Markets, state, and higher education. Baltimore: JHU Press, 2004. p. 53.

117 RHOADES, Gary; SLAUGHTER, Sheila. Academic capitalism in the new economy: Challenges and choices. **American Academic**. [*S.l.*], v. 1, n. 1, pp. 37-59, 2004. p. 55.

118 SLAUGHTER, Sheila A.; RHOADES, Gary. **Democracy and Capitalism, Academic Style**: Governance in Contemporary Higher Education. Los Angeles: Center for Higher Education Policy Analysis, 2003. p. 11. Disponível em: <pullias.usc.edu/wp-content/uploads/2014/06/democracy-and-capitalisim.pdf>. Acesso em: 20 maio 2018.

para a satisfação de interesses de grupos específicos – governo, empresa e Academia –, dotados de caráter essencialmente econômico. O conhecimento, portanto, agora adquire status de bem privado[119].

Frisa-se, todavia, que os autores fazem duas ressalvas. (a.) Não se afirma que há uma privatização do conhecimento, mas, em verdade, uma modificação na utilização do espaço público, visto que o gatilho para a instauração do citado regime são os novos traços da atividade governamental no tocante à política de ciência, tecnologia e inovação, os quais contribuem para o status de bem privado do conhecimento. (b.) Não há uma substituição de regimes, mas, sim, uma coexistência deles. Em outros termos, existem ações e posturas estatais e acadêmicas, que se dedicam à promoção do conhecimento como bem público, e aquelas pertinentes ao *academic capitalism*. Repisa-se que há, no entanto, atualmente a primazia deste último regime[120].

Postas tais considerações, dada a complexidade da teoria do *academic capitalism*, percebe-se que ela pode ser estudada sob distintos enfoques jurídicos: a partir do direito de propriedade intelectual, da autonomia universitária, da liberdade de ensino, da educação etc. Ainda assim, o enfoque aqui escolhido tem por parâmetro o direito à liberdade de pesquisa científica – direcionada ao pesquisador individual – e a inovação, pois considera-se que o capitalismo acadêmico afeta sensivelmente a faceta positiva da aludida liberdade[121]. Outrossim, a teoria também promove a inovação de forma unidirecional, uma vez que os atos prestacionais, tanto do poder público quanto das IESs são direcionados para propiciar o exercício de uma liberdade de pesquisa científica que, necessariamente, resulte em inovações de mercado.

3.2. O PROBLEMA DA POSSÍVEL APLICAÇÃO DO MODELO DO *ACADEMIC CAPITALISM* NO BRASIL: ESTUDO DE CASO COM BASE NO EDITAL DE PRODUTIVIDADE EM DESENVOLVIMENTO TECNOLÓGICO E DE EXTENSÃO INOVADORA DO CNPQ

A teoria do *academic capitalism*, conforme o delineado anteriormente, perpassa por uma pluralidade de ações e políticas, as quais não

---

119 SLAUGHTER, Sheila A.; RHOADES, Gary. **Academic capitalism and the new economy**: Markets, state, and higher education. Baltimore: JHU Press, 2004. p. 28.

120 SLAUGHTER, Sheila A.; RHOADES, Gary. **Academic capitalism and the new economy**: Markets, state, and higher education. Baltimore: JHU Press, 2004. p. 212.

121 JOVER, Jorge Núñez. Ética, Ciencia y Tecnología: Sobre la función social de la tecnología. **Llull: Revista de la Sociedad Española de Historia de las Ciencias y de las Técnicas.** [*S.l.*], v. 25, n. 53, pp. 459-484, 2002. p. 473.

só propiciam o envolvimento das Instituições de Ensino Superior com o mercado como também contribuem para que elas adotem comportamentos mercadológicos. Assim, uma política de incentivo à inovação nos moldes da hélice tríplice, a qual é lastreada em uma interação entre governo, empresa e academia e com um forte apelo mercadológico, poderá entrelaçar-se com a gestão pública do regime do capitalismo acadêmico. Observa-se, portanto, que a política de P&D em competitividade, à qual a teoria do *academic capitalism* se reporta, em verdade, consiste na manifestação de um processo de inovação alicerçado na hélice tríplice[122]. A diferença é de qual ponto se parte. Enquanto a teoria da hélice tríplice dirige-se à compreensão do processo de inovação, atribuindo papel de destaque às Instituições de Ensino Superior, a teoria do *academic capitalism* volta-se ao estudo minucioso das IESs – um dos atores do processo de inovação, precipuamente no que tange às modificações de suas finalidades institucionais por participar de tal processo.

O enfoque distinto faz com que tais teorias afastem-se em alguns pontos e que tenham premissas distintas. Por exemplo, a teoria do *academic capitalism* pondera que a independência que a academia deveria preservar em face do governo e das empresas – defendida pela hélice tríplice[123] – é um tanto utópica, em virtude de as Instituições de Ensino Superior dependerem substancialmente de recursos externos para executarem suas atividades institucionais, principalmente as públicas e as privadas sem fins lucrativos. A teoria do *academic capitalism* concebe que uma política de P&D, com acentuado enfoque no mercado, tende a ser pouco – ou nem um pouco – relevante às inovações que não sejam tecnológicas e de mercado, não havendo estímulo a inovações sociais. Destaca-se, nesse ponto, que, a despeito de a teoria da hélice tríplice ter apelo mercadológico, ela considera que a produção de inovações sociais, tal como a formação de arranjos organizacionais, é fundamental para o adequado funcionamento do processo inovativo, ao que, por essa razão, precisa ser incentivada[124].

---

122 SLAUGHTER, Sheila A.; RHOADES, Gary. **Academic capitalism and the new economy**: Markets, state, and higher education. Baltimore: JHU Press, 2004. p. 16.

123 ETZKOWITZ, Henry. **The triple helix**: university-industry-government innovation in action. Abingdon: Routledge, 2008. p. 41.

124 ETZKOWITZ, Henry. Innovation in innovation: the triple helix of university-industry government relations. **Social Science Information**. [*S.l.*], v. 42, n. 3, pp. 293-337, set 2003. p. 296. Disponível em: <researchgate.net/publication/249733214_Innovation_in_Innovation_The_Triple_Helix_of_University-Industry-Government_Relations>. Acesso em: 20 mai. 2018.

No entanto, ainda que haja os pontos de afastamento, é possível que os arranjos e as redes pertinentes à política de incentivo à inovação lastreada na hélice tríplice - os quais viabilizam a interação entre Estado, empresa e Academia - oportunizem atos sob o regime da teoria do *academic capitalism*. Em função disso, há a possibilidade de tais atos coincidirem com a gestão pública própria desta última teoria. Sublinha-se, ainda assim, que não há uma relação de obrigatoriedade, mas de possibilidade, visto que a hélice tríplice ainda pressupõe a independência dos atores envolvidos. Por isso há a probabilidade de existirem arranjos e redes, os quais propiciem a aludida interação e que, ao mesmo tempo, contenham mecanismos que conservem, ainda que minimamente, a independência e a natureza institucional de cada um dos sujeitos[125].

Por conseguinte, tendo em vista que a política de incentivo à inovação brasileira está apoiada na teoria da hélice tríplice - e com um evidente viés mercadológico - é provável que haja, na sua execução, pontos de contato com a teoria do *academic capitalism*. Nesse sentido, busca-se, a partir de uma análise de caso, perquirir a existência ou não da aplicação da gestão pública sob o regime do capitalismo acadêmico na política de incentivo à inovação[126].

Em linhas preliminares, enfatiza-se que não se pretende afirmar de modo categórico que a teoria do *academic capitalism* é aplicada no Brasil. Tal assertiva demanda, inequivocamente, uma análise mais profunda e detalhada de dados concretos que possibilitem examinar não apenas a gestão pública, mas todas as dimensões da teoria, tais como o comportamento das Instituições, os pesquisadores, as práticas acadêmicas e o sistema cultural. Pretende-se aqui, em verdade, demonstrar indícios de aplicação no tocante à gestão pública, dada a sua relevância, já que é nela que se viabiliza a prática de atos e comportamentos do capitalismo acadêmico. É nela também que se pode vislumbrar a íntima relação da liberdade de pesquisa científica e da inovação com a citada teoria, pois

---

125 ETZKOWITZ, Henry. Innovation in innovation: the triple helix of university-industry government relations. **Social Science Information**. [*S.l.*], v. 42, n. 3, pp. 293-337, set 2003. p. 296. Disponível em: <researchgate.net/publication/249733214_Innovation_in_Innovation_The_Triple_Helix_of_University-Industry-Government_Relations>. Acesso em: 20 maio 2018.

126 Optou-se pela metodologia de estudo de caso, em virtude de o objeto da presente pesquisa enquadrar-se nas três condições necessárias para que tal metodologia possa ser aplicada, quais sejam: (a.) a questão que se propõe a responder é estruturada com base em termos de "como" e "por que"; (b.) não se tem controle sobre os eventos governamentais, pois debruça-se sobre a avaliação de uma política pública; e (c.) concentra-se em "[...] fenômenos contemporâneos inseridos em um contexto da vida real", qual seja a teoria do *academic captalism*. Conforme YIN, Robert K. **Estudo de Caso**: Planejamento e Métodos. Porto Alegre: Bookman, 2015. p. 38.

a política pública que proporciona o *academic capitalism* é a mesma que possui a finalidade de promover a inovação e garantir a faceta prestacional da liberdade de pesquisa científica.

A metodologia escolhida tem por finalidade o estudo profundo de um dos objetos que sejam aptos a responder a questão proposta[127]. Destarte, a unidade de análise adotada, que corresponde ao caso ou objeto de exame[128], consiste no Edital de Bolsas de Produtividade em Desenvolvimento Tecnológico e Extensão Inovadora – DT, do CNPq. A escolha fundamenta-se nos seguintes pontos: (a.) trata-se de uma ação regular da política de ciência, tecnologia e inovação brasileira, uma vez que ocorre anualmente; (b.) é executada pelo CNPq, que é uma das agências com maior atuação na política de incentivo à inovação, estando vinculado diretamente ao o MCTIC (órgão coordenador do SNCTI), possuindo, além disso, as ICTs como público alvo principal, enquadrando-se, por conseguinte, no recorte metodológico desse trabalho[129]; (c.) o edital objetiva o financiamento de pesquisas indutoras e disseminadoras de inovações, dispondo de aptidão para enquadrar-se em uma ação pertinente à gestão pública do *academic capitalism*; (d.) o edital também se direciona ao pesquisador individual, bem como cumpre com a dupla finalidade de garantir a faceta positiva da liberdade de pesquisa científica e de promover a inovação. Em face de tais apontamentos, a análise do referido edital está em consonância com a opção metodológica dessa obra.

O estudo de caso é de cunho exploratório, já que visa investigar de que maneira a política pública de incentivo à inovação apresenta pontos de contato com a teoria do *academic capitalism*. Assim sendo, não se trabalha com proposições de estudo, mas, sim, com critérios que guiam o estudo de caso[130]. Destaca-se, nesse ponto, que a investigação se concentrou nos requisitos de elegibilidade dos projetos a serem financiados, bem como nas pesquisas efetivamente contempladas pelo financiamento. Buscou-se, com base nas premissas e características da citada teoria, identificar atos de gestão pública sob o regime do *academic capitalism*. Com efeito, estabelece-se como critério de análise a verificação da presença

---

127 FINCATO, Denise Pires; GILLET, Sérgio Augusto da Costa. **A Pesquisa Jurídica sem Mistérios**: do Projeto de Pesquisa à Banca. Porto Alegre: Fi, 2018. p. 51.

128 YIN, Robert K. **Estudo de Caso**: Planejamento e Métodos. Porto Alegre: Bookman, 2015. p. 33.

129 BRASIL. Ministério da Ciência, Tecnologia, Inovações e Comunicações. **Estratégia Nacional de Ciência, Tecnologia e Inovação 2016-2022**. Brasília: MCTIC, 2018. pp. 16-18. Disponível em: <finep.gov.br/images/afinep/Politica/16_03_2018_Estrategia_Nacional_de_Ciencia_Tecnologia_e_Inovacao_2016_2022.pdf>. Acesso em: 20 nov. 2018.

130 YIN, Robert K. **Estudo de Caso**: Planejamento e Métodos. Porto Alegre: Bookman, 2015. pp. 33-34.

ou ausência dos elementos listados a seguir: (a.) o incentivo financeiro direciona-se a pesquisadores de pós-graduação, ou à produção de bens protegidos pela propriedade intelectual – principalmente por meio de patentes –, ou engloba esses dois nichos; (b.) os requisitos para a escolha dos projetos evidenciam uma predileção por pesquisas e inovações de mercado e tecnológicas; (c.) a maior parte dos projetos contemplados refere-se a pesquisadores vinculados às Instituições de Ensino Superior; e (d.) as áreas que obtiveram a maior destinação dos recursos foram as com maior proximidade ao mercado.

O marco temporal de observação limitou-se à análise dos Editais referentes aos anos de 2016, 2017 e 2018, por corresponderem aos períodos nos quais se encontram as chamadas encerradas referentes ao Edital de Bolsas de Produtividade em Desenvolvimento Tecnológico e Extensão Inovadora – que, vale repisar, ocorre anualmente –, viabilizando a avaliação dos requisitos de elegibilidade e dos respectivos resultados. No tocante ao termo inicial, selecionou-se o ano de 2016, visto que este condiz com o ano em que a política de inovação efetivamente fora estruturada, com base nas reformas promovidas com o CNCTI, o qual regulamentou a EC n.º 85/2015, que, a seu turno, fez constar expressamente a inovação no texto constitucional.

Sublinha-se, antes de adentrar na análise acurada de cada ano, que os Editais DT visam estimular a pesquisa científica, mediante a concessão de bolsas, e são, por esse motivo, regidos pela Resolução Normativa (RN) n.º 028/2015[131]. A referida RN, aplicável aos três Editais objetos do estudo de caso, consiste em uma normatização do CNPq a regular as bolsas individuais no País, sendo que as bolsas DT são disciplinadas especificadamente no Anexo IV. Por conseguinte, é importante, antes de esmiuçarem-se os Editais dos anos de 2016, 2017 e 2018, trazer à baila algumas regras da citada normativa, uma vez que se considera que seja possível, a partir delas, retirarem-se características do regime do *academic capitalism*. Entre tais características, encontram-se dois elementos eleitos como critérios de análise do estudo de caso, dos quatro apontados alhures, quais sejam, (a.) o direcionamento do incentivo financeiro para pesquisadores em nível de pós-graduação ou produção de bens protegidos

131 BRASIL. Conselho Nacional de Desenvolvimento Científico e Tecnológico. **RN 028/2015**. Estabelece as normas gerais e específicas para as modalidades de bolsas individuais no País. Brasília: CNPq, [2019]. Disponível em: <cnpq.br/web/guest/view/-/journal_content/56_INSTANCE_0oED/10157/2958271?COMPANY _ID=10132# PQ>. Acesso em: 20 out. 2018.

por propriedade intelectual, bem como (b.) a predileção por pesquisas e inovação tecnológicas e comerciais.

Entre as normas que tocam ao tema e que sejam passíveis de aplicação nos três Editais avaliados, estão as que versam sobre as condições para que um pesquisador esteja apto a ser um bolsista DT. Conforme o art. 4 da RN, o pesquisador deverá, no mínimo, portar o título de doutor ou comprovar experiência em atividades de extensão inovadora e transferência de tecnologia. O mesmo dispositivo ainda dispõe sobre uma classificação por categorias e níveis que há entre os pesquisadores contemplados pelo Edital DT. Há duas categorias. Na de número 1, é necessário que o pesquisador possua "[...] oito anos de doutorado completos, por ocasião da implementação da bolsa, ou pelo menos dez anos de experiência em atividades de desenvolvimento tecnológico, extensão inovadora e transferência de tecnologia". Na categoria 2, exigem-se três anos de doutorado ou pelo menos cinco anos de experiência em atividades de desenvolvimento tecnológico, extensão inovadora e de transferência de tecnologia. A categoria 1, a seu turno, é dividida nos níveis A, B, C, e D, os quais são baseados no grau de maior correspondência com os critérios de elegibilidade das pesquisas a serem financiadas; tanto os dispostos na RN, quanto em outros, que o comitê avaliador pertinente a cada Edital julgar indispensável. Frisa-se que a partir do nível A ao nível D, o rigor dos requisitos diminui. A distinção entre categorias e níveis é relevante na medida em que, para cada categoria e nível, o valor de recursos concedidos sofre uma variação: quanto mais rigorosos os requisitos, melhor a categoria e o nível, e, por via consequencial, maior a quantidade de recursos concedidos[132].

A fixação dos critérios de elegibilidade dos projetos de pesquisa a serem financiados é de competência do comitê avaliador de cada Edital DT lançado. Contudo a RN n.º 028/2015, no art. 3. 3, estabelece que, independentemente dos critérios dispostos pelo comitê avaliador, os projetos deverão contemplar, em ordem de prioridade, os seguintes itens: (i.) produção tecnológica, a ser aferida por: (i.a.) patentes depositadas, (i.b.) desenvolvimento de produtos ou processos não patenteados, (i.c.) publicações de natureza tecnológica e produção de software; (ii.) transferência de tecnologia para o setor produtivo ou público, a ser avaliada pelo

132 No tocante aos valores correspondentes, estes estão regulados na RN 015/2013, do CNPq, v. BRASIL. Conselho Nacional de Desenvolvimento Científico e Tecnológico. **RN 028/2015**. Estabelece as normas gerais e específicas para as modalidades de bolsas individuais no País. Brasília: CNPq, [2019]. Disponível em: <cnpq.br/web/guest/view/-/journal_content/56_INSTANCE_0oED/10157/2958271 ?COMPANY_ID=10132# PQ>. Acesso em: 20 out. 2018.

envolvimento: (ii.a) na organização de empresas com base tecnológica, (ii.b) na formação de incubadoras empresariais, (ii.c) em assessoria de natureza técnica, (ii.d) na prestação de serviços tecnológicos, (ii.e) em iniciativas empresariais; e (iii.) formação de recursos humanos e outras atividades, como (iii.a.) organização de programa de formação tecnológica, (iii.b.) orientação de alunos e bolsistas em nível de pós-graduação, na formação tecnológica[133] e (iii.c.) a organização ou participação em eventos de natureza tecnológica.

Note-se que, pela normativa do CNPq, é possível detectar a presença de dois elementos que norteiam o estudo de caso, aplicáveis aos Editais dos três anos analisados: (a.) pode-se aduzir que o programa de bolsas DT consiste em uma ação estatal direcionada tanto para pesquisadores em nível de pós-graduação, por englobar doutores, como também é voltada para o estimulo da produção de bens protegidos por direito patentário, visto que o depósito de patentes é um requisito de elegibilidade dos projetos a serem financiados, de cunho prioritário; (b.) em caráter geral, há uma predileção pela promoção de pesquisas que acarretem em inovações tecnológicas, as quais são nesse Edital tratadas como sinônimo de inovações de mercado. Tal assertiva é pautada no fato de que a produção tecnológica e a transferência de tecnologia - que consistem nos requisitos preferenciais na eleição dos projetos de pesquisa a serem financiados - possuem essencialmente como parâmetros de aferição fatores que associam a pesquisa com a esfera empresarial, tais como o depósito de patentes, o desenvolvimento de produtos e processos, a organização de empresas, as incubadoras empresariais, as iniciativas empresariais etc. Sublinha-se que a própria definição de "iniciativas empresariais", disposta no art. 3.3.3 da normativa, corrobora com a aludida assertiva, estando definida como "a participação na organização e gestão de projetos de desenvolvimento tecnológico, especialmente em parcerias com empresas", ou seja, o desenvolvimento tecnológico é equivalente à iniciativa empresarial.

Além disso, da leitura da normativa, é possível ainda retirar-se dois pontos que indicam uma aproximação com o regime do *academic capitalism*. O primeiro é referente à ordem de preferência dos critérios de elegibilidade das pesquisas, em que há a preterição do item relacionado à formação de recursos humanos em face dos itens de produção tecnológica e transferência de tecnologia, evidenciando indícios de

133 Em nível de pós-graduação, pós-doutorado, sanduíche empresarial e bolsistas nas modalidades fomento tecnológico.

mudança no sistema cultural, nos moldes do *academic capitalism*. Cabe traduzir que a pesquisa, antes legitimada e estimulada por sua contribuição à produção do conhecimento e do ensino, começa a ser legitimada pelo seu envolvimento com o mercado. Em segundo lugar, é importante sopesar que, à luz das premissas do capitalismo acadêmico, em um cenário de dependência de recursos, a lógica de classificar os pesquisadores por categorias e níveis poderá incentivar a competitividade e o disciplinamento por geração de renda entre os pesquisadores.

Ressalta-se que os critérios de escolha dos projetos não estão limitados apenas aos inseridos na RN n.º 028/2015, uma vez que os comitês avaliadores possuem autonomia para a inserção de novos requisitos, sem, contudo, deixar de cumprir com aqueles dispostos na normativa. Nesse sentido, é possível que, com base nesses outros critérios, haja um reforço na predileção por pesquisas e inovações tecnológicas e de mercado, ou, alternativamente, que ocorra o cenário inverso e haja um equilíbrio com a promoção de pesquisas e inovações de outra natureza. Impende esclarecer, nesse ponto, que o incentivo público de pesquisas mercadológicas, por si só, não é o mesmo que a gestão governamental sob o regime do capitalismo acadêmico, visto que este só se faz presente quando há um foco quase exclusivo no incentivo e na promoção de investigações dessa espécie, em detrimento das que não se enquadram nessa linha.

Assim sendo, passando para os resultados da análise obtida em cada ano, notou-se que, no Edital de 2016, já no seu objetivo, no item I.1.1, é demonstrada maior inclinação por inovações tecnológicas e de mercado, ao fazer-se constar que ele é direcionado para pesquisadores e projetos de pesquisa que contribuam, não apenas para o desenvolvimento tecnológico, para a indução de inovações e para a cultura inovadora, como, igualmente, deverão colaborar para o empreendedorismo de base tecnológica[134].

Em relação aos requisitos do pesquisador, no Regulamento do Edital, no item II.2.4.1[135], foi contemplado tão somente que o indivíduo

134 BRASIL. Conselho Nacional de Desenvolvimento Científico e Tecnológico. **Chamada CNPq n.º 11/2016.** Produtividade em Desenvolvimento Tecnológico e Extensão Inovadora – DT, 2016. Disponível em: <cnpq.br/chamadas-publicas?p_p_id=resultadosportlet_WAR_resultadoscnpqportlet_INSTANCE_0ZaM&id=58-80-4138&detalha=chamadaDetalhada&filtro=encerradas>. Acesso em: 10 out. 2018.

135 BRASIL. Conselho Nacional de Desenvolvimento Científico e Tecnológico. **Chamada CNPq n.º 11/2016.** Produtividade em Desenvolvimento Tecnológico e Extensão Inovadora – DT, 2016. Disponível em: <cnpq.br/chamadas-publicas?p_p_id=resultadosportlet_WAR_resultadoscnpqportlet_INSTANCE_0ZaM&id=58-80-4138&detalha=chamadaDetalhada&filtro=encerradas>. Acesso em: 10 out. 2018.

deverá ser portador do título de doutor, exigindo-se, ainda, que ele tenha vínculo formal com a Instituição na qual irá executar o projeto, podendo esse vínculo ser empregatício ou funcional, sendo comprovado por documento oficial da respectiva Instituição. No tocante às Instituições com as quais os pesquisadores devem ter vínculo, estas poderão ser: (a.) Instituição de Ensino Superior, pública ou privada sem fins lucrativos; (b.) Instituto e centro de pesquisa e desenvolvimento, público ou privado sem fins lucrativos; e (c.) empresa pública destinada às atividades de Ciência, Tecnologia e Inovação, de acordo com o tópico II.2.6.1[136].

A imposição de vínculo institucional demonstra que os recursos captados pelos pesquisadores individuais não beneficiarão somente eles, mas a depender dos materiais financiáveis pelo Edital, também a própria Instituição a qual ele está vinculado. Nesse ponto, salienta-se que o detalhamento da destinação dos recursos da bolsa DT encontram-se inseridos no art. 5 do Anexo IV da RN n.º 028/2015, sendo a verba direcionada para: (a.) mensalidades, para fins de capacitação do pesquisador; (b.) adicional de bancada, para o custeio de despesas de capital, que correspondem à aquisição de insumos para a pesquisa - tais como equipamentos - e para o custeio de gastos relacionados aos projetos de pesquisa, ou deles decorrentes; e(c.) adicional de avaliação, o qual se dirige para custear as atividades de julgamento e avaliação de projetos de pesquisa, promoção de eventos científicos, bolsas de formação e de produtividade, entre outras atividades que se refiram ao projeto de pesquisa contemplado. Assim sendo, percebe-se que, pelos objetos financiáveis, as Instituições poderão beneficiar-se diretamente, principalmente no tocante ao adicional de bancada, o qual contribui com a redução dos custos institucionais necessários para a realização de pesquisas científicas.

Atrela-se a isso o fato de que as Instituições de Ensino Superior englobadas pelo Edital são as públicas e as sem fins lucrativos, as quais são, pelas premissas da teoria do *academic capitalism*, as mais dependentes de recursos públicos e que, além disso, também estão inseridas na qualificação de ICT pela política brasileira de incentivo à inovação. Nesse contexto, cabe dizer que não há dados suficientes para afirmar, de forma contundente, que existe um espaço propício para que as Instituições se vejam estimuladas a estabelecer uma gestão interna nos

136 BRASIL. Conselho Nacional de Desenvolvimento Científico e Tecnológico. **Chamada CNPq n.º 11/2016**. Produtividade em Desenvolvimento Tecnológico e Extensão Inovadora - DT, 2016. Disponível em: <cnpq.br/chamadas-publicas?p_p_id=resultadosportlet_WAR_resultadoscnpqportlet_INSTANCE_0ZaM&id=58-80-4138&detalha=chamadaDetalhada&filtro=encerradas>. Acesso em: 10 out. 2018.

moldes do capitalismo acadêmico, a fim de que, por meio dos projetos de pesquisa individuais, obtenham benefícios financeiros. Contudo, pela estruturação da ação pública é possível antecipar e encontrar indícios de que tais Instituições estão estruturadas de tal modo e que estão dirigidas para tanto.

Ao verificar os critérios de julgamento e escolha dos projetos de pesquisa[137], constatou-se que os requisitos inseridos pelo comitê avaliador reforçam a predileção por pesquisas tecnológicas e de mercado, conforme se infere a partir do quadro retirado do próprio Edital, a qual se encontra disposta abaixo:

Figura 2 – Critérios de análise e julgamento do Edital de Bolsas de DT 2016

Critérios de análise e julgamento		Peso	Nota
A	Vinculação do Candidato: A Instituição de Execução do Projeto faz parte de uma rede SIBRATEC?	**1**	**0,00**: a instituição não faz parte do SIBRATEC. **10**: a instituição faz parte do SIBRATEC.
B	Produção tecnológica – quantidade e qualidade em: 1) Patentes depositadas; 2) Desenvolvimento de produtos ou processos não patenteados; 3) Publicações de natureza tecnológica; 4) *Software*.	**3**	**0,00**: nenhuma produção tecnológica; **0,01 a 4,99**: baixa produção tecnológica; **5,00 a 7,99**: média produção tecnológica; **8,00 a 9,99**: alta produção tecnológica; **10**: produção tecnológica excepcional.
C	Transferência de Tecnologia para o Setor Produtivo ou para o Setor Público – casos concretos e perspectivas em: 1) Organização de empresas de base tecnológica; 2) Organização ou gestão de incubadoras de empresas de base tecnológica; 3) Prestação de serviços tecnológicos; 4) Assessoria de natureza técnica; 5) Iniciativas empresariais.	**3**	**0,00**: nenhuma atividade de transferência; **0,01 a 4,99**: baixa atividade de transferência; **5,00 a 7,99**: média atividade de transferência; **8,00 a 9,99**: alta atividade de transferência; **10**: atividade de transferência excepcional.

137 BRASIL. Conselho Nacional de Desenvolvimento Científico e Tecnológico. **Chamada CNPq n.º 11/2016.** Produtividade em Desenvolvimento Tecnológico e Extensão Inovadora – DT, 2016. Disponível em: cnpq.br/chamadas-publicas?p_p_id=resultadosportlet_WAR_resultadoscnpqportlet_INSTANCE_0ZaM&id=58-80-4138&detalha=chamadaDetalhada&filtro=encerradas. Acesso em: 10 out. 2018.

Critérios de análise e julgamento		Peso	Nota
D	Formação de Recursos Humanos e Divulgação – casos concretos e perspectivas para: 1) Organização de programa de formação tecnológica; 2) Orientação de alunos e bolsistas para formação tecnológica; 3) Organização ou participação em eventos de natureza tecnológica.	1	**0,00**: nenhuma atividade de formação e divulgação; **0,01 a 4,99**: baixa atividade de formação e divulgação; **5,00 a 7,99**: média atividade de formação e divulgação; **8,00 a 9,99**: alta atividade de formação e divulgação; **10**: atividade de formação e divulgação excepcional.
E	Nível de correlação do projeto com demandas de empresas e relacionadas a criação ou melhoria de produtos, processos ou serviços	2	**0,00**: nenhuma correlação; **0,01 a 4,99**: projeto com algum viés de aplicação no mercado; **5,00 a 6,99**: além de potencial aplicação, há interesse de empresas em seu desenvolvimento; **7,00 a 10**: projeto, ou parte dele, atende demanda real de empresas e há envolvimento direto destas (contrapartidas) no seu desenvolvimento.

Fonte: CNPq (2016).

Observa-se que os quesitos "B", "C" e "D", respectivamente, correspondem aos critérios fixados pela normativa do CNPq de produção tecnológica, de transferência de tecnologia e de formação de recursos humanos. Em cumprimento com a ordem de preferência inserida na normativa, os quesitos "B" e "C" possuem peso 3; já o "D", peso 1. Reforçando a predileção por inovações de mercado, o comitê avaliador inseriu os itens "A" e "E".

No item "A", encontra-se a associação do pesquisador ao Sistema Brasileiro de Tecnologia (SIBRATEC), estando expresso no item II.2.6.2 que "terão prioridade candidatos vinculados a uma das instituições do SIBRATEC"[138]. Esse sistema, a partir das informações dispostas no seu site institucional, tem por finalidade o desenvolvimento tecnológico de empresas brasileiras a vislumbrarem aumento de faturamento, produti-

138 BRASIL. Conselho Nacional de Desenvolvimento Científico e Tecnológico. **Chamada CNPq n.º 11/2016**. Produtividade em Desenvolvimento Tecnológico e Extensão Inovadora – DT, 2016. Disponível em: <cnpq.br/chamadas-publicas?p_p_id=resultadosportlet_WAR_resultadoscnpqportlet_INSTANCE_0ZaM&id=58-80-4138&detalha=chamadaDetalhada&filtro=encerradas>. Acesso em: 10 out. 2018.

vidade e competitividade no mercado[139]. Destarte, por si só, esse critério de avaliação dos projetos de pesquisa já manifesta uma predileção por inovações tecnológicas e de mercado.

O quesito "E", de peso 2, visa avaliar o nível da correlação do projeto com as demandas de empresas e a criação de produtos, processos ou serviços. Atente-se que a pesquisa que atenda a uma efetiva demanda empresarial poderá receber nota entre 7 a 10. Ressalta-se, ainda, que, de todos os quesitos, o item "D", que se refere à formação de recursos humanos, relacionando a pesquisa científica com o ensino, tem peso 1, o de menor relevância, juntamente com o item "A". Contudo, o item "A" possui caráter preliminar, uma vez que não avalia efetivamente o projeto, mas, meramente, a vinculação do pesquisador ao SIBRATEC. Por conseguinte, pode-se afirmar que, dos critérios efetivos de julgamento do projeto, o item "D" é o de inexpressiva relevância para o julgamento. Nesse cenário, é possível aduzir que, pelos quesitos de julgamento e avaliação, o Edital DT de 2016 foi moldado a fortalecer a promoção de pesquisas que produzam inovações tecnológicas, e que estas, concomitantemente, sejam inovações de mercado, nos termos da gestão pública do capitalismo acadêmico.

Tal assertiva reflete-se nos resultados dos projetos contemplados pelo financiamento. Estes são divididos em grandes áreas do conhecimento, cuja maioria está associada explicitamente com a tecnologia, aninhando-se nos seguintes programas: (a.) áreas tecnológicas de química e geociência, (b.) biodiversidade e recursos naturais, (c.) desenvolvimento tecnológico e industrial, energia, nanotecnologia e novos materiais, (d.) tecnologias ambientais, (e.) tecnologia e inovação na agropecuária, (f.) biotecnologia, (g.) tecnologia da informação e comunicação, (h.) tecnologias para o desenvolvimento sustentável, (i.) tecnologias nas áreas aeronáutica e aeroespacial, (j.) complexo da defesa, (k.) tecnologias educacionais e sociais, (l.) tecnologias naval e marítima, (m.) áreas tecnológicas da física e matemática, e (n.) tecnologias médicas e de saúde[140]. Da subdivisão dos programas, é importante sublinhar dois aspectos. Primeiramente, reforça-se o compromisso na promoção de pesquisas que gerem, quase exclusivamente, inovações tecnológicas, em consonância com os quesi-

---

139 SOBRE o programa. **SIBRATEC**, [2018]. Disponível em: <sibratec.mctic.gov.br/sibratec/#/sobre>. Acesso em: 17 nov. 2018.

140 BRASIL. Conselho Nacional de Desenvolvimento Científico e Tecnológico. **Resultados do Edital CNPq n.º 11/2016**. Produtividade em Desenvolvimento Tecnológico e Extensão Inovadora – DT, 2016. Disponível em: <cnpq.br/chamadas-publicas?p_p_id=resultadosportlet_WAR_resultadoscnpqportlet_INSTANCE_0ZaM&id=58-80-4138&detalha=chamadaDetalhada&filtro=encerradas>. Acesso em: 10 out. 2018.

tos de julgamento dos projetos de pesquisa, uma vez que, pela própria titulação dos programas, os únicos que não contemplam tecnologia em seu título são os de biodiversidade e recursos naturais, o de complexo da defesa e o de energia. Em segundo lugar, estes são programas passíveis de quantificação e valoração, os quais podem produzirem inovações mercadológicas e possuem facilidade para enquadrar-se nos critérios de elegibilidade do Edital em estudo.

Em 2016, foram 230 (duzentos e trinta) projetos de pesquisa aprovados e financiados. Destes, 165 (cento e sessenta e cinco) são projetos executados no âmbito de Instituições de Ensino Superior; e 65 (sessenta e cinco), em empresas, institutos e centros de pesquisa. Esses números, nesse sentido, comprovam a relevância das aludidas Instituições na política brasileira de ciência, tecnologia e inovação. Ressalta-se, ainda, que, dos 230 (duzentos e trinta) projetos, 65 (sessenta e cinco) deles estão contidos nos dois programas relacionados diretamente ao mercado, por serem pertinentes ao setor produtivo, de modo que 38 (trinta e oito) projetos referem-se ao programa de desenvolvimento tecnológico e industrial e 31 (trinta e um) ao programa de tecnologia e inovação para a agropecuária. Do primeiro grupo, 28 (vinte e oito) são de pesquisadores de Instituições de Ensino Superior, enquanto que são apenas 13 (treze) do segundo grupo. Em termos percentuais, são os dois programas com o maior quantitativo de pesquisas financiadas, consoante se vislumbra no gráfico abaixo:

Figura 3 – Programas financiados pelo Edital de Bolsas de DT 2016

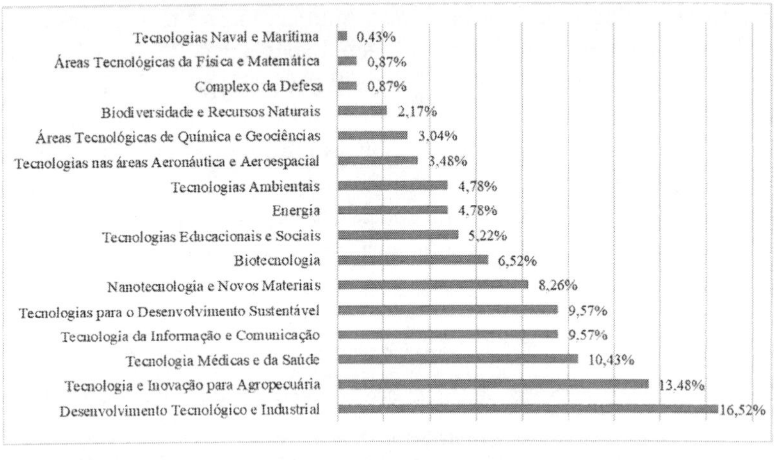

Fonte: a Autora (2019).

Salienta-se que, com esse percentual, não se pretende afirmar que apenas os projetos de tecnologia e inovação para agropecuária, bem como para o desenvolvimento tecnológico e industrial são direcionados ao mercado. Ao contrário, pelos quesitos de elegibilidade dispostos no Edital, todos os projetos de pesquisa contemplados e inseridos nos respectivos programas possuem, em alguma medida, aptidão mercadológica. Evidencia-se, na verdade, que os projetos da agropecuária e da indústria, em virtude de essencialmente relacionarem-se com o mercado, possuem vantagem em comparação com os demais e, por via consequencial, maior quantitativo de projetos financiados.

No Edital DT de 2017, mantém-se a inclinação ao mercado na medida em que se dispõe, novamente, no item 1 que, dentre as finalidades perseguidas, está o empreendedorismo de base tecnológica. No tocante aos requisitos do pesquisador, há uma pequena modificação em comparação ao ano de 2016, já que estão aptos a concorrer à chamada do referido Edital não apenas os pesquisadores que portem o título de doutor, como também os que possuam perfil tecnológico, o qual será comprovado pela experiência mínima de cinco anos em atividades de desenvolvimento tecnológico, extensão inovadora, ou transferência de tecnologia, contados a partir da data de conclusão do Ensino Superior, conforme inserido no item 3.2.1. Impende enaltecer que a lógica da classificação dos pesquisadores em categorias e níveis permanece no Edital de 2017. A diferença é que, em virtude de agora serem aceitos pesquisadores sem o título de doutor, há novos requisitos, quais sejam: (a.) para a categoria 1, aqueles que não forem doutores, precisam comprovar dez anos de experiência nas citadas atividades; e (b.) para a categoria 2, basta a comprovação do requisito mínimo de cinco anos de experiência[141]. Quanto aos níveis, continuam preenchendo as mesmas condições expostas alhures[142].

141 Item 3.2.1, letras "e" e "f" do Edital DT, de 2017. v. BRASIL. Conselho Nacional de Desenvolvimento Científico e Tecnológico. **Chamada CNPq n.º 09/2017**. Produtividade em Desenvolvimento Tecnológico e Extensão Inovadora – DT, 2017. Disponível em: <cnpq.br/chamadas-publicas?p_p_id=resultadosportlet_WAR_resultadoscnpqportlet_INSTANCE_0ZaM&filtro=abertas&detalha=chamadaDivulgada&idDivulgacao=7382>. Acesso em: 10 out. 2018.

142 BRASIL. Conselho Nacional de Desenvolvimento Científico e Tecnológico. **Chamada CNPq n.º 09/2017**. Produtividade em Desenvolvimento Tecnológico e Extensão Inovadora – DT, 2017. Disponível em: <cnpq.br/chamadas-publicas?p_p_id=resultadosportlet_WAR_resultadoscnpqportlet_INSTANCE_0ZaM&filtro=abertas&detalha=chamadaDivulgada&idDivulgacao=7382>. Acesso em: 10 out. 2018.

Ademais, a exigência de vínculo institucional permanece. A distinção agora reside nas Instituições de Ensino Superior e nos Institutos e centros de pesquisa e desenvolvimento, todos de natureza pública ou privada sem fins lucrativos, que passam a estar englobados no conceito de ICT. Outra diferença pode ser apontada nas empresas, das quais anteriormente somente as públicas restavam incluídas no Edital DT de 2016. Agora, no de 2017, são consideradas tanto as públicas como as privadas, desde que estejam cadastradas no diretório de Instituições do CNPq[143]. Repara-se, assim, que não foi alterada a natureza das Instituições de Ensino Superior, para as quais o Edital se destina. Continuam a ser englobadas as IES públicas e privadas sem fins lucrativos, cabendo aqui as mesmas ponderações feitas quanto ao ano de 2016, em relação à dependência de recursos.

No tocante aos critérios de avaliação e julgamento dos projetos, distintamente ao ano de 2016, há uma divisão em dois grupos. O primeiro avalia as atividades do pesquisador, pela análise do Currículo Lattes; já o segundo grupo aprecia o projeto de pesquisa a ser financiado[144], conforme quadro a seguir:

Figura 4 – Critérios de análise e julgamento do Edital de Bolsas de DT 2017

Critérios de análise e julgamento		Peso	Nota
Pesquisador – atividades evidenciadas no CV Lattes:			
A	Produção tecnológica e de inovação: 1) Patentes depositadas; 2) Desenvolvimento de produtos, processos e/ou serviços não patenteados.	3,0	**0,00**: nenhuma produção; **0,01 a 4,99**: baixa produção; **5,00 a 7,99**: média produção; **8,00 a 9,99**: alta produção; **10**: produção excepcional.

143 BRASIL. Conselho Nacional de Desenvolvimento Científico e Tecnológico. **Chamada CNPq n.º 09/2017**. Produtividade em Desenvolvimento Tecnológico e Extensão Inovadora – DT, 2017. Disponível em: <cnpq.br/chamadas-publicas?p_p_id=resultadosportlet_WAR_resultadoscnpqportlet_INSTANCE_0ZaM&filtro=abertas&detalha=chamadaDivulgada&idDivulgacao=7382>. Acesso em: 10 out. 2018.

144 BRASIL. Conselho Nacional de Desenvolvimento Científico e Tecnológico. **Chamada CNPq n.º 09/2017**. Produtividade em Desenvolvimento Tecnológico e Extensão Inovadora – DT, 2017. Disponível em: <cnpq.br/chamadas-publicas?p_p_id=resultadosportlet_WAR_resultadoscnpqportlet_INSTANCE_0ZaM&filtro=abertas&detalha=chamadaDivulgada&idDivulgacao=7382>. Acesso em: 10 out. 2018.

Critérios de análise e julgamento		Peso	Nota
B	Atividades de empreendedorismo ou transferência de tecnologia para o ambiente produtivo ou social: 1) Organização de empresas inovadoras; 2) Organização ou gestão de incubadoras de empresas inovadoras e parques tecnológicos; 3) Projetos de extensão tecnológica voltada à inovação; 4) Prestação de serviços tecnológicos; 5) Contratos de parceria que envolvam transferência de tecnologia.	2,5	**0,00**: nenhuma atividade; **0,01 a 4,99**: baixa atividade; **5,00 a 7,99**: média atividade; **8,00 a 9,99**: alta atividade; **10**: atividade excepcional.
C	Atividades de formação de recursos humanos e de divulgação: 1) Organização de programa de formação tecnológica; 2) Orientação de alunos e bolsistas para formação tecnológica; 3) Organização ou participação em eventos de natureza tecnológica; 4) Publicações de natureza tecnológica.	3,0	**0,00**: nenhuma atividade; **0,01 a 4,99**: baixa atividade; **5,00 a 7,99**: média atividade; **8,00 a 9,99**: alta atividade; **10**: atividade excepcional.
Projeto de pesquisa:			
D	Potencial do projeto para a produção tecnológica e a inovação: 1) Patentes; 2) Desenvolvimento de produtos, processos e/ou serviços não patenteados.	1,5	**0,00**: nenhum potencial; **0,01 a 4,99**: baixo potencial; **5,00 a 7,99**: médio potencial; **8,00 a 9,99**: alto potencial; **10**: potencial excepcional
E	Potencial do projeto para ações de empreendedorismo inovador.	1,0	**0,00**: nenhum potencial; **0,01 a 4,99**: baixo potencial; **5,00 a 7,99**: médio potencial; **8,00 a 9,99**: alto potencial; **10**: potencial excepcional.
F	Há comprovação de que o projeto busca atender a necessidades de criação e/ou melhoria de produtos, processos e/ou serviços, demandadas por instituições no ambiente produtivo ou social?	1,0	**0,00**: nenhuma comprovação; **10**: comprovação por meio de declaração da instituição anexada ao projeto de pesquisa.

Critérios de análise e julgamento		Peso	Nota
G	Adequação da metodologia, cronograma e gestão descritas no projeto de pesquisa para o alcance dos objetivos propostos.	0,5	**0,00**: nenhuma adequação **0,01 a 4,99**: baixa adequação; **5,00 a 7,99**: média adequação; **8,00 a 9,99**: alta adequação; **10**: excepcional adequação.

Fonte: Sobrenome (2000).

Verifica-se que, pela organização em dois grupos dos critérios de avaliação e julgamento das pesquisas, não é apenas o projeto submetido que deve enquadrar-se às diretrizes do Edital para ser passível de financiamento, mas também a atividade científica em sentido amplo exercida pelo pesquisador. Note-se que, do primeiro grupo, os itens de maior peso são o "A" e o "B". O primeiro avalia a produção tecnológica; e o segundo, a transferência de tecnologia ou atividades de empreendedorismo do pesquisador. É importante ressalvar que, distintamente do ano de 2016, o aspecto social é colocado em evidência, sendo disposto explicitamente que, para fins de avaliação e julgamento dos projetos de pesquisa, a transferência de tecnologia pode vir a ser destinada ao setor produtivo ou social, demonstrando, assim, um abrandamento do aspecto mercadológico. O item que visa aferir a formação de recursos humanos, por outro lado, tem a sua relevância ainda mais reduzida, visto que, de peso 1, em 2016, este passa para 0,5 em 2017, sendo concebido tão somente no grupo de critérios os quais avaliam as pesquisas científicas realizadas anteriormente pelo pesquisador, sequer consubstanciando um item de avaliação do projeto de pesquisa a ser financiado.

Nos critérios de julgamento do projeto de pesquisa, o de maior peso continua sendo o de produção tecnológica, inserido no item "D". Com efeito, o potencial de empreendedorismo inovador do quesito "E" aparenta ser usado como correspondente ao de transferência de tecnologia, tendo em vista que, consoante visto no item "B", os parâmetros de avaliação da transferência de tecnologia e das atividades de empreendedorismo são os mesmos. A despeito de o fator social ser previsto em apartado ao produtivo, os indicativos para a constatação de transferência de tecnologia e de atividades de empreendedorismo possuem, ainda que em tons moderados, uma vinculação ao mercado. Por exemplo, a capacidade de a pesquisa auxiliar na organização de empresas e incubadoras empresariais é um fator que influencia na aprovação do projeto. Nesse ponto, realça-se que, apesar de o quesito de iniciativas empresariais não constar expressamente dentre os itens de avaliação e julgamento do Edital DT de 2017, este ainda é levado em conta, por força da RN n.º 028/2015, uma vez que tal normativa é aplicável a todos os Editais DT que se encontram aqui sob análise.

O quesito "F" fortalece a relevância do aspecto social, perquirindo o modo pelo qual o projeto submetido atende as necessidades de criação ou melhoria de produtos, processos ou serviços para o ambiente produtivo ou social. Atenta-se, contudo, que, entre todos os critérios de julgamento abrangendo os dois grupos – do pesquisador e do projeto –, o de maior expressão consiste no de produção tecnológica, concebido no item "A", com peso 3, bem como no item "D", com peso 1,5, tendo como referência de aferição prioritária o depósito de patentes. Por conseguinte, a apreciação da produção tecnológica é feita tanto em relação ao projeto financiado, quanto em relação às investigações científicas anteriores, realizadas pelo pesquisador. Isso implica, em última linha, em estimular o pesquisador a possuir, para a obtenção de recursos públicos, maior envolvimento com o depósito de patentes, e, por via consequencial, com o mercado.

No tocante aos resultados dos projetos contemplados, constatou-se que a produção científica continua sendo realizada em sua maior parcela no âmbito das IESs, já que, de 252 (duzentos e cinquenta e dois) projetos financiados, 157 (cento e cinquenta e sete) referem-se a pesquisadores vinculados a tais Instituições. Atente-se que, no Edital DT de 2017, houve um impacto na apreciação do aspecto social, mas não a ponto de retirar a predileção do Edital DT por pesquisas e inovações tecnológicas e de mercado[145]. Explica-se.

O impacto é percebido com base nos seguintes pontos, a saber: (a.) nos programas contemplados pelo financiamento público, houve a inserção de uma nova área – o de mudanças climáticas –, que possui maior distanciamento do mercado; (b.) os programas que tendem a mirar em questões mais de cunho social, em comparação com os de mercado, tiveram elevação, ainda que diminuta, no quantitativo de

145 BRASIL. Conselho Nacional de Desenvolvimento Científico e Tecnológico. **Resultados do Edital CNPq n.º 09/2017.** Produtividade em Desenvolvimento Tecnológico e Extensão Inovadora – DT, 2017. Disponível em: <cnpq.br/chamadas-publicas?p_p_id=resultadosportlet_WAR_resultadoscnpqportlet_INSTANCE_0ZaM&filtro=abertas&detalha=chamadaDivulgada&idDivulgacao=7382>. Acesso em: 10 out. 2018.

projetos financiados, sendo exemplos os programas de biodiversidade e recursos naturais, de energia e de tecnologias educacionais e sociais. Em termos numéricos, (a.) o de biodiversidade e recursos naturais, em 2016, teve 5 (cinco) projetos financiados, ao que, em 2017, este número passou para 11 (onze); (b.) o de energia, de 11 (onze) projetos financiados em 2016, obteve 27 (vinte e sete) no ano seguinte; (c.) o de tecnologias educacionais e sociais, de ligeiramente menor elevação, de 12 (doze) projetos financiados, em 2016, passou para 18 (dezoito) em 2017; e, por fim, (d.) o programa de agropecuária, relacionado diretamente com o setor produtivo teve uma queda, passando de 31 (trinta e um) projetos financiados em 2016 para 27 (vinte e sete) em 2017, dos quais apenas quatro são vinculados a IES.

Contudo, tais dados no macrocenário não tiveram o condão de retirar a predileção do Edital DT de 2017 por pesquisas e inovações tecnológicas e de mercado, o que pode ser atestado pelos seguintes fatos: (a.) o programa que mais possui projetos financiados continua sendo o de desenvolvimento tecnológico e industrial, cuja quantidade, em 2016, de 37 (trinta e sete) projetos, passou para 51 (cinquenta e um) em 2017, dos quais 32 (trinta e dois) eram de execução em IES; (b.) em caráter geral, apesar do decréscimo no programa de agropecuária, o quantitativo de projetos financiados que se relacionam diretamente com o setor produtivo aumentou. Assim, somando-se as pesquisas pertinentes à agropecuária e ao setor industrial, o quantitativo de 69 (sessenta e nove) pesquisas financiadas em 2016 passou para 78 (setenta e oito) no ano seguinte; (c.) a subdivisão e a natureza dos programas contemplados pelo financiamento público continuam sendo os mesmos, incluindo-se apenas o de mudanças climáticas. Aplicam-se em 2017, logo, as mesmas ponderações feitas quanto ao ano de 2016 – de serem áreas do conhecimento, na sua grande maioria, com facilidade de aderência ao caráter mercadológico.

Assim sendo, percebe-se que, em termos de quantitativo e de percentual, permanece o argumento de que os programas mais beneficiados pelo Edital DT são os que possuem associação direta com o sistema produtivo e, consequentemente, com o mercado, consoante demonstrado no gráfico abaixo:

Figura 5 – Programas financiados pelo Edital de Bolsas de DT 2017

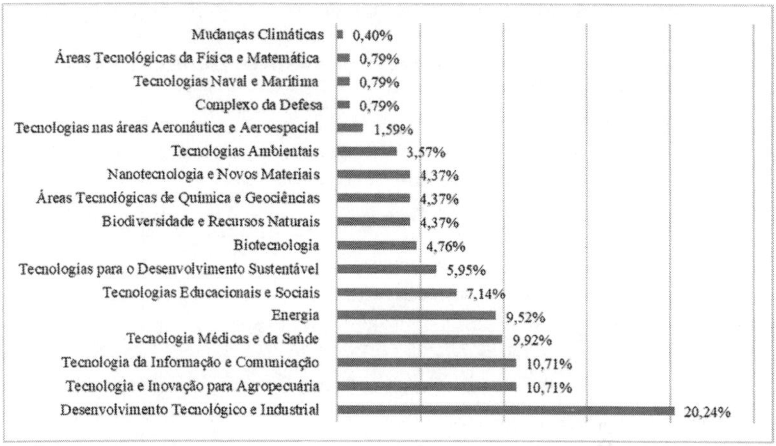

Fonte: a Autora (2019).

No ano de 2018 não foram observadas grandes distinções em relação aos anos de 2016 e 2017. Dessa forma, a previsão do empreendedorismo tecnológico como objetivo do Edital resta mantida, consoante se verifica no item 2.1. Igualmente, são preservados: (a.) os requisitos de o pesquisador ser portador do título de doutor ou ter perfil tecnológico equivalente; (b.) a necessidade de existir vínculo institucional; (c.) a natureza das IES abrangidas pelo Edital – públicas ou privadas sem fins lucrativos –; e (d.) a classificação dos pesquisadores por categoria e por níveis, aplicando-se, portanto, as mesmas considerações pertinentes aos dois anos anteriores ora analisados[146].

Quanto aos critérios de elegibilidade, percebe-se que há uma manutenção na lógica de avaliação e de julgamento em comparação com o ano de 2017[147], conforme se infere das informações inseridas na tabela abaixo:

146 BRASIL. Conselho Nacional de Desenvolvimento Científico e Tecnológico. **Chamada CNPq n.º 17/2018**. Produtividade em Desenvolvimento Tecnológico e Extensão Inovadora – DT, 2018. Disponível em: <cnpq.br/web/guest/chamadas-publicas?p_p_id=resultadosportlet_WAR_resultadoscnpqportlet_INSTANCE_0ZaM&id=58-90-5595&detalha=chamadaDetalhada&filtro=encerradas>. Acesso em: 20 out. 2018.

147 BRASIL. Conselho Nacional de Desenvolvimento Científico e Tecnológico. **Chamada CNPq n.º 17/2018**. Produtividade em Desenvolvimento Tecnológico e Extensão Inovadora – DT, 2018. Disponível em: <cnpq.br/web/guest/chamadas-publicas?p_p_id=resultadosportlet_WAR_resultadoscnpqportlet_INSTANCE_0ZaM&id=58-90-5595&detalha=chamadaDetalhada&filtro=encerradas>. Acesso em: 20 out. 2018.

Figura 6 – Critérios de análise e julgamento do Edital de Bolsas de DT 2018

	Critérios de análise e julgamento	**Peso**	**Nota**
	Quanto ao proponente – Avaliação com base no Currículo Lattes		
A	Produção tecnológica: a) Propriedade Intelectual concedida; b) Desenvolvimento de produtos ou processos não protegidos; c) Publicações de natureza tecnológica;	3	0 a 10
B	Transferência de tecnologia para o setor privado ou público: a) Organização de empresas de base tecnológica; b) Organização ou gestão de incubadoras de empresas de base tecnológica; c) Prestação de serviços tecnológicos; d) Assessoria de natureza técnica; e) Iniciativas empresariais.	2,5	0 a 10
C	Formação de recursos humanos e outras atividades: a) Organização de programa de formação tecnológica; b) Orientação de alunos e bolsistas para formação tecnológica; c) Organização ou participação em eventos de natureza tecnológica.	0,5	0 a 10
D	Participação em projeto de natureza tecnológica: a) Coordenação de projetos; b) Captação de recursos públicos ou privados; c) Estabelecimento de parcerias com empresas ou com instituições de natureza tecnológica.	0,5	0 a 10
	Quanto ao projeto de pesquisa – Avaliação com base no arquivo anexo		
E	Mérito, originalidade e relevância do projeto para o desenvolvimento tecnológico e de inovação do País.	1,0	0 a 10
F	Adequação da metodologia e do cronograma para o alcance dos objetivos propostos.	0,5	0 a 10
G	Potencial do projeto para a produção tecnológica e a inovação: a) geração de Propriedade Intelectual; b) desenvolvimento de produtos, processos e, ou, serviços não protegidos.	1,5	0 a 10
H	Potencial do projeto para ações de empreendedorismo inovador.	1,0	0 a 10
I	Potencial do projeto para atender demandas de instituições no ambiente empresarial ou social para criação ou melhoria de produtos, processos e, ou, serviços,	1,0	0 a 10

Fonte: CNPq (2018).

Note-se que a forma de avaliação e julgamento dos projetos a serem financiados, em 2018, não se modifica muito em comparação com a de 2017. Destarte, subsiste a divisão entre dois grupos de critérios de avaliação e julgamento das pesquisas. O primeiro é referente ao pesquisador; enquanto que o segundo, ao projeto financiado. Igualmente, no primeiro grupo, os itens de maior peso são o "A", que afere a produção tecnológica, e o "B", que avalia a capacidade de transferência de tecnologia. No entanto, o Edital DT de 2018, ao versar sobre a produção tecnológica, possui como parâmetro de aferição a propriedade intelectual em sentido amplo, não apenas o direito patentário, como ocorreu nos anos de 2016 e 2017. Contudo, ao verificar o tópico 3 do Anexo II do Edital, o qual versa sobre o modelo do projeto a ser apresentado, repara-se que a produção tecnológica continua sendo avaliada, de modo específico, em termos de direito de patente[148]. No tocante à transferência de tecnologia em pesquisas anteriores realizadas pelo pesquisador, a evidência do âmbito social foi retirada, e o caráter mercadológico, a seu turno, acentuado, com a disposição explícita do indicativo de iniciativas empresariais.

O quesito "C", do mesmo modo que em 2017, quanto à formação de recursos humanos, manteve-se com peso 0,5. Ainda, houve a inclusão do item "D", que visa investigar a participação do pesquisador em projetos de natureza tecnológica, tendo como parâmetros, dentre outros pontos, a captação de recursos privados e o estabelecimento de parceria com empresas.

No segundo grupo de critérios, referente ao projeto de pesquisa, percebe-se que a forma de avaliação e julgamento das pesquisas manteve-se quase que de forma integral, quando em comparação com os quesitos dispostos no Edital DT de 2017. Frisa-se que, inclusive, o aspecto social não mencionado no primeiro grupo é explicitado no segundo, conforme item I. A diferença reside na inserção, no Edital DT de 2018, do quesito "E", o qual busca analisar o mérito, originalidade e relevância do projeto para o desenvolvimento tecnológico e de inovação do País. Em suma, constata-se que o critério de maior peso na avaliação e julgamento geral continua sendo o de produção tecnológica, com foco no direito de patente. Assim, o reforço do viés mercadológico constatado nos anos anteriores é reiterado em 2018.

---

148 BRASIL. Conselho Nacional de Desenvolvimento Científico e Tecnológico. **Anexo II do Edital-Chamada CNPq n.º 17/2018.** Produtividade em Desenvolvimento Tecnológico e Extensão Inovadora – DT, 2018. Disponível em: <cnpq.br/web/guest/chamadas-publicas?p_p_id=resultadosportlet_WAR_resultadoscnpqportlet_INSTANCE_0ZaM&id=58-90-5595&detalha=chamadaDetalhada&filtro=encerradas>. Acesso em: 20 out. 2018.

Em relação aos resultados[149], o cenário é similar aos anos de 2016 e 2017. Destarte, a maior parte da produção de pesquisa científica continua ocorrendo no âmbito das IESs, de forma que, dos 271 (duzentos e setenta e um) projetos contemplados pelo financiamento, 196 (cento e noventa e seis) são de pesquisadores associados a essas Instituições. Notou-se que não houve a inclusão de novos programas, além dos já previstos em 2016 e 2017, com a permanência do programa de mudanças climáticas adicionado em 2017. Destaca-se, nessa linha, que os programas que tiveram uma elevação em 2017, os quais evidenciam o impacto da previsão do aspecto social nos critérios de avaliação e julgamento das propostas – tais como o de biodiversidade e recursos naturais e o de energia –, sofreram uma redução. Numericamente, o programa de biodiversidades e recursos naturais decaiu de 11 (onze) projetos financiados, em 2017, para 6 (seis), em 2018; o de energia, por sua vez, sofreu um decréscimo de 24 (vinte e quatro) pesquisas contempladas, em 2017, para 14 (catorze) em 2018. De modo contrário, o programa de tecnologias educacionais e sociais apresentou um pequeno aumento, de 18 (dezoito) projetos financiados, em 2017, para 22 (vinte e dois) em 2018.

No tocante aos programas diretamente relacionados ao setor produtivo, o de agropecuária recuperou a redução ocorrida em 2017, tendo 32 (trinta e dois) projetos de pesquisa contemplados, dos quais, diferentemente do ano anterior, 18 (dezoito) foram executados no âmbito das IESs. O programa de desenvolvimento tecnológico e industrial também obteve um aumento, com 57 (cinquenta e sete) propostas financiadas, das quais 42 (quarenta e duas) são de pesquisadores de IES. Dessa forma, na somatória dos projetos relacionados diretamente com o setor produtivo, mais uma vez houve elevação, de 78 (setenta e oito) pesquisas financiadas, em 2017, para 89 (oitenta e nove) em 2018.

Assim sendo, reitera-se, em termos de quantitativo e de percentual, o argumento de que os programas mais beneficiados pelo Edital DT são aqueles que possuem associação direta com o sistema produtivo e, consequentemente, com o mercado, conforme ilustrado no gráfico a seguir:

149 BRASIL. Conselho Nacional de Desenvolvimento Científico e Tecnológico. **Resultados do Edital CNPq n.º 17/2018**. Produtividade em Desenvolvimento Tecnológico e Extensão Inovadora – DT, 2018. Disponível em: <cnpq.br/web/guest/chamadas-publicas?p_p_id=resultadosportlet_WAR_resultadoscnpqportlet_INSTANCE_0ZaM&id=58-90-5595&detalha=chamadaDetalhada&filtro=encerradas>. Acesso em: 20 out. 2018.

Figura 7 – Programas financiados pelo Edital de Bolsas de DT 2018

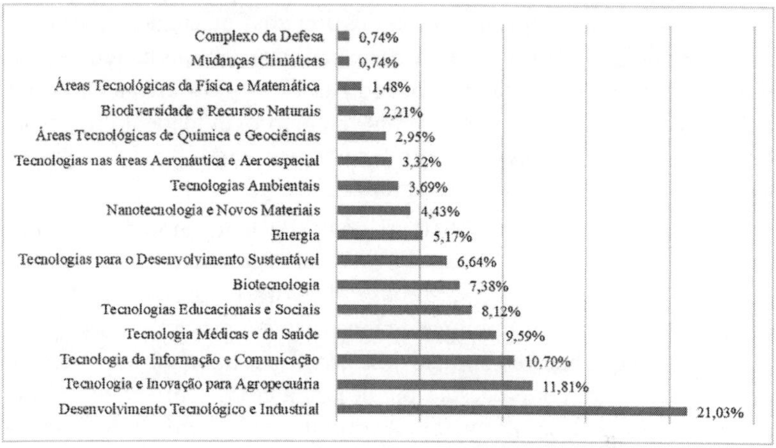

Fonte: a Autora (2019).

Com base na observância dos três anos que reforçam a predileção do Edital DT por inovações tecnológicas e de mercado, destacam-se duas ponderações de cunho geral, a saber: (a.) o programa de desenvolvimento tecnológico e industrial, tendo sua produção científica majoritária executada por IES, é o que possui mais projetos financiados, apresentando um crescimento gradativo de 2016 a 2018; (b.) o programa de agropecuária – o qual possui uma relação direta com o sistema produtivo –, consiste no segundo programa com o maior quantitativo em pesquisas financiadas, nos três anos analisados. Além disso, este teve sua produção científica majoritária realizada pela Empresa Brasileira de Agropecuária (Embrapa), evidenciando a forma mediante a qual os critérios de julgamento e avaliação das propostas de pesquisa podem privilegiar institutos e pesquisadores com maior aproximação do setor empresarial.

É possível concluir que, ante os dados apresentados, estão presentes os elementos que evidenciam pontos de contato da teoria do *academic capitalism* com a ação pública de incentivo à Ciência, Tecnologia e Inovação, corporificada no Edital DT. Cabe delinear, por fim, as seguintes considerações sobre o Edital: (a.) trata-se de uma ação direcionada tanto para pesquisadores em nível de pós-graduação quanto para o incentivo de bens protegidos pelo direito patentário, já que o critério principal de eleição dos projetos consiste na produção tecnológica, medida por depósito de patentes; (b.) há uma inconteste predileção por pesquisas e inovações tecnológicas e de mercado, traduzida mediante os critérios de elegibilidade das propostas e das espécies dos programas contemplados pelo financiamento; (c.) a maior parte dos projetos financiados é executada no âmbito de IES, sendo elas públicas ou privadas sem fins lucrativos, nos moldes do capitalismo acadêmico; e (d.) as áreas que obtiveram a maior destinação de recursos foram as com maior proximidade ao mercado, quais sejam: a de desenvolvimento tecnológico e industrial, bem como a de tecnologia e inovação para agropecuária.

A partir da análise do Edital DT do CNPq, bem como da legislação brasileira de incentivo à inovação, é possível afirmar que há indícios de aplicação da teoria do *academic capitalism* no Brasil. Tal assertiva decorre do fato segundo o qual a política de incentivo à inovação e a sua operacionalidade – que ocorre por meio das agências de fomento – apresentam pontos de contato com a gestão pública da aludida teoria. Com efeito, chega-se a tal conclusão porquanto se constata que a liberdade de pesquisa científica e a inovação constituem-se instrumentos basilares da referida teoria, uma vez que o regime do capitalismo acadêmico somente consegue se instaurar – com a consequente integração das IES ao mercado –, caso a liberdade de pesquisa científica seja exercida visando à produção de inovações tecnológicas e de mercado[150].

Note-se que, pelos critérios de julgamento e avaliação dos projetos financiados, dispostos no Edital, há um condicionamento prévio das linhas, as quais são determinadas em função das perspectivas de aproveitamento e de exploração comercial dos seus resultados[151]. Frisa-se que a predileção por depósito de patentes, em detrimento da aptidão na formação de recursos humanos, evidencia e atesta o direcionamento mercadológico da pesquisa científica.

Enaltece-se, nesse ponto, que, pela Lei Brasileira de Propriedade Intelectual (Lei n.º 9.729/1996), nos seus arts. 8.º e 9.º, para que seja viável a patenteabilidade, é imprescindível que o bem intelectual produzido seja passível de aplicação industrial[152]. Atribui-se, portanto, maior

150 MATHIES, Charles; SLAUGHTER, Sheila. University trustees as channels between academe and industry: toward an understanding of the executive science network. **Researchpolicy**. [*S.l.*], v. 42, n. 6-7, pp. 1286-1300, 2013. p. 1294.

151 PARDO, Rubén H. Verdad e historicidad. El conocimiento científico y sus fracturas. *In*: DÍAZ, Esther (Org.). **La posciencia**: el conocimiento científico en las postrimerías de la modernidad. Argentina: Biblos, 2000. p. 101.

152 O art. 8.º, da Lei de Propriedade Intelectual, versa sobre a invenção patenteável, dispondo que "é patenteável a invenção que atenda aos requisitos de novidade, atividade inventiva e aplicação industrial". Já o art. 9.º, do mesmo diploma legal, assegura, sobre o modelo de utilidade, que "é patenteável como modelo de utilidade o objeto de uso prático, ou parte deste, suscetível de apli-

relevância aos resultados econômicos da ciência[153] do que à sua função social, caracterizada pela criação de novos conhecimentos que visam ao aprimoramento da sociedade em âmbito coletivo[154].

Dessa forma, observa-se que a política brasileira de incentivo à inovação, baseando-se na legislação estudada e na análise de caso, está trilhando as diretrizes e as premissas do *academic capitalism*, promovendo "um processo de inovação - do qual a pesquisa científica é parte constitutiva - medido e administrado a partir de critérios da racionalidade econômica"[155]; mas não qualquer racionalidade econômica, mas aquela pautada na competitividade, lucratividade e em valores individuais[156]. Em outros termos, o desenvolvimento do país passa a ser lastreado em uma ordem econômica liberal, na qual o crescimento da economia e o bem-estar da sociedade são alicerçados na realização de empreendimentos individuais. Há, em face disso, a crença de que, na procura de maior vantagem e movidos pelo interesse do lucro, a satisfação de interesses pessoais levará inevitavelmente a máxima vantagem para todo o conjunto social. A diferença reside na garantia e no estímulo do ente público, uma vez que, nos termos do regime do capitalismo acadêmico, o *laissez-faire* é substancialmente garantido e estimulado por meio da política estatal de ciência, tecnologia e inovação[157], enquanto que, no modelo clássico da economia liberal, para que sua evolução ocorresse nos moldes do *laissez-faire*, exigia-se a abstenção do Estado no domínio econômico[158].

Nesse cenário, a inovação, enquanto tarefa-dever do Estado, assume duas dimensões centrais: (a.) a de um processo econômico liberal, e, como tal, aferido segundo critérios de eficiência econômica de competitividade e de lucratividade com; (b.) "[...] a [de] gestão eficiente da inovação, que passa a ser sinônimo de aumento na comercialização do conhecimento,

---

cação industrial, que apresente nova forma ou disposição, envolvendo ato inventivo, que resulte em melhoria funcional no seu uso ou em sua fabricação".

153 CARLOTTO, Maria Caramez. **Veredas da mudança na ciência brasileira**: discurso, institucionalização e práticas no cenário contemporâneo. São Paulo: Editora 34, 2013. p. 73.

154 POST, Robert C. The structure of academic freedom. *In*: DOUMANI, Beshara (ed.) **Academic Freedom After September 11**. New York: Zone Books, 2006. p. 77. Disponível em: <scholarship.law.georgetown.edu/hartlecture/12>. Acesso em: 10 jul. 2018.

155 CARLOTTO, Maria Caramez. **Veredas da mudança na ciência brasileira**: discurso, institucionalização e práticas no cenário contemporâneo. São Paulo: Editora 34, 2013. p. 73.

156 SOBRINHO, José Dias. Educação superior: bem público, equidade e democratização. **Revista da Avaliação da Educação Superior**. Campinas, v. 18, n. 1, p. 107-126, mar. 2013. p. 113. Disponível em: <submission.scielo.br/index.php/aval/article/view/113709>. Acesso em: 10 ago. 2018.

157 SLAUGHTER, Sheila A.; RHOADES, Gary. **Academic capitalism and the new economy**: Markets, state, and higher education. Baltimore: JHU Press, 2004. p. 231.

158 MOREIRA, Vital. **A ordem jurídica do capitalismo**. 4. ed. Lisboa: Caminho, 1987. p. 42.

não é apenas possível, como necessária"[159]. A pesquisa científica, por sua vez, produtora desse conhecimento, torna-se mais permeável aos valores e formatos organizacionais da economia liberal[160], impactando no exercício da liberdade de pesquisa científica, uma vez que as posições juridicamente protegidas por ela – como a escolha de objeto, método, hipótese e área de estudo da pesquisa – condicionam-se ou disciplinam-se a partir da produção comercial do conhecimento[161]. Nesse ponto, ressalta-se que se trata de condicionamento, partindo-se do pressuposto de que se a faceta prestacional da liberdade de pesquisa científica é garantida por meio da estruturação e desenvolvimento da política de incentivo à ciência, tecnologia e inovação[162], e se essa por sua vez baseia-se essencialmente no crescimento econômico liberal, tal liberdade para ser exercida resta, em alguma medida, condicionada ao aludido crescimento[163].

Quanto ao disciplinamento, toma-se como ponto de partida o próprio pesquisador, que, submetido à lógica do capitalismo acadêmico, passa por um processo de disciplinamento, na medida em que exerce sua liberdade com a finalidade de obter lucro e prestígio, e não visando ao desenvolvimento da sua autonomia, dignidade, personalidade e produção do conhecimento desinteressado[164]. Em razão disso, este se torna um empreendedor de si mesmo, "[...] dotado de um espírito comercial, à procura de qualquer oportunidade de lucro que se apresente e ele possa aproveitar, graças aos conhecimentos que ele tem e os outros não"[165].

Percebe-se que, como a teoria do *academic capitalism*, para ser aplicada, envolve necessariamente a garantia e a promoção do direito fundamental à liberdade de pesquisa científica e da inovação, ambos previstos constitucionalmente, faz-se imprescindível que se proceda ao

---

159 CARLOTTO, Maria Caramez. **Veredas da mudança na ciência brasileira**: discurso, institucionalização e práticas no cenário contemporâneo. São Paulo: Editora 34, 2013. p. 73.

160 SOBRINHO, José Dias. Educação superior: bem público, equidade e democratização. **Revista da Avaliação da Educação Superior**. Campinas, v. 18, n. 1, p. 107-126, mar. 2013. p. 111. Disponível em: <submission.scielo.br/index.php/aval/article/view/113709>. Acesso em: 10 ago. 2018.

161 PARDO, Rubén H. Verdad e historicidad. El conocimiento científico y sus fracturas. *In*: DÍAZ, Esther (Org.). **La posciencia**: el conocimiento científico en las postrimerías de la modernidad. Argentina: Biblos, 2000. p. 77.

162 CANOTILHO, José Joaquim Gomes; MOREIRA, Vital. **Constituição da República portuguesa anotada**. 3. ed. Coimbra: Coimbra Ed., 2007. p. 890.

163 BAYERTZ, Kurt. Three arguments for scientific freedom. **Ethical theory and moral practice**, Springer: New York. v. 9, n. 4, pp. 377-398, 2006. pp. 388-390.

164 RUBINS, Ira. Risks and rewards of academic capitalism and the effects of presidential leadership in the entrepreneurial university. **Perspectives in Public Affairs**. New York, v. 4, n. 4, pp. 3-18, 2007. p. 4.

165 DARDOT, Pierre; LAVAL, Christian. **A nova razão do mundo**. São Paulo: Boitempo, 2017. p. 145.

fenômeno da filtragem constitucional[166]. Tal procedimento mostra-se necessário para perquirir se a aludida teoria adere ou não – e em caso de aderência, em qual medida ela ocorre – ao sistema constitucional brasileiro. A partir dessa análise, mostra-se possível atestar se as ações da política de ciência, tecnologia e inovação brasileira podem seguir o mesmo padrão do Edital DT, ou se estas deverão contar com um espaço para ações que satisfaçam interesses que não apenas mercadológicos.

3.3. OS LIMITES DE ADERÊNCIA DO *ACADEMIC CAPITALISM* AO SISTEMA CONSTITUCIONAL BRASILEIRO

Em linhas preliminares, é possível afirmar que, mediante a leitura das normas constitucionais no tocante à ciência, tecnologia e inovação – as mesmas que levaram à conclusão de que a teoria da hélice tríplice embasa a política de incentivo ao processo inovativo –, é possível se concluir que o *academic capitalism* guarda aderência em parte ao sistema constitucional brasileiro. Debruça-se, pois, nas próximas linhas, em traçar essencialmente os limites dessa aderência.

A aderência do *academic capitalism* pode ser extraída da leitura do art. 218, § 2.º, da CRFB, o qual assegura que "a pesquisa tecnológica voltar-se-á preponderantemente para a solução dos problemas brasileiros e para o desenvolvimento do sistema produtivo nacional e regional". Em outros termos, vislumbra-se a vinculação da pesquisa, no seu aspecto tecnológico, ao aperfeiçoamento do setor produtivo, com vistas à obtenção de vantagens econômicas[167], havendo um compromisso com a promoção conjunta de inovações tecnológica e de mercado, nos moldes do capitalismo acadêmico.

Atenta-se, do mesmo modo, para a leitura dos §§ 4.º e 6.º do art. 218 da CRFB: o primeiro voltado ao apoio e estímulo do investimento em pesquisa pelas empresas; enquanto que o segundo direciona ao Estado

166 O fenômeno da filtragem constitucional pressupõe a força normativa da Constituição, que parte da premissa segundo a qual "[...] a Constituição não configura, portanto, apenas expressão de um ser, mas também de um dever ser", Cf. HESSE, Konrad. **A força normativa da Constituição**. Tradução: Gilmar Ferreira Mendes. Porto Alegre: Sérgio Antônio Fabris, 1991. pp. 15-16.

167 Nesse sentido, v. BARBOSA, Denis Borges. Direito ao desenvolvimento, inovação e a apropriação das tecnologias após a Emenda Constitucional n.º 85 (2015). **Denis Borges Barbosa – Website Acadêmico**. Atualização do artigo publicado no v. 8, n. 83, da Revista Jurídica da Casa Civil da Presidência da República, em fev./mar. 2007, ISSN 1808-2807. p. 3. Disponível em: <denisbarbosa.addr.com/arquivos/200/inovacao/direito_ao_desenvolvimento_2015.pdf>. Acesso em: 29 maio 2018.; MARQUES, Cláudia Lima. Comentário Título IV – Da ciência e tecnologia. *In*: CANOTILHO, José Joaquim Gomes; MENDES, Gilmar Ferreira; SARLET, Ingo Wolfgang; *et al.* (Coord.). **Comentários à Constituição do Brasil**. São Paulo: Saraiva, 2018. p. 3678.

o dever de articular as interligações entre entes públicos e privados ao promover a ciência, tecnologia e inovação. Pela análise conjunta dos §§ 2.º, 4.º e 6.º, constata-se que há predileção em aproximar a pesquisa ao mercado, tanto por meio da associação da pesquisa tecnológica ao setor produtivo quanto por meio do incentivo da participação mais ativa do setor empresarial no progresso científico e de inovação. Atrela-se a isso o comando normativo do art. 219 da CRFB, o qual dispõe que o mercado interno[168] integra o patrimônio nacional, devendo ser incentivado pelo Estado a fim de "viabilizar o desenvolvimento cultural e socioeconômico, o bem-estar da população e a autonomia tecnológica do País". Consoante ensina Eros Grau, o citado dispositivo evidencia a adoção pela CRFB, ao menos em parte, de um regime de mercado, com vistas à lucratividade e concorrência. Destarte, fazendo uma leitura sistemática do Capítulo da Ciência, Tecnologia e Inovação constata-se que o desenvolvimento científico, tecnológico e da inovação, visam, entre outras coisas, auxiliar o dever estatal de estimular o mercado interno[169]. A partir disso, alude-se, a partir da leitura dos aludidos dispositivos, que o texto constituinte abre margem para que o *academic capitalism* possa ser aderido ao sistema constitucional.

Nada obstante, essa aderência encontra limites tanto nas normas constitucionais que contemplam a liberdade de pesquisa científica e a inovação como nos princípios norteadores da ordem econômica e social – os quais corporificam o modelo de crescimento econômico e de desenvolvimento adotado pela CRFB –, bem como nos deveres de proteção e promoção dos demais direitos fundamentais, tais como os sociais e os econômicos. No tocante à liberdade de pesquisa científica, percebe-se que a primeira limitação ao capitalismo acadêmico consiste na faculdade atribuída ao pesquisador em não ser obrigado a produzir um resultado certo e determinado, uma vez que se trata de um legítimo direito de liberdade, estando o seu exercício também relacionado ao livre desenvolvimento da personalidade e da autonomia, assim como à

168 O mercado interno pode ser conceituado juridicamente como "[...] a relação de oferta-procura em uma determinada base territorial", sendo movido, essencialmente pela "busca do maior lucro possível", Cf. CAMARGO, Ricardo Antônio Lucas. O mercado interno, o patrimônio público e o art. 219 da Constituição brasileira de 1988 – bases para a sua interpretação. **Revista do Tribunal Regional Federal da 1ª Região.** Brasília, v. 8, n. 4, p. 41-48, out./dez. 1996. p. 42.; GRAU, Eros Roberto. **A ordem econômica na Constituição de 1988.** 17. ed. São Paulo: Malheiros, 2015. p. 30.

169 GRAU, Eros Roberto. **A ordem econômica na Constituição de 1988**. 17. ed. São Paulo: Malheiros, 2015. p. 254, 271.

dignidade da pessoa humana[170]. Significa dizer, portanto, que o Estado deve propiciar amplamente a livre investigação[171], por meio de uma política pública de incentivo à ciência, tecnologia e inovação, os recursos financeiros, pessoais e organizacionais, de modo a não apenas reduzir a sua política em um mecanismo de instrumentalização da liberdade de pesquisa científica em prol de finalidades e vantagens mercadológicas[172].

Nesse ponto, ressalta-se que no Relatório Final da Subcomissão da Ciência, Tecnologia e Comunicação da Assembleia Nacional Constituinte foi reforçada a imprescindibilidade de haver um equilíbrio entre a garantia da liberdade de pesquisa científica com o objetivo de que seus resultados contribuam e atendam às exigências de políticas estatais. Requisitou-se, portanto, que, "o país detenha e defenda uma estrutura científica capaz não somente de acompanhar o que se desenvolve nos países avançados, mas também em condições de gerar conhecimentos nas diversas áreas"[173]. Assim sendo, a premissa basilar consiste no exercício da liberdade de pesquisa científica conduzir à produção de novos conhecimentos, os quais poderão ser utilizados em áreas eleitas como estratégicas para o desenvolvimento do Estado. Contudo, essa utilização não deve ser forçosa e inibidora do processo aberto de investigação[174]. Com efeito, não há como sustentar que agentes externos, como o Estado e o mercado, não possam impactar no funcionamento da Academia, sendo utópico, por conseguinte, considerar que uma pesquisa deva ser totalmente desinteressada no que tange às demandas sociais e mercadológicas. No entanto, concomitantemente, tal impacto não pode significar em completa ausência de liberdade no ambiente acadêmico[175].

---

170 MARTINS, Leonardo; SCHLINK, Bernhard. **Bioética à luz da liberdade científica**: estudo de caso baseado na decisão do STF sobre a constitucionalidade da Lei de Biossegurança e no direito comparado alemão. São Paulo: Atlas, 2014. p. 111.

171 MARTINS, Leonardo. **Tribunal Constitucional Federal alemão**: decisões anotadas sobre direitos fundamentais. Liberdade de consciência e crença; liberdades de expressão e de comunicação social; liberdade artística e científica. São Paulo: Fundação Konrad Adenauer, 2016. v. 2. p. 250.

172 MARTINS, Leonardo; SCHLINK, Bernhard. **Bioética à luz da liberdade científica**: estudo de caso baseado na decisão do STF sobre a constitucionalidade da Lei de Biossegurança e no direito comparado alemão. São Paulo: Atlas, 2014. p. 110.

173 BRASIL. Assembleia Nacional Constituinte. **Relatório da Comissão da família, da educação, cultura e esportes, da ciência e tecnologia e da comunicação**. Relatório e anteprojeto. Relator: Constituinte Cristina Tavares. Brasília: Assembleia Nacional Constituinte, 1988. v. 210. p. 2. Disponível em: <camara.gov.br/internet/constituicao20anos/DocumentosAvulsos/vol-210.pdf>. Acesso em: 10 mar. 2018.

174 FRONDIZINI, Risieri. **La universidad en un mundo de tensiones**: misión de las universidades en América Latina. Buenos Aries: Comisión preparatoria del documento Base de discusión sobre la nueva Ley de Educación Superior, 1971. p. 2. Disponível em: <belgranounr.com.ar/blog/wp-content/uploads/2012/01/universidades-en-America-Latina.pdf>. Acesso em: 20 jul. 2018.

175 TRAVINCAS, Amanda Costa Thomé. **A tutela jurídica da liberdade acadêmica no Brasil**: a liberdade de ensinar e seus limites. Porto Alegre: Livraria do Advogado, 2018. p. 100.

De qualquer sorte, é certo que a liberdade de pesquisa científica é dotada de um caráter transindividual vinculado à sua dimensão jurídico-objetiva[176]. Não por outra razão, o pesquisador deve usufruir da sua liberdade, partindo de uma responsabilidade política, econômica, social, cultural e intentando a justiça e o progresso de toda a sociedade[177]. Nesta senda, ressalta-se que o sistema constitucional brasileiro, ao versar sobre a feição transindividual do direito fundamental à liberdade de pesquisa científica, apresenta mais uma vez limitações ao *academic capitalism*, tendo em vista que a referida liberdade, em primeira linha, busca concretizar valores da ordem social, e não da ordem econômica, uma vez prevista no art. 206, inciso II, da CRFB como um dos princípios norteadores do ensino. Destarte, partindo do princípio interpretativo da unidade da Constituição[178], o possível viés mercadológico atribuído à liberdade de pesquisa científica, em um regime de capitalismo acadêmico, esbarra no fato de que o seu exercício vincula-se aos objetivos norteadores da ordem social, quais sejam, o bem-estar social e a justiça social[179], insculpidos no art. 193 da CRFB[180].

Para, além disso, a liberdade de pesquisa científica, enquanto princípio do ensino encontra-se associado ao direito à educação, ao que, em razão disso, almeja em caráter prioritário a produção de conhecimentos que visem ao pleno desenvolvimento da pessoa, ao preparo para o exercício da cidadania, bem como à qualificação para o trabalho[181],

---

176 SARLET, Ingo Wolfgang. Direitos fundamentais em espécie. *In*: SARLET, Ingo Wolfgang; MARINONI, Luiz Guilherme; MITIDIERO, Daniel. **Curso de direito constitucional**. 6. ed. São Paulo: Saraiva, 2017. pp. 400-735.

177 ANDRADE, José Carlos Vieira. **Os direitos fundamentais na Constituição Portuguesa de 1976**. Coimbra: Almedina, 2004. p. 160.

178 O princípio da unidade da Constituição "[...] obriga o intérprete a considerar a Constituição na sua globalidade [...], devendo sempre considerar as normas constitucionais como preceitos integrados num sistema interno unitário de normas e princípios", conforme CANOTILHO, José Joaquim Gomes. **Direito Constitucional e Teoria da Constituição**. 7. ed. Coimbra: Almedina, 2003. p. 1224.

179 MARQUES, Cláudia Lima. Comentário Título IV – Da ciência e tecnologia. *In*: CANOTILHO, José Joaquim Gomes; MENDES, Gilmar Ferreira; SARLET, Ingo Wolfgang; *et al*. (Coord.). **Comentários à Constituição do Brasil**. São Paulo: Saraiva, 2018. p. 3682.

180 O art. 193 da CRFB inaugura o título da ordem social, dispondo que "a ordem social tem como base o primado do trabalho, e como objetivo o bem-estar e a justiça sociais".

181 V. ANEZ, Tania Letícia Wouters; COSTA, Ilton García da. Constituição, desenvolvimento científico como forma de inclusão social: molduras e limites. **Revista de Direito Constitucional**. São Paulo, v. 87, n. 22, p. 11-27, abr./jun. 2014. p. 16-17.; TAVARES, André Ramos. Direito fundamental à educação. *In*: SARMENTO, Daniel; SOUZA NETO, Cláudio Pereira de. **Direitos sociais**: fundamentos, judicialização e direitos sociais em espécie. Rio de Janeiro: Lumen Juris, 2008. p. 771-788. p. 05-08. Disponível em: <anima-opetcom.br/pdf/anima1/artigo_Andre_Ramos_Tavares_direito_fund.pdf>. Acesso em: 20 ago. 2018.

nos termos do art. 205 da CRFB[182]. Com efeito, a partir das diretrizes constitucionais, o ente público, ao garantir e promover a liberdade de pesquisa científica, não pode tencionar a produção de conhecimentos que atendam tão somente as demandas do mercado em curto prazo, nos moldes do capitalismo acadêmico[183], sob pena de incorrer-se em uma proteção insuficiente dos bens jurídico-constitucionais envolvidos[184], tais como a liberdade de pesquisa científica e o direito à educação.

Deverá haver, portanto, uma articulação em termos de política pública que propicie um ambiente fértil à criação e à difusão do conhecimento, contribuindo para o progresso social, cultural, educacional e econômico[185]. Sob outra perspectiva, ressalta-se que o próprio pesquisador, caso opte por atuar em um regime de *academic capitalism*, valendo-se da sua liberdade de pesquisa científica como mecanismo de produção de bens intelectuais lucrativos[186], não pode negligenciar sua responsabilidade e seu compromisso com os objetivos da ordem social e da educação[187].

No tocante à inovação, tratando-se de uma tarefa-dever do Estado, inserida no Título da Ordem Social, ao ser promovida, de igual modo à liberdade de pesquisa científica, deve guardar consonância com os preceitos do bem-estar social e da justiça social[188]. A inovação, deste modo, consiste em um dos propósitos almejados ao se garantir a citada liberdade, reforçando-se que "[...] o incentivo e apoio à cria-

---

182 O art. 205 da CRFB dispõe que "a educação, direito de todos e dever do Estado e da família, será promovida e incentivada com a colaboração da sociedade, visando ao pleno desenvolvimento da pessoa, seu preparo para o exercício da cidadania e sua qualificação para o trabalho".

183 SLAUGHTER, Sheila A.; RHOADES, Gary. **Academic capitalism and the new economy**: Markets, state, and higher education. Baltimore: JHU Press, 2004. p. 38.

184 A proteção insuficiente ocorre quando "[...] o Estado frustra seus deveres de proteção atuando de modo insuficiente, isto é, ficando aquém dos níveis mínimos de proteção constitucionalmente exigidos, ou mesmo deixando de atuar", v. SARLET, Ingo Wolfgang. **A eficácia dos direitos fundamentais**: uma teoria geral dos direitos fundamentais na perspectiva constitucional. 12. ed. rev. atual. e ampl. Porto Alegre: Livraria do Advogado, 2015. p. 413-418.

185 MAY, Christopher; SELL, Susan. Forgetting History is Not an Option! Intellectual Property, Public Policy and Economic Development in Context. Birkbeck College, University of London. London, v. 2, 2011. p. 3. Disponível em: <dime-eu.org/files/active/0/MaySell.pdf>. Acesso em: 1 nov. 2017.

186 RUBINS, Ira. Risks and rewards of academic capitalism and the effects of presidential leadership in the entrepreneurial university. **Perspectives in Public Affairs**. New York, v. 4, n. 4, pp. 3-18, 2007. p. 4.

187 MARQUES, Cláudia Lima. Comentário Título IV – Da ciência e tecnologia. *In*: CANOTILHO, José Joaquim Gomes; MENDES, Gilmar Ferreira; SARLET, Ingo Wolfgang; *et al.* (Coord.). **Comentários à Constituição do Brasil**. São Paulo: Saraiva, 2018. p. 3678.

188 MARQUES, Cláudia Lima. Comentário Título IV – Da ciência e tecnologia. *In*: CANOTILHO, José Joaquim Gomes; MENDES, Gilmar Ferreira; SARLET, Ingo Wolfgang; *et al.* (Coord.). **Comentários à Constituição do Brasil**. São Paulo: Saraiva, 2018. pp. 3678-3679.

ção, investigação científica e à inovação pode[m][ser] considera[dos] como uma garantia positiva da liberdade de criação e investigação científicas"[189]. Tal assertiva pode ser retirada da leitura do §1.º do art. 218 da CRFB ao dispor que o desenvolvimento científico e tecnológico será incentivado pelo Estado, com o objetivo de, entre outras coisas, promover a inovação.

Assim sendo, uma vez que a inovação está intimamente associada à liberdade de pesquisa científica e em razão da sua posição topográfica no texto constitucional, o ente público, ao fomentá-la, nos ternos do sistema constitucional brasileiro, deverá primar por inovações sociais, isto é, melhorias sustentáveis na gestão de conhecidos ou novos problemas[190] que extraiam a máxima eficácia e efetividade das normas constitucionais, precipuamente aquelas dispostas na ordem social. Por conseguinte, da mesma forma que a liberdade de pesquisa científica, a inovação, ao ser promovida, não poderá desconsiderar os primados do direito à educação, buscando, portanto, auxiliar no pleno desenvolvimento, no preparo para a cidadania, e na qualificação ao trabalho dos indivíduos que compõem o tecido social. Assim sendo, não se pode olvidar que a opção do constituinte brasileiro foi a de correlacionar ciência, tecnologia, e inovação com a educação e a cultura, visto que, a despeito de estarem em capítulos separados, são partes integrantes da ordem social, estando, por isso, interligados[191] e submetidos aos ditames do art. 193 da CRFB[192].

Com efeito, importa enaltecer dois pontos. Primeiramente, todos os dispositivos do Capítulo da Ciência, Tecnologia e Inovação, incluindo os que abrem margem para a aderência do *academic capitalism* ao sistema constitucional brasileiro, precisam ser lidos sob as lentes do bem-estar social e da justiça social, uma vez que pertencentes ao Título da Ordem

---

189 CANOTILHO, José Joaquim Gomes; MOREIRA, Vital. **Constituição da República portuguesa anotada**. 3. ed. Coimbra: Coimbra Editora, 2007. p. 890.

190 WOLFGANG, Hoffmann-Riem. Direito, tecnologia e inovação. *In*: **Direito, inovação e tecnologia**. MENDES, Gilmar Ferreira Mendes; SARLET, Ingo Wolfgang; COELHO, Alexandre Zavaglia P. (Coord.). São Paulo: Saraiva, 2015. pp. 11-12.

191 Tratando sobre a correlação entre ciência, tecnológica e inovação com a educação e cultura, v. MACIEL, Maria Lucia. Ciência, tecnologia e inovação: ideias sobre o papel das ciências sociais no desenvolvimento. **Parcerias Estratégicas**. Brasília, v. 10, n. 21, p. 33-44, dez. 2010. p. 34. Disponível em: <seer.cgee.org.br/index.php/parcerias_estrategicas/article/view/268>. Acesso em: 20 maio 2018.; BITTAR, Carlos Alberto. **Direito de autor**. 4. ed. rev., ampl. e atual. Rio de Janeiro: Forense Universitária, 2003. p. 338.

192 MARQUES, Cláudia Lima. Comentário Título IV – Da ciência e tecnologia. *In*: CANOTILHO, José Joaquim Gomes; MENDES, Gilmar Ferreira; SARLET, Ingo Wolfgang; *et al.* (Coord.). **Comentários à Constituição do Brasil**. São Paulo: Saraiva, 2018. p. 3678.

Social. Assim sendo, é necessário que haja um exato equilíbrio entre a satisfação do desenvolvimento científico e tecnológico, com o interesse social e econômico[193].

Frisa-se que a imprescindibilidade de observar o interesse social resta expressamente disposta nos artigos que versam diretamente sobre inovações tecnológicas e de mercado, quais sejam: os arts. 218, § 2.º, e 219 da CRFB. No que se refere ao art. 218, §2.º, da CRFB, ao dispor que a pesquisa tecnológica se voltará ao sistema produtivo, a Constituição ressalta a necessidade de direcionar-se, de igual forma, para a solução dos problemas brasileiros. Ao passo que, no art. 219 da CRFB, ao conceber que o mercado interno deverá ser incentivado, por tratar-se de patrimônio nacional, a Constituição ressalva que tal incentivo precisa ser guiado de modo a "viabilizar o desenvolvimento cultural e socioeconômico, o bem-estar da população e a autonomia tecnológica do País". Em outros termos, o Estado deve incentivar o mercado interno, guiando-o a fim de que, conjuntamente, haja a satisfação de outros interesses além dos econômicos, como os sociais e culturais[194]. Há, portanto, uma expressa limitação de cunho social, em face da aderência do *academic capitalism* ao sistema constitucional brasileiro.

Essa limitação é ainda mais contundente ao avaliar-se a redação do art. 218, §1.º, da CRFB, que assegura tanto à pesquisa científica quanto à tecnológica o recebimento de tratamento prioritário do Estado, "tendo em vista o bem público e o progresso da ciência, tecnologia e inovação". Assim sendo, o dispositivo atribui à pesquisa científica, de um modo geral, a função pública de produzir conhecimentos que sejam acessíveis a todos e componham o patrimônio da humanidade[195]. Em outros termos, demonstra-se predileção para se conceber o conhecimento científico

193 Nesse sentido, v. BARBOSA, Denis Borges. Direito ao desenvolvimento, inovação e a apropriação das tecnologias após a Emenda Constitucional n.º 85 (2015). Denis Borges Barbosa – Website Acadêmico. Atualização do artigo publicado no v. 8, n. 83, da Revista Jurídica da Casa Civil da Presidência da República, em fev./mar. 2007. ISSN 1808-2807. p. 16-17. Disponível em: <denisbarbosa.addr.com/arquivos/200/inovacao/direito_ao_desenvolvimento_2015.pdf>. Acesso em: 29 maio 2018. MARQUES, Cláudia Lima. Comentário Título IV – Da ciência e tecnologia. *In*: CANOTILHO, José Joaquim Gomes; MENDES, Gilmar Ferreira; SARLET, Ingo Wolfgang; *et al.* (Coord.). **Comentários à Constituição do Brasil**. São Paulo: Saraiva, 2018. p. 3677-3678.

194 GRAU, Eros Roberto. **A ordem econômica na Constituição de 1988.** 17. ed. São Paulo: Malheiros, 2015. p. 254.

195 MARQUES, Cláudia Lima. Comentário Título IV – Da ciência e tecnologia. *In*: CANOTILHO, José Joaquim Gomes; MENDES, Gilmar Ferreira; SARLET, Ingo Wolfgang; *et al.* (Coord.). **Comentários à Constituição do Brasil**. São Paulo: Saraiva, 2018. p. 3673.

enquanto bem público[196], e não privado, como desenhado pelo capitalismo acadêmico.

Dessa forma, constata-se que a liberdade de pesquisa científica e a inovação não podem ser promovidas com base apenas na lucratividade e competitividade, já que, nos termos das normas constitucionais, ambas vinculam-se à ordem social, tendo por fundamentos a concreção de valores relacionados à inclusão social e a garantia de direitos sociais, tais como a educação e a cultura[197]. Sublinha-se, em vista disso, que a forma como estão previstas as normas na CRFB coaduna-se com o modelo econômico e de desenvolvimento adotado pelo sistema constitucional brasileiro, os quais possuem por alicerce os fundamentos e objetivos da República Federativa do Brasil, inseridos respectivamente nos arts. 1.º e 3.º da Carta Constitucional.

O art. 1.º da CRFB alberga os princípios da República Federativa do Brasil, quais sejam soberania, cidadania, dignidade da pessoa humana, os valores sociais do trabalho e da livre iniciativa e o pluralismo político. Mediante a leitura do dispositivo, interpreta-se que a ordem democrática da Constituição de 1988 não é estabelecida em uma noção liberal-individualista, mas, ao contrário, "[...] guarda sintonia com uma concepção dinâmica de democracia, típica de uma sociedade aberta, ativa e inclusiva [...]", a qual pretende assegurar o desenvolvimento integral das personalidades individuais de cada ser humano, sem desconsiderar a necessidade de se construir uma sociedade marcada pela justiça social[198]. Os aludidos princípios, por conseguinte, correspondem ao que Gomes Canotilho denomina de princípios constitucionalmente conformadores, "[...] que explicitam as valorações políticas fundamentais do legislador constituinte, condensando opções políticas nucleares e refletindo a ideologia inspiradora da constituição [...]", servindo de parâmetro da aplicação

196 A partir do entendimento do conhecimento enquanto bem público, parte-se da premissa segundo a qual sua produção não pode acolher práticas exclusivamente competitivas e mercantilistas, que pretendem tão somente a geração de lucros, v. SOBRINHO, José Dias. Educação superior: bem público, equidade e democratização. **Revista da Avaliação da Educação Superior**. Campinas, v. 18, n. 1, p. 107-126, mar. 2013. p. 111. Disponível em: <submission.scielo.br/index.php/aval/article/view/113709>. Acesso em: 10 ago. 2018.

197 ANEZ, Tania Letícia Wouters; COSTA, Ilton García da. Constituição, desenvolvimento científico como forma de inclusão social: molduras e limites. **Revista de Direito Constitucional**. São Paulo, v. 87, n. 22, p. 11-27, abr./jun. 2014. p. 17.

198 SARLET, Ingo Wolfgang. Direitos fundamentais em espécie. *In*: SARLET, Ingo Wolfgang; MARINONI, Luiz Guilherme; MITIDIERO, Daniel. **Curso de direito constitucional**. 6. ed. São Paulo: Saraiva, 2017. p. 271.

do direito, tanto no âmbito da interpretação quanto na formulação de legislações e execuções de políticas públicas[199].

Não por outra razão, o art. 3.º da CRFB reflete os ditames principiológicos do art. 1.º, consagrando como objetivos da ordem democrática brasileira: (a.) a construção de uma sociedade livre, justa e solidária; (b.) a garantia do desenvolvimento nacional; (c.) a erradicação da pobreza, da marginalização e das desigualdades sociais e regionais; e (d.) a promoção do bem de todos, sem preconceitos de origem, raça, sexo, cor, idade e quaisquer outras formas de discriminação. Note-se, portanto, que a Constituição aponta para a construção de um Estado Social que intervém no contexto socioeconômico por meio de políticas públicas distributivas[200].

É nesse cenário normativo que o modelo econômico brasileiro é fixado, consubstanciando-se em uma ordem econômica capitalista, uma vez que pautada na livre iniciativa. Contudo, não se trata de uma economia capitalista liberal, mas, sim, intervencionista e social[201], já que o Estado intervém no domínio econômico com o escopo de garantir a justiça social e propiciar a cada um dos indivíduos "[...] condições necessárias de uma vida digna e de um pleno desenvolvimento da sua personalidade"[202]. Frisa-se que, a despeito de a livre iniciativa estar contemplada como um dos princípios basilares da República, o legislador constituinte explicitou a imprescindibilidade de o seu valor social se fazer presente. A partir disso, aduz-se que a livre iniciativa não pode ser considerada como sinônimo de um processo de acumulação de riqueza pessoal, o qual desconsidera o engrandecimento social[203].

Nesse ínterim, a ordem econômica na CRFB é regida por princípios que reforçam o seu caráter social, consoante pode-se inferir da leitura do art. 170 da CRFB[204], tais como a valorização do trabalho, a justiça social,

---

199 CANOTILHO, José Joaquim Gomes. **Direito Constitucional e Teoria da Constituição**. 7. ed. Coimbra: Almedina, 2003. p. 1166.

200 PEDRA, Ana Sant'Ana. Comentários ao artigo 1.º – os valores sociais da livre-iniciativa. *In*: CANOTILHO, José Joaquim Gomes; MENDES, Gilmar Ferreira; SARLET, Ingo Wolfgang; *et al.* (Coord.). **Comentários à Constituição do Brasil**. São Paulo: Saraiva, 2018. p. 332.

201 GRAU, Eros Roberto. **A ordem econômica na Constituição de 1988.** 17. ed. São Paulo: Malheiros, 2015. p. 72-73.

202 MOREIRA, Vital. **A ordem jurídica do capitalismo**. 4. ed. Lisboa: Caminho, 1987. p. 90.

203 BARCELLOS, Ana Paula de; BARROSO, Luís Roberto. Comentários ao artigo 1.º – os valores sociais do trabalho. *In*: CANOTILHO, José Joaquim Gomes; MENDES, Gilmar Ferreira; SARLET, Ingo Wolfgang; *et al.* (Coord.). **Comentários à Constituição do Brasil**. São Paulo: Saraiva, 2018. p. 296-297.

204 O art. 170 da CRFB inaugura a ordem econômica, dispondo que "a ordem econômica, fundada na valorização do trabalho humano e na livre iniciativa, tem por fim assegurar a todos existência digna, conforme os ditames da justiça social, observados os seguintes princípios: I - soberania nacional; II - propriedade privada; III - função social da propriedade; IV - livre concorrência; V - defesa do

a função social da propriedade, a defesa do meio ambiente, a redução das desigualdades regionais e sociais etc., constatando-se, com efeito, que a CRFB "[...] está longe de consagrar um modelo econômico libertário, à moda do *laissez-faire*"[205], fazendo-se presente o que Vital Moreira designa de racionalização da economia, isto é, uma economia regulada por normas jurídicas específicas, as quais possuem por premissa a racionalização da sociedade econômica para que ela possa atender outras finalidades, eleitas igualmente como fundamentais pelo corpo político[206].

À vista disso, o padrão desenvolvimentista do Estado brasileiro não é pautado apenas no crescimento econômico lastreado na lucratividade, competitividade e acumulação de capital, nos moldes do *academic capitalism*. Opta-se, em verdade, por um "[...] desenvolvimento material e imaterial, socialmente inclusivo, durável e equânime, ambientalmente limpo, inovador, ético e eficiente [...]"[207], isto é, elege-se um padrão de desenvolvimento sustentável que busca convergir agendas econômicas, sociais, ambientais, e culturais[208]. O crescimento econômico é, então, uma dimensão do desenvolvimento – mas não a única – que estará também comprometido para elevação do nível social e cultural-intelectual comunitário[209], sendo, por isso, não apenas de cunho quantitativo, mas, principalmente, qualitativo, vislumbrando a melhora de vida do ser humano[210].

Com isso, depreende-se que a aderência do regime do *academic capitalism* ao sistema constitucional brasileiro é limitada. Ressalta-se, portanto, que, conforme os próprios formuladores da teoria realçam – assim como há desenhos distintos do capitalismo –, é possível também haver contornos diferenciados do capitalismo acadêmico, dispensando-se que

---

consumidor; VI - defesa do meio ambiente, inclusive mediante tratamento diferenciado conforme o impacto ambiental dos produtos e serviços e de seus processos de elaboração e prestação; VII - redução das desigualdades regionais e sociais; VIII - busca do pleno emprego; IX - tratamento favorecido para as empresas de pequeno porte constituídas sob as leis brasileiras e que tenham sua sede e administração no País".

205 SARMENTO, Daniel. Ordem constitucional econômica, liberdade e transporte individual de passageiros: "O caso Uber". **Parecer normativo**, 10 jul. 2015. p. 7. Disponível em: <conjur.com.br/dl/paracer-legalidade-uber.pdf>. Acesso em: 20 jun. 2018.

206 MOREIRA, Vital. **A ordem jurídica do capitalismo**. 4. ed. Lisboa: Caminho, 1987. p. 79.

207 FREITAS, Juarez. **Sustentabilidade**: direito ao futuro. 3. ed. Belo Horizonte: Fórum, 2016. p. 4.

208 SARLET, Ingo Wolfgang. Direitos fundamentais em espécie. *In*: SARLET, Ingo Wolfgang; MARINONI, Luiz Guilherme; MITIDIERO, Daniel. **Curso de direito constitucional**. 6. ed. São Paulo: Saraiva, 2017. p. 310.

209 GRAU, Eros Roberto. **A ordem econômica na Constituição de 1988**. 17. ed. São Paulo: Malheiros, 2015. p. 213.

210 SEN, Amartya. **Desenvolvimento como liberdade**. São Paulo: Cia. das Letras, 2000. p. 29.

ele necessariamente assuma a forma do *laissez-faire*. Assim, em vez de um conjunto de ações e políticas que integrem as IES ao mercado, bem como instrumentalizem a pesquisa e a inovação apenas para maximização de lucros, é possível arquitetar um *academic capitalism* que vise, juntamente com a evolução da economia, ao melhoramento de benefícios sociais[211]; estes, sim, integralmente compatíveis com as diretrizes da CRFB. É fundamental, por conseguinte, que a política de ciência, tecnologia e inovação brasileira seja executada com alicerce nos mandamentos constitucionais, sob pena de incorrer-se em inconstitucionalidade.

Ao que parece, apesar de recente, é preciso analisar se é indispensável uma readequação da legislação infraconstitucional que regulamenta da política de inovação, bem como um reajustamento das ações que a operacionaliza, a fim de abrandar o seu apelo mercadológico para que constem preceitos que reforcem o seu caráter social e oportunizem ambiente favorável a um processo de inovação aberto, no qual a liberdade de pesquisa científica seja efetivamente garantida. Nisso se inclui o reequacionamento do conceito de inovação disposto na legislação, que é extremamente vinculado ao mercado, bem como a readequação das ações que seguem o padrão do Edital DT do CNPq, o qual adota as linhas do *academic capitalism* quase que em sua integralidade. O Edital em análise, em razão disso, precisa passar por uma readequação dos critérios de avaliação e julgamento das pesquisas financiadas, a fim de que haja maior equilíbrio entre o fator mercadológico e o social – incluindo nesse último, precipuamente, os aspectos educacional e cultural.

Para além disso, os próprios pesquisadores precisam resgatar não somente o valor social intrínseco ao exercício da sua liberdade de pesquisa científica como também compreender o quão antirracionalista é a tendência de instrumentalizar por completo a ciência, uma vez que, desse modo, o conhecimento dos fatos não está aumentando, mas apenas a habilidade de se manejar conhecimentos pré-existentes, consoante ensina Karl Popper. Por fim, cabe rememorar o que desde 1998 o referido autor já afirmava: "[...] não há hoje revolução científica, segundo o instrumentalismo, somente há uma revolução industrial"[212].

---

211 Nesse sentido, v. SLAUGHTER, Sheila A.; RHOADES, Gary. **Academic capitalism and the new economy**: Markets, state, and higher education. Baltimore: JHU Press, 2004. p. 232.; RUBINS, Ira. Risks and rewards of academic capitalism and the effects of presidential leadership in the entrepreneurial university. **Perspectives in Public Affairs**. New York, v. 4, n. 4, pp. 3-18, 2007. p. 15.

212 POPPER, Karl R. **Post scriptum a la lógica de la investigación científica**. 2. ed. Madrid: Tecnos, 1998.

CONCLUSÃO

Em linhas conclusivas, cabe retomar que a pesquisa, com cenário na Sociedade do Conhecimento, partiu do problema em que se indaga acerca da possibilidade de que a liberdade de pesquisa científica e a inovação relacionam-se, em alguma medida, com o *academic capitalism*; e, em caso positivo, de que modo ela ocorre. Com o escopo de responder a tal questionamento, levantou-se a seguinte hipótese, qual seja: por meio de uma interpretação sistemática e teleológica da CRFB, é possível afirmar que a liberdade de pesquisa científica e a inovação relacionam-se com o *academic capitalism*, de maneira limitada. Para demonstrar a confirmação da hipótese, o trabalho se dividiu em três capítulos:

O capítulo 1 destinou-se à análise da proteção jurídica da liberdade de pesquisa científica, e, a partir dele, foi possível constatar que:

a. Trata-se de um direito humano e fundamental, garantindo ao seu titular posições juridicamente protegidas de abstenção e de prestação que possuem como destinatários o ente público e o privado. Nas posições de abstenção, faculta-se ao seu titular a escolha do objeto, método, hipótese de pesquisa, bem como garante ao pesquisador a não obrigatoriedade em produzir um resultado certo e determinado. Além disso, o referido direito é dotado de função positiva, que atribui ao seu titular posições de prestações necessárias ao exercício regular da liberdade de pesquisa científica;
b. No texto constitucional brasileiro, a liberdade de pesquisa científica é prevista no art. 5.º, inciso IX, da CRFB, o qual dispõe que "é livre a expressão da atividade intelectual, artística, científica e de comunicação, independentemente de censura e licença", bem como no art. 206, inciso II, da CRFB em que é mencionada como um dos princípios do ensino. Ressalta-se que a Constituição de 1988 foi a primeira a destinar um Capítulo específico para a Ciência, Tecnologia e Inovação, tratando de forma pormenorizada da sua faceta positiva;

c. Observa-se que a faceta positiva do direito em estudo encontra íntima relação com a sua dimensão objetiva, a qual contempla que os direitos fundamentais concretizam valores proeminentes do Estado Democrático de Direito. Nesse ponto, notou-se que a liberdade de pesquisa científica caminha compassada com a inovação, e que adquire novos tons na sociedade contemporânea; inclusive em relação a possíveis colisões com outros direitos fundamentais, do qual decorre a configuração do âmbito de proteção da referida liberdade.

O capítulo 2, então, destinou-se ao entrelaçamento da liberdade de pesquisa científica e da inovação, tendo como pano de fundo a Sociedade do Conhecimento, concluindo-se que:

a. Houve a institucionalização da ciência e da inovação, passando a inovação a figurar como garantia positiva da liberdade de pesquisa científica, uma vez que o seu fomento se vincula com a função prestacional da referida liberdade;
b. Em razão da centralidade do conhecimento – sendo esse fator de produção da referida Sociedade –, houve uma necessidade acelerada de inovações, as quais são guiadas a nível global por interesses econômicos individualistas, prospectando lucros;
c. Ao se avaliar o marco normativo da inovação no Brasil, foi possível perceber, pela análise do texto constituinte, que, estando inserida na parte que tange à ordem social, objetivou-se precipuamente a promoção de inovações sociais, tecnológicas e de mercado;
d. Contudo, verificou-se que, pela operacionalização do Sistema Nacional de Inovação, e pelo conceito que a legislação infraconstitucional adotou, a política pública nacional de incentivo à inovação baseia-se essencialmente no modelo da hélice tríplice, com predileção por inovações de mercado, a despeito de ser possível vislumbrarem-se aproximações com a teoria da hélice quádrupla e quíntupla;
e. Restou constatado que, dentre as ICTs, aquelas que atuam com maior destaque na produção de inovações são as Instituições de Ensino Superior, precipuamente na esfera da pós-graduação;
f. Ficou demonstrado, nessa linha, que o envolvimento ativo das Instituições de Ensino Superior com o mercado tem o potencial de paulatinamente desvirtuar a sua função precípua de produção

de conhecimento, fazendo com que haja uma simbiose entre economia e academia. Sendo nesse contexto em que a teoria do *academic capitalism* surge.

O capítulo 3, então, visou a observar a relação da liberdade de pesquisa científica e da inovação com a teoria do *academic capitalism.* Perquiriu-se, se na política de incentivo a inovação brasileira, haveria pontos de contato com o *academic capitalism* pelo estudo de caso do Edital DT do CNPq, constatando-se que:

a. A teoria do *academic capitalism* estrutura-se em uma política de P&D baseada na competitividade e lucratividade. Considera-se, em face disso, que o envolvimento direto das IESs públicas e privadas sem fins lucrativos, em um cenário de dependência de recursos, impossibilita a independência institucional, a qual a hélice tríplice se encontra, com as demandas de mercado, em um cenário de dependência de recursos;
b. A teoria concebe como fundamental, para o regime do *academic capitalism*, eu seja instaurada uma política de P&D baseada na competitividade e lucratividade, ou seja, com o escopo de criar inovações de mercado, que quase sempre se apresentam como inovações tecnológicas;
c. Há uma modificação das práticas acadêmicas, incluindo a liberdade de pesquisa científica, que passa a ser exercida e fomentada objetivando a produção de inovações tecnológicas e de mercado visando à lucratividade;
d. Os mesmos arranjos organizacionais que alicerçam o modelo de inovação com base na hélice tríplice podem contribuir para que redes e ações sob o regime do *academic capitalism* se instaurem. Contudo, isso não ocorre necessariamente, uma vez que é possível que a inovação seja fomentada com base na hélice tríplice, mas que seja preservada a independência dos atores envolvidos, principalmente das Universidades;
e. Por não haver essa obrigatoriedade, realizou-se um estudo de caso do Edital de Bolsas de Produtividade em Desenvolvimento Tecnológico e Extensão Inovadora – DT, do CNPq, a fim de investigar, se nessa ação própria da política pública de incentivo à inovação, há pontos de contato com o *academic capitalism*. Concluiu-se afirmativamente, uma vez que ante os dados colhidos, estão presentes os elementos que evidenciam

> pontos de contato da teoria do *academic capitalism*, quais sejam: (a.) trata-se de uma ação direcionada tanto para pesquisadores em nível de pós-graduação quanto para o incentivo de bens protegidos pelo direito patentário, já que o critério principal de eleição dos projetos consiste na produção tecnológica, medida por depósito de patentes; (b.) há uma inconteste predileção por pesquisas e inovações tecnológicas e de mercado, traduzida mediante os critérios de elegibilidade das propostas e das espécies dos programas contemplados pelo financiamento; (c.) a maior parte dos projetos financiados é executada no âmbito de IES, sendo elas públicas ou privadas sem fins lucrativos, nos moldes do capitalismo acadêmico, e; (d.) as áreas que obtiveram a maior destinação de recursos foram as com maior proximidade ao mercado, quais sejam: a de desenvolvimento tecnológico e industrial, bem como a de tecnologia e inovação para agropecuária.

Constatou-se, portanto, que ações como as do Edital DT, a qual se desenvolve integralmente sob o regime do *academic capitalism*, privilegiam inovações tecnológicas e de mercado em detrimento de inovações sociais, de modo que a liberdade de pesquisa científica é garantida e exercida visando à satisfação de valores econômicos liberais e individualistas. Verificou-se, ao analisar as normas constitucionais destinadas ao fomento da inovação e garantia da liberdade de pesquisa científica que é possível, por meio delas, arquitetar redes e ações sob um regime de capitalismo acadêmico de modo limitado, uma vez que o sistema constitucional brasileiro adotou um modo de economia capitalista, tendo como um dos princípios norteadores da República a livre iniciativa.

Cabe ressaltar, nesse ponto, que a aderência do *academic capitalism* ao sistema constitucional brasileiro pode ser principalmente extraída – não impedindo a apreciação da temática a partir de outros dispositivos legais – da leitura do art. 218, § 2.º, da CRFB, o qual assegura que "a pesquisa tecnológica voltar-se-á preponderantemente para a solução dos problemas brasileiros e para o desenvolvimento do sistema produtivo nacional e regional". Além desse, podem ser destacados os §§ 4.º e 6.º do art. 218 da CRFB, em que o primeiro é voltado ao apoio e estímulo do investimento em pesquisa pelas empresas; enquanto que o segundo direciona ao Estado o dever de articular as interligações entre entes públicos e privados ao promover a ciência, tecnologia e inovação. Pela análise conjunta dos §§ 2.º, 4.º e 6.º retromencionados, constata-se que há uma predileção para aproximar a pesquisa ao mercado, tanto por meio da associação da pesquisa tecnológica ao setor produtivo, quanto por meio do incentivo da participação mais ativa do setor empresarial no progresso científico e de inovação. Atrela-se a isso o comando normativo do art. 219 da CRFB, o qual dispõe que o mercado interno integra o patrimônio nacional, devendo ser incentivado pelo Estado.

Nada obstante, deve-se fazer uma leitura teleológico-sistemática da Constituição, a fim de não desconsiderar que, no tocante à liberdade de pesquisa científica, uma das primeiras limitações ao capitalismo acadêmico consiste na faculdade atribuída ao pesquisador em não ser obrigado a produzir um resultado certo e determinado, uma vez que se trata de um legítimo direito de liberdade, estando o seu exercício também relacionado ao livre desenvolvimento da personalidade e da autonomia, assim como à dignidade da pessoa humana. Ademais, figura também como um dos princípios do ensino, estando inserida no artigo 206, inciso II, da CRFB e, por conseguinte, vinculada aos objetivos norteadores da ordem social, quais sejam o bem-estar social e a justiça social, insculpidos no art. 193 da CRFB.

Tem-se que a própria inovação, enquanto garantia da referida liberdade e localizada topograficamente no Título da Ordem Social na Constituição brasileira, ao ser fomentada, deve ter predileção não apenas por aspectos econômicos, mas, precipuamente, por aspectos sociais. Ademais, o crescimento econômico é, então, uma dimensão do desenvolvimento – mas não a única. À vista disso, o padrão desenvolvimentista do Estado brasileiro não é pautado apenas em um crescimento econômico lastreado na lucratividade, competitividade e acumulação de capital, nos moldes do *academic capitalism*. Opta-se, em verdade, por um desenvolvimento que envolva a função social das IES, isto é, que ela se volte ao progresso cultural-intelectual da sociedade, não visando apenas a um aspecto puramente econômico. É fundamental, por conseguinte, que a política de ciência, tecnologia e inovação brasileira seja executada com alicerce nos mandamentos constitucionais, sob pena de incorrer-se em inconstitucionalidade.

Dito de outro modo, não somente se encontra indícios do capitalismo acadêmico no Brasil, como ele pode efetivamente ser aplicado, desde que com foco em desenvolvimentos sociais. Logo, não poderá haver uma aplicação desenfreada e radical do capitalismo acadêmico no Brasil, porque não se segue os parâmetros de uma econômica capitalista liberal individualista. Aqui, de outro ângulo, há a preocupação com o preenchimento de aspectos sociais, culturais e intelectuais, não apenas de interesses mercadológicos.

Ao que parece, enfim, apesar de recente, e ainda que a presente pesquisa não tenha o condão de esgotar a temática, mostra-se indispensável uma readequação da legislação infraconstitucional que regulamenta da política de inovação, bem como um reajustamento das ações que a operacionaliza, com o escopo de abrandar o seu apelo mercadológico, para que constem preceitos que reforcem o seu caráter social e oportunizem um ambiente favorável a um processo de inovação aberto, no qual a liberdade de pesquisa científica seja efetivamente garantida. Nisso, inclui-se o reequacionamento do conceito de inovação disposto na legislação, que é extremamente vinculado ao mercado, bem como a readequação das ações que seguem o padrão do Edital DT, o qual adota as linhas do *academic capitalism* em quase sua integralidade.

REFERÊNCIAS

ALDOWAH, Hanan; REHMAN, Shafiq Ul; *et al.* Internet of Things in Higher Education: A Study on Future Learning. **Journal of Physics**: Conference Series. IOP Publishing, pp. 12-17, 2017.

ALEXY, Robert. **Teoria dos direitos fundamentais**. 2. ed. São Paulo: Malheiros, 2015.

ALPERSTEDT, Cristiane. Universidades corporativas: discussão e proposta de uma definição. **Revista de Administração Contemporânea**. [*S.l.*], v. 5, n. 3, pp. 149-165, set./dez. 2001.

AMORIM, João Pacheco de. A liberdade de ciência na constituição portuguesa de 1976. **Tékhne**. Barcelos: Revista de Estudos Politécnicos, n. 13, pp. 129-157, 2010.

ANDERY, Maria Amália. **Para compreender ciência**: uma perspectiva histórica. Rio de Janeiro: Espaço e Tempo, 1994.

ANDES. **Cartilha do Marco Legal de Ciência, Tecnologia e Inovação** (Lei n.º 13.243/16): riscos e consequências para as universidades e a produção científica no Brasil. Brasília: Sindicato Nacional dos Docentes das Instituições de Ensino Superior, 2017. Disponível em: <portal.andes.org.br/imprensa/documentos/imp-doc-1508946885.pdf>. Acesso em: 20 nov. 2017.

ANDRADE, José Carlos Vieira. **Os direitos fundamentais na Constituição Portuguesa de 1976**. Coimbra: Almedina, 2004.

ANEZ, Tania Letícia Wouters; COSTA, Ilton García da. Constituição, desenvolvimento científico como forma de inclusão social: molduras e limites. **Revista de Direito Constitucional**. São Paulo, v. 87, n. 22, p. 11-27, abr./jun. 2014.

ARAÚJO, Thatiane Sales de. Protagonismo das Fundações de Apoio na cadeia de Ciência, Tecnologia e Inovação e seus desafios para uma regulamentação jurídica adequada. *In*: SOARES, Fabiana de Menezes; PRETE, Esther Külkamp Eyng. **Marco regulatório em ciência, tecnologia e inovação**: texto e contexto da Lei n.º 13.243/2016. Belo Horizonte: Arraes, 2018. Disponível em: <fundep.ufmg.br/wpcon-

tent/uploads/2018/09/Livro_MARCO_REGULATORIO_EM_CIENCIA_TECNOLOGIA_E_INOVACAO.pdf>. Acesso em: 10 out. 2018.

ARNKIL, Robert; JÄRVENSIVU, Anu; KOSKI, Pasi; PIIRAINEN, Tatu. **Exploring quadruple helix**. Outlining user-oriented innovation models. Tampere: Tampereen yliopistopaino Oy Juvenes Print, 2010. Disponível em: <tampub.uta.fi/bitstream/handle/10024/65758/978-951-44-8209-0.pdf?sequence=1>. Acesso em: 20 maio 2018.

ASCENSÃO, José Oliveira. Direito intelectual, exclusivo e liberdade. **Revista da Esmafe**. Escola de Magistratura Federal da 5. Região. Recife, n. 3, pp. 125-145, mar. 2002.

AUDY, Jorge. A inovação, o desenvolvimento e o papel da universidade. **Estudos Avançados**. São Paulo. v. 31, n. 90, pp. 75-87, 2017. Disponível em: <scielo.br/scielo.php?pid=S010340142017000200075&script=sci_arttext&tlng=pt>. Acesso em: 1 maio 2018.

ÁVILA, Humberto. Argumentação Jurídica e a Imunidade do Livro Eletrônico. **Revista da Faculdade de Direito da UFRGS**, v. 19, pp. 157-180, mar. 2001.

BARBOSA, Cynthia Mendonça; SOUZA, Gustavo Costa de. A relação entre empresas e instituições de ensino e pesquisa e seu papel no desenvolvimento econômico. *In*: SOARES, Fabiana de Menezes; PRETE, Esther Külkamp Eyng. **Marco regulatório em ciência, tecnologia e inovação**: texto e contexto da Lei n.º 13. 243/2016. Belo Horizonte: Arraes, 2018. Disponível em: <fundep.ufmg.br/wpcontent/uploads/2018/09/Livro_MARCO_REGULATORIO_EM_CIENCIA_TECNOLOGIA_E_INOVACAO.pdf>. Acesso em: 10 out. 2018.

BARBOSA, Denis Borges. Direito ao desenvolvimento, inovação e a apropriação das tecnologias após a Emenda Constitucional n.º 85 (2015). **Denis Borges Barbosa – Website Acadêmico**. Atualização do artigo publicado no v. 8, n. 83, da Revista Jurídica da Casa Civil da Presidência da República, em fev./mar. 2007, ISSN 1808-2807. Disponível em: <denisbarbosa.addr.com/arquivos/200/inovacao/direito_ao_desenvolvimento_2015.pdf>. Acesso em: 29 mai. 2018.

BARCELLOS, Ana Paula de; BARROSO, Luís Roberto. Comentários ao artigo 1.º – os valores sociais do trabalho. *In*: CANOTILHO, José Joaquim Gomes; MENDES, Gilmar Ferreira; SARLET, Ingo Wolfgang; *et al.* (coord.). **Comentários à Constituição do Brasil**. São Paulo: Saraiva, 2018.

BARROSO, Luís Roberto. Constituição, ordem econômica e agências reguladoras. **Revista Eletrônica de Direito Administrativo Econômico**. Salvador, v. 1, n. 1, fev./abr. 2005. Disponível em: <direitoepoliticae-

conomica.files.wordpress.com/2012/03/redae-1-fevereiro-2005-roberto-barroso.pdf>. Acesso em: 10 mar. 2018.

BASTOS JÚNIOR, Luiz Magno P. Autonomia universitária como instrumento de garantia do pluralismo de ideias. *In*: DINIZ, Débora; BUGLIONE, Samantha; RIOS, Roger Raupp (org.). **Entre a dúvida e o dogma**: liberdade de cátedra e universidades confessionais no Brasil. Brasília: Letras Livres, 2006.

BASTOS, Celso Ribeiro. **Curso de Direito Constitucional**. 22. ed. São Paulo: Malheiros, 2010.

BAYERTZ, Kurt. Three arguments for scientific freedom. **Ethical theory and moral practice**. Springer: New York. v. 9, n. 4, pp. 377-398, 2006.

BECK, Ulrich. **La sociedad del riesgo**: hacia una nueva modernidad. Barcelona: Paidós, 2002.

BECK, Ulrich. **A metamorfose do mundo**: os novos conceitos para uma nova realidade. 1. ed. Rio de Janeiro: Zahar, 2018.

BEDEVIDES, Bruna Garcia. Aspectos relevantes da CIDE: royalties segundo a jurisprudência do Conselho Administrativo de Recursos Fiscais. **Revista PGFN**. Brasília, v. 4, n. 2, pp. 161–176, jul./dez. 2014.

BITTAR, Carlos Alberto. **Direito de autor**. 4. ed. rev., ampl. e atual. Rio de Janeiro: Forense Universitária, 2003.

BONAVIDES, Paulo. **Curso de Direito Constitucional**. 16. ed. São Paulo: Malheiros, 2005.

BOURDIEU, Pierre. **Os usos sociais da ciência**: por uma sociologia clínica do campo científico. Paris: Unesp, 1997.

BRASIL. Assembleia Nacional Constituinte. **Relatório da Comissão da família, da educação, cultura e esportes, da ciência e tecnologia e da comunicação**. Relatório e anteprojeto. Relator: Constituinte Cristina Tavares. Brasília: Assembleia Nacional Constituinte, 1988. v. 210. Disponível em: <camara.gov.br/internet/constituicao20anos/DocumentosAvulsos/vol-210.pdf>. Acesso em: 10 mar. 2018.

BRASIL. Câmara dos Deputados. **Projeto de Lei n.º 2177/2011**. Institui o Código Nacional de Ciência, Tecnologia e Inovação. Disponível em: <camara.gov.br/proposicoesWeb/prop_mostrarintegra?codteor=915135&filename=PL+2177/2011>. Acesso em: 20 abr. 2018.

BRASIL. Câmara dos Deputados. **Projeto de Lei n.º 3674/2004**. Dispõe sobre incentivos à inovação e à pesquisa científica e tecnológica no ambiente produtivo, e dá outras providências. Disponível em: <camara.gov.br/proposicoesWeb/prop_mostrarintegra?codteor=215493&filename=PL+3476/2004>. Acesso em: 10 ago. 2018.

BRASIL. Câmara dos Deputados. **Projeto de Lei n.º 7082/2017**. Dispõe sobre a pesquisa clínica com seres humanos e institui o Sistema Nacional de Ética em Pesquisa Clínica com Seres Humanos. Disponível em: <camara.gov.br/proposicoesWeb/fichadetramitacao?idProposicao=2125189>. Acesso em: 23 out. 2018.

BRASIL. Câmara dos Deputados. **Projeto de Lei n.º 7656/2017**. Altera a Lei n.º 12. 715, de 17 de setembro de 2012, reduzindo a zero o valor da Taxa de Fiscalização de Instalação, da Taxa de Fiscalização de Funcionamento, da Contribuição para o Fomento da Radiodifusão Pública e da Contribuição para o Desenvolvimento da Indústria Cinematográfica incidentes sobre as estações móveis de serviços de telecomunicações que integrem sistemas de comunicação máquina a máquina. Disponível em: <camara.gov.br/proposicoesWeb/fichadetramitacao?idProposicao=2137811>. Acesso em: 23 out. 2018.

BRASIL. Câmara dos Deputados. **Regimento Interno da Câmara dos Deputados**. Aprova o Regimento Interno da Câmara dos Deputados. Brasília, DF. [1989]. Disponível em: <camara.gov.br/internet/legislacao/regimento_interno/RIpdf/RegInterno.pdf>. Acesso em: 20 dez. 2018.

BRASIL. Comitê Gestor do Fundo Verde-Amarelo. Programa de Estímulo à Interação Universidade Empresa para apoio à Inovação. Documento Básico. **Parcerias Estratégicas**. Brasília, n. 1, pp. 129-143, abr. 2002. Disponível em: <seer.cgee.org.br/index.php/parcerias_estrategicas/article/view/210>. Acesso em: 15 jun. 2017.

BRASIL. Conselho Nacional de Desenvolvimento Científico e Tecnológico. **Anexo II do Edital-Chamada CNPq n.º 17/2018**. Produtividade em Desenvolvimento Tecnológico e Extensão Inovadora – DT, 2018. Disponível em: <cnpq.br/web/guest/chamadas-publicas?p_p_id=resultadosportlet_WAR_resultadoscnpqportlet_INSTANCE_0ZaM&id=58-90-5595&detalha=chamadaDetalhada&filtro=encerradas>. Acesso em: 20 out. 2018.

BRASIL. Conselho Nacional de Desenvolvimento Científico e Tecnológico. **Chamada CNPq n.º 11/2016**. Produtividade em Desenvolvimento Tecnológico e Extensão Inovadora – DT, 2016. Disponível em: <cnpq.br/chamadas-publicas?p_p_id=resultadosportlet_WAR_resultadoscnpqportlet_INSTANCE_0ZaM&id=58-80-4138&detalha=chamadaDetalhada&filtro=encerradas>. Acesso em: 10 out. 2018.

BRASIL. Conselho Nacional de Desenvolvimento Científico e Tecnológico. **Chamada CNPq n.º 09/2017**. Produtividade em Desenvolvimento

Tecnológico e Extensão Inovadora – DT, 2017. Disponível em: <cnpq.br/chamadas-publicas?p_p_id=resultadosportlet_WAR_resultadoscnpqportlet_INSTANCE_0ZaM&filtro=abertas&detalha=chamadaDivulgada&idDivulgacao=7382>. Acesso em: 10 out. 2018.

BRASIL. Conselho Nacional de Desenvolvimento Científico e Tecnológico. **Chamada CNPq n.º 17/2018**. Produtividade em Desenvolvimento Tecnológico e Extensão Inovadora – DT, 2018. Disponível em: <cnpq.br/web/guest/chamadas-publicas?p_p_id=resultadosportlet_WAR_resultadoscnpqportlet_INSTANCE_0ZaM&id=58-90-5595&detalha=chamadaDetalhada&filtro=encerradas>. Acesso em: 20 out. 2018.

BRASIL. Conselho Nacional de Desenvolvimento Científico e Tecnológico. **Resultados do Edital CNPq n.º 09/2017**. Produtividade em Desenvolvimento Tecnológico e Extensão Inovadora – DT, 2017. Disponível em: <cnpq.br/chamadas-publicas?p_p_id=resultadosportlet_WAR_resultadoscnpqportlet_INSTANCE_0ZaM&filtro=abertas&detalha=chamadaDivulgada&idDivulgacao=7382>. Acesso em: 10 out. 2018.

BRASIL. Conselho Nacional de Desenvolvimento Científico e Tecnológico. **Resultados do Edital CNPq n.º 11/2016**. Produtividade em Desenvolvimento Tecnológico e Extensão Inovadora – DT, 2016. Disponível em: <cnpq.br/chamadas-publicas?p_p_id=resultadosportlet_WAR_resultadoscnpqportlet_INSTANCE_0ZaM&id=58-80-4138&detalha=chamadaDetalhada&filtro=encerradas>. Acesso em: 10 out. 2018.

BRASIL. Conselho Nacional de Desenvolvimento Científico e Tecnológico. **Resultados do Edital CNPq n.º 17/2018**. Produtividade em Desenvolvimento Tecnológico e Extensão Inovadora – DT, 2018. Disponível em: <cnpq.br/web/guest/chamadas-publicas?p_p_id=resultadosportlet_WAR_resultadoscnpqportlet_INSTANCE_0ZaM&id=58-90-5595&detalha=chamadaDetalhada&filtro=encerradas>. Acesso em: 20 out. 2018.

BRASIL. Conselho Nacional de Desenvolvimento Científico e Tecnológico. **RN 028/2015**. Estabelece as normas gerais e específicas para as modalidades de bolsas individuais no País. Brasília: CNPq, [2019]. Disponível em: <cnpq.br/web/guest/view/-/journal_content/56_INSTANCE_0oED/10157/2958271?COMPANY_ID=10132#PQ>. Acesso em: 20 out. 2018.

BRASIL. **Lei n.º 10.973/2004**. Dispõe sobre incentivos à inovação e à pesquisa científica e tecnológica no ambiente produtivo e dá outras providências.

Brasília, 2004. Disponível em: <planalto.gov.br/ccivil_03/_Ato2004-2006/2004/Lei/L10.973.htm>. Acesso em: 31 dez. 2018.

BRASIL. **Manual Operativo do Fundo Verde Amarelo**. Aprovado na 30. Reunião Ordinária realizada em 20 de dezembro de 2012. Brasília: MCTIC, 20 dez. 2012. Disponível em: <mctic.gov.br/mctic/export/sites/institucional/fundos/fndct/fundos_CeT/ct_verde_amarelo/arquivos/documentos/Manual-Operativo.pdf>. Acesso em: 10 mar. 2018.

BRASIL. Ministério da Ciência Tecnologia e Inovação. **Novo Marco Legal**: Ciência, Tecnologia e Inovação. Emenda Constitucional n.º 85/2015. Lei n.º 13. 243/2016. Decreto n.º 9. 283/2018. Brasília: Presidente da República, 2018. Disponível em: <mctic.gov.br/mctic/export/sites/institucional/arquivos/marco_legal_de_cti.pdf>. Acesso em: 20 dez. 2018.

BRASIL. Ministério da Ciência, Tecnologia, Inovações e Comunicações. **Estratégia Nacional de Ciência, Tecnologia e Inovação 2016-2022**. Brasília: MCTIC, 2018. Disponível em: <finep.gov.br/images/afinep/Politica/16_03_2018_Estrategia_Nacional_de_Ciencia_Tecnologia_e_Inovacao_2016_2022.pdf>. Acesso em: 20 nov. 2018.

BRASIL. Senado Federal. **Regimento interno do Senado Federal**. Texto editado em conformidade com a Resolução n.º 18, de 1989, consolidado com as alterações decorrentes de emendas à Constituição, leis e resoluções posteriores, até janeiro de 2019. Brasília: DF, 2019. Disponível em: <www25.senado.leg.br/documents/12427/45868/RISFCompilado.pdf/cd5769c8-46c5-4c8a-9af7-99be436b89c4>. Acesso em: 20 dez. 2018.

BRASIL. Supremo Tribunal Federal (Tribunal Pleno). **ADI n.º 3510/DF**. Constitucional. Ação direta de inconstitucionalidade. Lei de biossegurança. Impugnação em bloco do art. 5. da lei nº 11. 105, de 24 de março de 2005 (lei de biossegurança). Pesquisas com células-tronco embrionárias. Inexistência de violação do direito à vida. Constitucionalidade do uso de células-tronco embrionárias em pesquisas científicas para fins terapêuticos. Descaracterização do aborto. Normas constitucionais conformadoras do direito fundamental a uma vida digna, que passa pelo direito à saúde e ao planejamento familiar. Descabimento de utilização da técnica de interpretação conforme para aditar à lei de biossegurança controles desnecessários que implicam restrições às pesquisas e terapias por ela visadas. Improcedência total da ação. Requerente: Procurador-Geral da República. Requeridos: Presidente da República. Congresso Nacional. Relator: Min. Ayres Britto, 25 de maio de 2005. Disponível em: <http://redir.stf.jus.br/paginadorpub/paginador.jsp?docTP=AC&docID=611723>. Acesso em: 19 ago. 2018.

BUNGE, Mario. **La investigación científica**: su estrategia y su filosofía. 5. ed. Barcelona: Ariel, 1976.

BUNGE, Mario. Las funciones de la ciencia y de la técnica en el desarrollo nacional. **Revista Cuestiones Económicas**, Quito, Banco Central del Ecuador, n. 2-4, pp. 9-32, nov. 1980. Disponível em: <repositorio.bce.ec:8080/handle/32000/98>. Acesso em: 20 mai. 2018.

CADEMARTORI, Luiz Henrique Urquhart. A liberdade de cátedra universitária face à interpretação do conceito de autonomia didático-científica. *In*: DINIZ, Debora; BUGLIONE, Samantha; RIOS, Roger Raupp (Org.). **Entre a dúvida e o dogma**: liberdade de cátedra e universidades confessionais no Brasil. Brasília: Letras Livres, 2006.

CALIENDO, Paulo. Comentário ao artigo 167 do Capítulo II – Das finanças públicas. *In*: CANOTILHO, José Joaquim Gomes; MENDES, Gilmar Ferreira; SARLET, Ingo Wolfgang; *et al.* (coord.). **Comentários à Constituição do Brasil**. São Paulo: Saraiva, 2018.

CAMARGO, Ricardo Antônio Lucas. O mercado interno, o patrimônio público e o art. 219 da Constituição brasileira de 1988 – bases para a sua interpretação. **Revista do Tribunal Regional Federal da 1ª Região**. Brasília, v. 8, n. 4, pp. 41-48, out./dez. 1996.

CANABES, Marcela Ahumada. La libertad de investigación científica: panorama de su situación en el constitucionalismo comparado y en el Derecho Internacional. **Revista chilena de derecho**. Santiago, v. 39, n. 2, pp. 411-445, ago. 2012.

CANARIS, Claus-Wilhelm. **Direitos fundamentais e direito privado**. Coimbra: Almedina, 2009.

CANOTILHO, José Joaquim Gomes. **Direito Constitucional e Teoria da Constituição**. 7. ed. Coimbra: Almedina, 2003.

CANOTILHO, José Joaquim Gomes; MOREIRA, Vital. **Constituição da República portuguesa anotada**. 3. ed. Coimbra: Coimbra Editora, 2007.

CARAYANNIS, Elias G.; CAMPBELL, David F. J. Mode 3 knowledge production in quadruple helix innovation systems. *In*: **Mode 3 knowledge production in quadruple helix innovation systems**. New York: Springer, 2012.

CARAYANNIS, Elias G.; RAKHMATULLIN, Ruslan. The quadruple/quintuple innovation helixes and smart specialisation strategies for sustainable and inclusive growth in Europe and beyond. **Journal of the Knowledge Economy**. [*S.l.*], v. 5, n. 2, p. 212-239, 2014.

CARLOTTO, Maria Caramez. **Veredas da mudança na ciência brasileira**: discurso, institucionalização e práticas no cenário contemporâneo. São Paulo: Editora 34, 2013.

CASSIOLATO, José Eduardo; LASTRES, Helena Maria Martins. Sistemas de inovação e desenvolvimento: as implicações de política. **São Paulo em perspectiva**. São Paulo, v. 19, n. 1, p. 34-45, jan./mar. 2005. Disponível em: <scielo.br/scielo.php?script=sci_arttext&pid=S0102-88392005000100003>. Acesso em: 10 mar. 2018.

CASTELLS, Manuel. **A sociedade em rede**. Tradução: Ronei de Venancio Majer. 8. ed. rev. e ampl. São Paulo: Paz e Terra, 2005. v. 1.

CASTELLS, Manuel. A Sociedade em rede: do conhecimento à política. *In*: CASTELLS, Manuel; CARDOSO, Gustavo. **A Sociedade em Rede** – Do conhecimento à acção política. Lisboa: Imprensa Nacional, 2005. Disponível em: <eco.imooc.uab. pt/elgg/file/download/51670>. Acesso em: 20 jun. 2018.

CASTELLS, Manuel. **La era de la información**: economía, sociedad y cultura. La sociedad red. México: Siglo veintiuno, 2008. v. 1.

COLADO, Eduardo Ibarra. Capitalismo académico y globalización: la universidad reinventada. **Educação & Sociedade**. Campinas, v. 24, n. 84, pp. 1059-1067, 2003.

CRUZ, Paulo Márcio; FERRER, Gabriel Real. Direito, Sustentabilidade e a Premissa Tecnológica como ampliação de seus Fundamentos. **Sequência: Estudos Jurídicos e Políticos**. Florianópolis, v. 36, n. 71, pp. 239-278, dez. 2015.

CHAPMAN, Audrey R. La propiedad intelectual como derecho humano (obligaciones dimanantes del apartado c) del párrafo 1 del Artículo 15 del Pacto Internacional de Derechos Económicos, Sociales y Culturales). **Boletín de derecho de autor**. UNESCO, v. 15, n. 3, 4-39, jul./set. 2001. Disponível em: <unesdoc.unesco.org/ark:/48223/pf0000125505 spa>. Acesso em: 15 out. 2018.

CHRISTENSEN, Clayton M. **O Dilema da Inovação**: quando as novas tecnologias levam empresas ao fracasso. São Paulo: M. Books do Brasil, 2012.

DARDOT, Pierre; LAVAL, Christian. **A nova razão do mundo**. São Paulo: Boitempo, 2017.

DE LA CUEVA, Murillo; LUCAS, Pablo. Derechos fundamentales y avances tecnológicos: Los riesgos del progreso. **Boletín mexicano de derecho comparado**. Ciudad de México, v. 37, n. 109, pp. 71-110, jan.-abr. 2004.

DE MASI, Domenico. **O futuro chegou**. Tradução: Marcelo Costa Sievens. 1. ed. Rio de Janeiro: Casa da Palavra, 2014.

DIAS SOBRINHO, José. Avaliação e privatização do Ensino Superior. *In*: TRINDADE, Hélgio (org.). **Universidade em ruínas**: na república dos professores. Petrópolis: Vozes, 2001.

DONEDA, Danilo. **Da privacidade à proteção de dados pessoais**. Rio de Janeiro: Renovar, 2006.

DSALL, John T. **Scientific freedom and responsibility**. A Report of the AAAS Committee on Scientific Freedom and Responsibility. Washington, D. C.: American Association for the Advancement of Science, 1975. Disponível em: <aaas.org/sites/default/files/SRHRL/PDF/1975-ScientificFreedomResponsibility.pdf>. Acesso em: 20 ago. 2018.

DWORKIN, Ronald. Por que liberdade de expressão? *In*: DWORKIN, Ronald. **O direito da liberdade**. São Paulo: Martins Fontes, 2006.

DWORKIN, Ronald. We need a new interpretation of academic freedom. *In*: MENAND, Louis (ed.). **The future of academic freedom**. Chicago: The University of Chicago Press. pp. 391-415, 1995.

ESPANHA. **Constitución Española de 1978**. Don Juan Carlos I, Rey de España. Disponível em: <lamoncloa.gob.es/documents/constitucion_es1.pdf>. Acesso em: 1 mar. 2018.

ESTADOS UNIDOS DA AMÉRICA. **Bayh Dole Act**, de 12 de dezembro de 1980. 35 U. S. C. Chapter 18: Patent Rights in Inventions Made with Federal Assistance. §§ 200-212. Disponível em: <unemed.com/wp-content/uploads/2015/06/35-U.S.C.-200-212-Bayh-Dole-Act.pdf>. Acesso em: 10 mar. 2018.

ETHIKRAT, Deutscher. Biosecurity. **Freedom and Responsibility of Research**. Translation: Charles Warcup. Berlin: German Ethics Council, 2014. Disponível em: <ethikrat.org/fileadmin/Publikationen/Stellungnahmen/englisch/opinion-biosecurity.pdf>. Acesso em: 20 out. 2017.

ETZKOWITZ, Henry. Entrepreneurial scientists and entrepreneurial universities in American academic science. **American Academic Science. Minerva**, v. 21, n. 2-3, p. 198-233, verão-outono. 1983.

ETZKOWITZ, Henry. Hélice tríplice: metáfora dos anos 90 descreve bem o mais sustentável modelo de sistema de inovação. Entrevistador: Luciano Valente. **Revista Conhecimento e Inovação**, Campinas, v. 6, n. 1, pp. 6-9, 2010.

ETZKOWITZ, Henry. Innovation in innovation: the triple helix of university-industry government relations. **Social Science Information**. [*S.l.*], v. 42, n. 3, p. 293-337, set. 2003. Disponível em: <researchgate.net/publication/249733214_Innovation_in_Innovation_The_Triple_He-

lix_of_University-Industry-Government_Relations>. Acesso em: 20 mai. 2018.

ETZKOWITZ, Henry. **The triple helix**: university-industry-government innovation in action. Abingdon: Routledge, 2008.

ETZKOWITZ, Henry; LEYDESDORFF, Loet. The dynamics of innovation: from National Systems and "Mode 2" to a Triple Helix of university--industry-government relations. **Research policy**. [*S.l.*], v. 29, n. 2, p. 109-123, 2000.

ETZKOWITZ, Henry; Zhou, CHUNYAN. Hélice Tríplice: inovação e empreendedorismo universidade-indústria-governo. **Estudos Avançados**. São Paulo, v. 31, n. 90, p. 23-48, maio/ago. 2017. Disponível em: <scielo.br/scielo.php?pid=S0103-40142017000200023&script=sci_arttext>. Acesso: 10 jun. 2018.

FERRY, Luc. **A inovação destruidora**: ensaio sobre a lógica das sociedades modernas. Rio de Janeiro: Objetiva, 2015.

FINCATO, Denise Pires; GILLET, Sérgio Augusto da Costa. **A Pesquisa Jurídica sem Mistérios**: do Projeto de Pesquisa à Banca. Porto Alegre: Fi, 2018.

FREITAS, Juarez. **Sustentabilidade**: direito ao futuro. 3. ed. Belo Horizonte: Fórum, 2016.

FRONDIZINI, Risieri. **La universidad en un mundo de tensiones**: misión de las universidades en América Latina. Buenos Aries: Comisión preparatoria del documento Base de discusión sobre la nueva Ley de Educación Superior, 1971. Disponível em: <belgranounr.com.ar/blog/wp-content/uploads/2012/01/universidades-en-America-Latina.pdf>. Acesso em: 20 jul. 2018.

GRAU, Eros Roberto. **A ordem econômica na Constituição de 1988**. 17. ed. SãoPaulo: Malheiros, 2015.

HAGELIN, Ted. **Technology Innovation Law and Practice**: Cases and Materials. New York: Lexis Nexis, 2011.

HESSE, Konrad. **A força normativa da Constituição**. Tradução: Gilmar Ferreira Mendes. Porto Alegre: Sérgio Antônio Fabris, 1991.

HOFFMANN-RIEM, Wolfgang. Innovaciones en la Jurisprudencia del Tribunal Constitucional Alemán, a Propósito de la Garantía de los Derechos Fundamentales en Respuesta a los Cambios que Conducen a la Sociedad de la Información. **Direito Público**. São Paulo, v. 12, n. 64, pp. 40-61. jul.-ago. 2015.

HOTTOIS, Gilbert. **El paradigma bioético**: una ética para la tecnociencia. Barcelona: Anthropos, 1991.

ILLICH, Ivan. **Sociedade sem escolas**. Tradução: Lúcia Mathilde Endlich Orth. 9. ed. Petrópolis: Vozes, 2018.

INSTITUTO INTERAMERICANO DE DERECHOS HUMANOS. **Protección internacional de los derechos económicos, sociales y culturales**: Sistema Universal y Sistema Interamericano. San José: IIDH, 2008.

JACKSON, Deborah J. What is an innovation ecosystem? **National Science Foundation**. Arlington, v. 1, 2011. Disponível em: <erc-assoc.org/sites/default/files/topics/policy_studies/DJackson_Innovation%20Ecosystem_03-15-11.pdf>. Acesso em: 10 ago. 2018.

JEWETT, Andrew. **Science, democracy, and the American university**: From the Civil War to the Cold War. Cambridge: Cambridge University Press, 2012.

JONAS, Hans. **O princípio responsabilidade**: ensaio de uma ética para a civilização tecnológica. Tradução: Marijane Lisboa e Luiz Barros Montez. Rio de janeiro: Contraponto, 2006.

JOVER, Jorge Núñez. Ética, Ciencia y Tecnología: Sobre la función social de la tecnología. **Llull: Revista de la Sociedad Española de Historia de las Ciencias y de las Técnicas**. [*S.l.*], v. 25, n. 53, pp. 459-484, 2002.

KIRZNER, Israel M. **The meaning of the market process**: essays in the development of modern Austrian economics. Abingdon: Routledge, 2002.

KITCHER, Philip. An argument about free inquiry. **Noûs**. [*S.l.*], v. 31, n. 3, pp. 279-306, 1997.

KRÜGER, Harmut. La libertad de cátedra em Alemania. **Revista de derecho politico**. [*S.l.*], n. 45, pp. 147-176, 1999.

KRUGLIANSKAS, Isak; MATIAS-PEREIRA, José. Um enfoque sobre a Lei de Inovação Tecnológica do Brasil. **Revista de Administração Pública**. Rio de Janeiro, v. 39, n. 5, pp. 1011-1029, set.-out. 2005. Disponível em: <repositorio.unb.br/bitstream/10482/926/1/ARTIGO_EnfoqueLeiInovacaoTecnologica.pdf>. Acesso em: 20 jun. 2018.

LANE, Robert E. The decline of politics and ideology in a knowledgeable society. **American sociological review**. [*S.l.*], pp. 649-662, 1966. p. 650. Disponível em: <jstor.org/stable/2091856>. Acesso em 20 ago. 2018.

LELLIS, Lélio Maximino. **Princípios constitucionais do ensino**. São Paulo: Lexia, 2011.

LEVY, Pierre. **Cibercultura**. Tradução: Carlos Irineu Costa. São Paulo: Editora 34, 1999.

LEYDESDORFF, Loet; ETZKOWITZ, Henry. Emergence of a Triple Helix of university-industry-government relations. **Science and public policy**. [*S.l.*], v. 23, n. 5, p. 279-286, Jan. 1996. Disponível em: <researchgate.

net/publication/239841637_Emergence_of_a_Triple_Helix_of_University-Industry-Government_Relations>. Acesso em: 10 mar. 2018.

LOZANO, Blanca. La libertad de cátedra. **Revista de Educación**. [*S.l.*], n. 301, pp. 103-129, mai.-ago. 1993.

LYOTARD, Jean-François. **A condição pós-moderna**. 7. ed. Tradução: Ricardo Corrêa Barbosa. Rio de Janeiro: José Olympio, 2002.

MACIEL, Maria Lucia. Ciência, tecnologia e inovação: ideias sobre o papel das ciências sociais no desenvolvimento. **Parcerias Estratégicas**. Brasília, v. 10, n. 21, p. 33-44, dez. 2010. Disponível em: <seer.cgee.org.br/index.php/parcerias_estrategicas/article/view/268>. Acesso em: 20 mai. 2018.

MACHADO, Jónatas E. M. **Liberdade de expressão**: dimensões constitucionais da esfera pública no sistema social. Coimbra: Coimbra Ed., 2002.

MALISKA, Marcos Augusto. Da educação, da cultura e do desporto. *In*: CANOTILHO, José Joaquim Gomes; MENDES, Gilmar Ferreira; SARLET, Ingo Wolfgang; *et al.* (coord.). **Comentários à Constituição do Brasil**. São Paulo: Saraiva, 2018.

MARQUES, Cláudia Lima. Comentário Título IV – Da ciência e tecnologia. *In*: CANOTILHO, José Joaquim Gomes; MENDES, Gilmar Ferreira; SARLET, Ingo Wolfgang; *et al.* (coord.). **Comentários à Constituição do Brasil**. São Paulo: Saraiva, 2018.

MARTINS, Leonardo. **Liberdade e Estado Constitucional**: leitura jurídico-dogmática de uma complexa relação a partir da teoria liberal dos direitos fundamentais. São Paulo: Atlas, 2012.

MARTINS, Leonardo. **Tribunal Constitucional Federal alemão**: decisões anotadas sobre direitos fundamentais. Liberdade de consciência e crença; liberdades de expressão e de comunicação social; liberdade artística e científica. São Paulo: Fundação Konrad Adenauer, 2016. v. 2.

MARTINS, Leonardo; SCHLINK, Bernhard. **Bioética à luz da liberdade científica**: estudo de caso baseado na decisão do STF sobre a constitucionalidade da Lei de Biossegurança e no direito comparado alemão. São Paulo: Atlas, 2014.

MATHIES, Charles; SLAUGHTER, Sheila. University trustees as channels between academe and industry: toward an understanding of the executive science network. **Research policy**. [*S.l.*], v. 42, n. 6-7, pp. 1286-1300, 2013.

MAY, Christopher; SELL, Susan. Forgetting History is Not an Option! Intellectual Property, Public Policy and Economic Development in Context. Birkbeck College, University of London. London, v. 2, 2011. Disponível em: <dime-eu.org/files/active/0/MaySell.pdf>. Acesso em: 1 nov. 2017.

MAZZOLINI, Elizabeth. Review of Academic Capitalism: Politics, Policies and the Entrepreneurial University. **Workplace**: A Journal for Academic Labor. Vancouver, n. 10, 196-198, 2013. Disponível em: <ices.library.ubc.ca/index.php/workplace/article/view/184665/184278>. Acesso em: 20 maio 2018.

MENDES, Gilmar Ferreira; BRANCO, Paulo Gustavo Gonet. **Curso de Direito Constitucional**. 12. ed. rev. e atual. São Paulo: Saraiva, 2017.

MIRANDA, Jorge; MEDEIROS, Rui. **Constituição portuguesa anotada**. t. I. Coimbra: Coimbra Editora, 2005.

MIRANDA, Pontes de. **Comentários à Constituição de 1967**: com a Emenda n.º 1, de 1969. São Paulo: Revista dos Tribunais, 1972.

MIRANDA, Pontes de. **Sistema de Ciência Positiva do Direito**. Campinas: Bookseller, 2000.

MOLINARO, Carlos Alberto. Pensando a Intervenção regulatória do sistema jurídico nas fases iniciais dos sistemas tecnológicos em um Estado Socioambiental e Democrático de direito. *In*: **Direito Público sem fronteiras**. Instituto de Ciências Jurídico-Políticas. Porto Alegre: PUCRS/FDUL, pp. 65-89, 2010.

MOLINARO, Carlos Alberto; SALES, Gabrielle Bezerra. Impactos da computação pervasiva na esfera da privacidade e da ética. **Revista de Estudos e Pesquisas Avançadas do Terceiro Setor**. v. 4, n. 2 pp. 328-351, jul.-dez. 2018. Disponível em: <portalrevistas.ucb.br/index.php/REPATS/article/view/8670>. Acesso em: 20 jun. 2018.

MOLINARO, Carlos Alberto; SARLET, Ingo Wolfgang. Não existe o que panoramicamente vemos no céu: o ponto-cego do direito (políticas públicas sobre regulação em ciência e tecnologia). *In*: SAAVEDRA, Giovane Agostini; LUPION, Ricardo (org.). **Direitos fundamentais, direito privado e inovação**. Porto Alegre: EDIPUCRS, 2012.

MOLINARO, Carlos Alberto; SARLET, Ingo Wolfgang. Apontamentos sobre direito, ciência e tecnologia na perspectiva de políticas públicas sobre regulação em ciência e tecnologia. *In*: MENDES, Gilmar Ferreira; SARLET, Ingo Wolfgang; COELHO, Alexandre Zavaglia P. (coord.). **Direito, inovação e tecnologia**. São Paulo: Saraiva, 2015. v. 1. pp. 85-122.

MORAIS, José Mauro de. Uma avaliação de programas de apoio financeiro à inovação tecnológica com base nos fundos setoriais e na lei de inovação. *In*: NEGRI, João Alberto de; KUBOTA, Luis Cláudio (ed.). **Políticas de Incentivo à Inovação Tecnológica**. Brasília: IPEA, 2008. Disponível em: <ipea.gov.br/portal/index.php?option=com_content&id=5569>. Acesso em: 02 ago. 2018.

MOREIRA, Vital. **A ordem jurídica do capitalismo**. 4. ed. Lisboa: Caminho, 1987.

MORIN, Edgar. **Ciência com consciência**. Barcelona: Anthropos, 1984.

MORIN, Edgar; LISBOA, Eliane. **Introdução ao pensamento complexo**. Porto Alegre: Sulina, 2007.

NABAIS, José Casalta. **O dever fundamental de pagar impostos**: contributo para a compreensão constitucional do estado fiscal contemporâneo. Coimbra: Almedina, 1998.

NAZARENO, Claudio. **As mudanças promovidas pela Lei n.º 13.243, de 11 de janeiro de 2016**. Novo marco legal de ciência, tecnologia e inovação e seus impactos no setor. Consultoria legislativa. Estudo técnico. Brasília: Câmara dos Deputados. jun. 2016. Disponível em: <www2.camara.leg.br/atividade-legislativa/estudos-e-notas-tecnicas/publicacoes-da-consultoria-legislativa/areas-da-conle/tema11/2016_7581_mudancas-promovidas-pela-lei-13-243-marco-legal-cti-claudio-nazareno>. Acesso em: 10 mar. 2018.

NOVAIS, Jorge Reis. **As restrições aos direitos fundamentais não expressamente autorizadas pela Constituição**. Coimbra: Coimbra Editora, 2003.

ORGANIZAÇÃO PARA A COOPERAÇÃO E DESENVOLVIMENTO ECONÔMICO. **Manual de Oslo**. Proposta de Diretrizes para Coleta e Interpretação de Dados sobre Inovação Tecnológica. Tradução: Paulo Garchet. OECD: OCDE, 2005. Disponível em: <download.finep.gov.br/imprensa/manual_de_oslo.pdf>. Acesso em: 10 mai. 2018.

PAIS, Cidmar Teodoro. Discurso científico, liberdade acadêmica, autonomia universitária nas escolas públicas e privadas. **Revista de Letras**, Araraquara, v. 1-2, n. 25, pp. 69-72, jan.-dez. 2003.

PARDO, José Esteve. **El desconcierto del Leviatán**: política y derecho ante las incertidumbres de la ciencia. Madrid: Marcial Pons, 2009.

PARDO, Rubén H. Verdad e historicidad. El conocimiento científico y sus fracturas. *In*: DÍAZ, Esther (org.). **La posciencia**: el conocimiento científico en las postrimerías de la modernidad. Argentina: Biblos, 2000.

PEDRA, Ana Sant'Ana. Comentários ao artigo 1.º – os valores sociais da livre-iniciativa. *In*: CANOTILHO, José Joaquim Gomes; MENDES, Gilmar Ferreira; SARLET, Ingo Wolfgang; *et al*. (coord.). **Comentários à Constituição do Brasil**. São Paulo: Saraiva, 2018.

PETTERLE, Selma Rodrigues. **Liberdade de pesquisar, pesquisas clínicas e outras pesquisas científicas de risco envolvendo seres humanos**: uma proposta de reformulação do atual sistema de controle implementado pelo Conselho Nacional de Saúde, à luz da Constituição

Brasileira. Orientador: Ingo Wolfgang Sarlet. 2012. Tese (Doutorado em Direito) – Pontifícia Universidade Católica do Rio Grande do Sul, Porto Alegre, 2012.

POPPER, Karl R. **Post scriptum a la lógica de la investigación científica**. 2. ed. Madrid: Tecnos, 1998.

PORTUGAL. **Constituição da República Portuguesa**. 7. Revisão Constitucional - 2005. Diário da República, n.º 155, Série A, de 12 de agosto de 2005. Lisboa: Assembleia da República: Diário da República, 2015. Disponível em: <parlamento.pt/ArquivoDocumentacao/Documents/CRPVIIrevisao.pdf>. Acesso em: 1 mar. 2018.

POSSAS, Mario Luiz; FAGUNDES, Jorge; PONDÉ, João Luiz. **Política antitruste**: um enfoque schumpeteriano. Univ. Federal, Inst. de Economia Industrial, 1995.

POST, Robert C. The structure of academic freedom. *In*: DOUMANI, Beshara (ed.) **Academic Freedom After September 11**. New York: Zone Books, 2006. p. 61-106. Disponível em: <scholarship.law.georgetown.edu/hartlecture/12>. Acesso em: 10 jul. 2018.

POST, Robert. Constitutional restraints on the regulations of scientific speech and scientific research. **Science and engineering ethics**. [*S.l.*], v. 15, n. 3, pp. 431-438, 2009.

PRETE, Esther KülkampEyng. Considerações para uma abordagem sistemática da Emenda Constitucional n.º 85/2015. *In*: SOARES, Fabiana de Menezes; PRETE, Esther Külkamp Eyng. **Marco regulatório em ciência, tecnologia e inovação**: texto e contexto da Lei n.º 13. 243/2016. Belo Horizonte: Arraes, 2018. Disponível em: <fundep.ufmg.br/wpcontent/uploads/2018/09/Livro_MARCO_REGULATORIO_EM_CIENCIA_TECNOLOGIA_E_INOVACAO.pdf>. Acesso em: 10 out. 2018.

RAUEN, André Tortato. **Encomendas tecnológicas no Brasil**: novas possibilidades legais. Nota técnica. Brasília: Diretoria de Estudos e Políticas Setoriais de Inovação e Infraestrutura, 2018. Disponível em: <repositorio.ipea.gov.br/handle/11058/8582>. Acesso em: 15 out. 2018.

RAUEN, Cristiane Vianna. O novo marco legal da inovação no Brasil: o que muda na relação ICT-Empresa? **Radar**, v. 43, pp. 21-35, fev. 2016. Disponível em: <ipea.gov.br/portal/images/stories/PDFs/radar/160309_radar43_cap_3.pdf>. Acesso em: 10 jun. 2018.

RESCHER, Nicholas; GONZÁLEZ, Wenceslao J. **Razón y valores en la era científico-tecnológica**. Barcelona: Paidós, 1999.

RHOADES, Gary; SLAUGHTER, Sheila. Academic capitalism in the new economy: Challenges and choices. **American Academic**. [*S.l.*], v. 1, n. 1, pp. 37-59, 2004.

RHOADES, Gary; SLAUGHTER, Sheila. Academic capitalism, managed professionals, and supply-side higher education. **Social Text**. [*S.l.*], n. 51, pp. 9-38, verão 1997.

RODOTÀ, Stefano. **A vida na sociedade de vigilância**: a privacidade hoje. Rio de Janeiro: Renovar, 2008.

RODOTÀ, Stefano. Cual derecho para el nuevo mundo. **Rev. Derecho Privado**. Bogotá, v. 9, pp. 5-20, jul./dez. 2005. Disponível em: <redalyc.org/pdf/4175/417537584001.pdf>. Acesso em: 20 jul. 2018.

RODOTÀ, Stefano. Derecho, ciencia, tecnología. Modelos y decisiones de regulación. **Derecho PUCP**. Lima, v. 57, pp. 105-121, 2004. Disponível em: <revistas.pucp.edu. pe/index.php/derechopucp/article/view/10328>. Acesso em: 20 jun. 2018.

RODRÍGUEZ, Ricardo Luis Chueca. El derecho fundamental a la investigación científica. **Revista electrónica del Departamento de Derecho de la Universidad de La Rioja – REDUR**. Logroño, n. 6, pp. 5-15, dez. 2008.

ROGERS, Everett M. **Diffusion of innovations**. 5. ed. New York: Free Press, 2003.

RUBINS, Ira. Risks and rewards of academic capitalism and the effects of presidential leadership in the entrepreneurial university. **Perspectives in Public Affairs**. New York, v. 4, n. 4, pp. 3-18, 2007.

SÁNCHEZ, Ismael Quiles. **Princípios básicos da liberdade de ensino**. Tradução: Braulio Sánchez Sàez. Rio de Janeiro: AEC do Brasil, 1957.

SANTOS, Boaventura de Sousa. Um discurso sobre as ciências na transição para uma ciência pós-moderna. **Estudos avançados**. São Paulo, v. 2, n. 2, pp. 46-71, mai.-ago. 1988.

SARLET, Ingo Wolfgang. **A eficácia dos direitos fundamentais**: uma teoria geral dos direitos fundamentais na perspectiva constitucional. 12. ed. rev. atual. e ampl. Porto Alegre: Livraria do Advogado, 2015.

SARLET, Ingo Wolfgang. A influência dos direitos fundamentais no direito privado: o caso Brasileiro. *In*: PINTO MONTEIRO, Antônio; NEUNER, Jörg; SARLET, Ingo Wolfgang (org.). **Direitos fundamentais e direito privado**: uma perspectiva de direito comparado. Coimbra: Almedina, 2007.

SARLET, Ingo Wolfgang. **Dignidade da pessoa humana e direitos fundamentais na Constituição Federal de 1988**. 10. ed. Porto Alegre: Livraria do Advogado, 2015.

SARLET, Ingo Wolfgang. Direitos fundamentais em espécie. *In*: SARLET, Ingo Wolfgang; MARINONI, Luiz Guilherme; MITIDIERO, Daniel. **Curso de Direito Constitucional**. 6. ed. São Paulo: Saraiva, 2017.

SARLET, Ingo Wolfgang; MOLINARO, Carlos Alberto. Liberdade de expressão! Superando os limites do "politicamente (in)correto". **Revista da AJURIS**. Porto Alegre, v. 39, n. 126, pp. 39-62, jun. 2012.

SARLET, Ingo Wolfgang; MOLINARO, Carlos Alberto. Sociedade da Informação? Inquietudes e Desafios. **Revista de Estudos e Pesquisas Avançadas do Terceiro Setor**. Brasília, v. 4, n. 1, pp. 440-480, jan./jun. 2017. Disponível em: <bdtd.ucb.br/index.php/REPATS/article/view/8214>. Acesso em: 20 ago. 2018.

SARLET, Ingo Wolfgang; PETTERLE, Selma Rodrigues. Liberdade de pesquisa como direito humano e fundamental e seus limites: a pesquisa com seres humanos e os parâmetros protetivos estabelecidos pelo direito internacional e sua recepção no Brasil. **EJJL – Espaço Jurídico: Journal of Law**. Chapecó. v. 15, n. 1, pp. 13-38, jan.-jun. 2014.

SARMENTO, Daniel. Comentário ao artigo 5º, IV. *In*: CANOTILHO, José Joaquim Gomes; MENDES, Gilmar Ferreira; SARLET, Ingo Wolfgang; *et al.* (coord.). **Comentários à Constituição do Brasil**. São Paulo: Saraiva, 2018.

SARMENTO, Daniel. **Direitos fundamentais e relações privadas**. 2. ed. Rio de Janeiro: Lumen Juris, 2006.

SARMENTO, Daniel. Ordem constitucional econômica, liberdade e transporte individual de passageiros: "O caso Uber". **Parecer normativo**. 10 jul. 2015. Disponível em: <conjur.com.br/dl/paracer-legalidade-uber.pdf>. Acesso em: 20 jun. 2018.

SCHUMPETER, Joseph Alois. **Teoría del desenvolvimiento económico**: una investigación sobre ganancias, capital, crédito, interés y ciclo económico. México: Fondo de Cultura Económica, 1957.

SCHUMPETER, Joseph Alois; GARCÍA, José Díaz. **Capitalismo, socialismo y democracia**. Barcelona: Orbis, 1983.

SCHWAB, Klaus. **A quarta revolução industrial.** Tradução: Daniel Moreira Miranda. São Paulo: Edipro, 2016.

SEN, Amartya. **Desenvolvimento como liberdade**. São Paulo: Cia. das Letras, 2000.

SHAFFER. Frederick P. A guide to academic freedom. **City College of New York Bulletin**. 2012. Disponível em: <cuny.edu/mu/vc_la/2012/01/02/a-guide-to-academic-freedom>. Acesso em: 20 jul. 2018.

SILVA, José Afonso da. **Comentário contextual à Constituição**. 2. ed. São Paulo: Malheiros. 2006.

SILVA, Virgilio Afonso da. **Direitos fundamentais**: conteúdo essencial, restrições e eficácia. 2. ed. São Paulo: Malheiros, 2011.

SLAUGHTER, Sheila A.; RHOADES, Gary. **Democracy and Capitalism, Academic Style**: Governance in Contemporary Higher Education. Los Angeles: Center for Higher Education Policy Analysis, 2003. Disponível em: <pullias.usc.edu/wp-content/uploads/2014/06/democracy-and-capitalisim.pdf>. Acesso em: 20 mai. 2018.

SLAUGHTER, Sheila; TAYLOR, Barrett J.; ZHAN, G Liang. How do revenue variations affect expenditures within US research universities? **Research in Higher Education**. [*S.l.*], v. 53, n. 6, pp. 614-639, set. 2012.

SLAUGHTER, Sheila A.; RHOADES, Gary. **Academic capitalism and the new economy**: Markets, state, and higher education. Baltimore: JHU Press, 2004.

SLAUGHTER, Sheila; LESLIE, Larry L. Expanding and elaborating the concept of academic capitalism organization. **Thousand Oaks**, v. 8, n. 2, pp. 154-161, 2001.

SLAUGHTER, Sheila; RHOADES, Gary. The emergence of a competitiveness research and development policy coalition and the commercialization of academic science and technology. Science, Technology, & Human Values. **Thousand Oaks**. v. 21, n. 3, pp. 303-339, 1996.

SOBRE o programa. **SIBRATEC**, 2018. Disponível em: <sibratec.mctic.gov.br/sibratec/#/sobre>. Acesso em: 17 nov. 2018.

SOBRINHO, José Dias. Educação superior: bem público, equidade e democratização. **Revista da Avaliação da Educação Superior**. Campinas, v. 18, n. 1, pp. 107-126, mar. 2013. Disponível em: <submission.scielo.br/index.php/aval/article/view/113709>. Acesso em: 10 ago. 2018.

STEWART, Richard B. Regulation, innovation, and administrative law: A conceptual framework. **California Law Review**. Berkeley, v. 69, n. 5, pp. 1256-1377. 1981.

STILES, Paul G.; PETRILA, John. Research and confidentiality: Legal issues and risk management strategies. **Psychology, Public Policy, and Law**. [*S.l.*], v. 17, n. 3, pp. 333-356, 2011. Disponível em: <ec.europa.eu/research/participants/data/ref/fp7/89888/ethics-for-researchers_en.pdf>. Acesso em: 20 ago. 2018.

TAVARES, André Ramos. Direito fundamental à educação. *In*: SARMENTO, Daniel; SOUZA NETO, Cláudio Pereira de. **Direitos sociais**: fundamentos, judicialização e direitos sociais em espécie. Rio de Janeiro:

Lumen Juris, 2008. pp. 771-788. Disponível em: <animaopet.com.br/pdf/animal/artigo_Andre_Ramos_Tavares_direito_fund.pdf>. Acesso em: 20 ago. 2018.

TAYLOR, Barrett J.; CANTWELL, Brendan; SLAUGHTER, Sheila. Quasi-markets in US higher education: the humanities and institutional revenues. **The Journal of Higher Education**. [*S.l.*], v. 84, n. 5, pp. 675-707, set.-out. 2013.

TIGRE, Paulo. **Gestão da inovação**: a economia da tecnologia no Brasil. Rio de Janeiro: Elsevier Brasil, 2014.

TORRES, Heleno Taveira. Fundos especiais para prestação de serviços públicos e os limites da competência reservada em matéria financeira. *In*: PIRES, Adilson Rodrigues; TORRES, Heleno Taveira. **Princípios de direito financeira e tributário**: estudos em homenagem ao Professor Ricardo Lobo Torres. Rio de Janeiro: Renovar, 2006.

TRAVINCAS, Amanda Costa Thomé. **A tutela jurídica da liberdade acadêmica no Brasil**: a liberdade de ensinar e seus limites. Porto Alegre: Livraria do Advogado, 2018.

UNESCO. **Recomendação relativa à Condição Docente**. Aprovada pela Conferência Intergovernamental Especial sobre a Condição Docente. Paris, 5 de outubro de 1966. Tradução: Jeanne Sawaya. Disponível em: <unesdoc.unesco.org/images/0015/001515/151538por.pdf>. Acesso em: 18 jul. 2018.

UNESCO; OIT. **A Recomendação de 1997 da UNESCO relativa ao Estatuto do Pessoal do Ensino Superior**. UNESCO, 2008. As Recomendações da UNESCO/OIT relativas à Situação do Pessoal Docente e ao Pessoal Docente do Ensino Superior foram traduzidas de uma forma independente, no âmbito do Contrato Programa Educar sem Fronteiras, financiado pelo Ministério da Ciência, Tecnologia e Ensino Superior Português. Disponível em: <unesdoc.unesco.org/images/0016/001604/160495por.pdf>. Acesso em: 30 jun. 2018.

UNIÃO EUROPEIA. Comissão Europeia. **Estratégias de inovação Regionais e Nacionais para a especialização inteligente (RIS3)**. Política de coesão 2014-2020. Ficha informativa sobre as novas regras e legislação para os investimentos futuros da política de coesão da UE durante o período de programação 2014-2020 que foram formalmente endossadas pelo Conselho da União Europeia, em dezembro de 2013. mar. 2014. Disponível em: <ec.europa.eu/regional_policy/sources/docgener/informat/2014/smart_specialisation_pt.pdf>. Acesso em: 10 ago. 2018.

UNIÃO EUROPEIA. **Resolução do Parlamento Europeu**, de 13 de setembro de 2016, sobre a política de coesão e as estratégias de investigação e inovação para a especialização inteligente (RIS3) (2015/2278(INI)), [2018]. Disponível em: <poci-compete2020.pt/admin/images/JOUE_2018_C_204_01.pdf>. Acesso em: 10 mai. 2018.

VARGAS, Everton; CID, Marcelo; BESSA, Carla. Ciência, tecnologia e inovação na Alemanha. *In*: **Mundo afora**: políticas de incentivo à inovação. BRASIL. Ministério das Relações Exteriores. Brasília, 2013. Disponível em: <ses.sp.bvs.br/wp-content/uploads/2016/07/Mundo_Afora_10_incentivo-%C3%A0-inova%C3%A7%C3%A3o.pdf>. Acesso em: 20 fev. 2018.

VENEZUELA. **Constitución de la República Bolivariana de Venezuela de 1999**. Caracas: Presidência da República. Disponível em: <inea.gob.ve/marco/pdf/1legislacion_nacional/1Constitucion_dela_Republica_BolivarianadeVenezuela/Constitucion_de_la_Republica_Bolivariana_de_Venezuela.pdf>. Acesso em: 10 ago. 2018.

VIEIRA, Augusto Cesar Gadelha. O Projeto Cartão Nacional de Saúde e a construção de e-Saúde para o Brasil. *In*: BARBOSA, Alexandre F. (Org.). **TIC SAÚDE 2013**: pesquisa sobre o uso das tecnologias de informação e comunicação nos estabelecimentos de saúde brasileiros. 2. ed. rev. São Paulo: Comitê Gestor da Internet no Brasil, 2015.

WERTHEIN, Jorge. A sociedade da informação e seus desafios. **Ciência da Informação**. Brasília, v. 29, n. 2, pp. 71-77. 2000. Disponível em: <basessibi.c3sl.ufpr.br/brapci/v/a/967>. Acesso em: 20 jun. 2018.

WINNER, Langdon. Technology today: Utopia or dystopia? **Social research**. [*S.l*], v. 64, n. 3, pp. 989-1017. outono 1997.

WOLFGANG, Hoffmann-Riem. Direito, tecnologia e inovação. *In*: **Direito, inovação e tecnologia**. MENDES, Gilmar Ferreira Mendes; SARLET, Ingo Wolfgang; COELHO, Alexandre Zavaglia P. (coord.). São Paulo: Saraiva, 2015.

YIN, Robert K. **Estudo de Caso**: Planejamento e Métodos. Porto Alegre: Bookman, 2015.

EDITORA
JusPODIVM
www.editorajuspodivm.com.br